◎ 刘玉屏 / 著

城市适应：
农民工语言行为研究

Chengshi Shiying

Nongmingong Yuyan Xingwei Yanjiu

中央民族大学出版社

China Minzu University Press

图书在版编目（CIP）数据

城市适应：农民工语言行为研究/刘玉屏著.—北京：中央民族
大学出版社，2010.9

ISBN 978-7-81108-906-6

Ⅰ. ①农… Ⅱ. ①刘… Ⅲ. ①农民—劳动就业—言语行为—
研究—中国 Ⅳ. ①H1

中国版本图书馆 CIP 数据核字（2010）第 179362 号

城市适应：农民工语言行为研究

著　　者	刘玉屏
责任编辑	满福玺
封面设计	布拉格
出 版 者	中央民族大学出版社
	北京市海淀区中关村南大街 27 号　邮编：100081
	电话：68472815（发行部）传真：68932751（发行部）
	68932218（总编室）　　　　68932447（办公室）
发 行 者	全国各地新华书店
印 刷 厂	北京华正印刷有限公司
开　　本	880×1230（毫米）　1/32　印张：12.125
字　　数	298 千字
版　　次	2010 年 9 月第 1 版　2010 年 9 月第 1 次印刷
书　　号	ISBN 978-7-81108-906-6
定　　价	35.00 元

农民工语言研究的成功个案

——《城市适应：农民工语言行为研究》代序

王远新

刘玉屏于2005年考进中央民族大学，跟随我攻读语言学及应用语言学专业社会语言学方向博士学位。记得那年结束入学考试后不久，她就给我发来一封电子邮件，谈了一些她看过我一篇文章（《社会语言学的语言观与方法论》）后的感想。从对文章的理解和提出的问题看，她对社会语言学问题已经有了一定的认识，我便鼓励她从不同角度做进一步的思考。随后她又连续发来十几封电子邮件，讨论社会语言学的一些概念和理论问题，比如，"同质"与"异质"说是否对立？能否认为它们之间存在辩证统一的关系？如何看待狭义社会语言学的两个研究重点——"变异研究"与"变化研究"之间的关系？社会语言学研究变异的初衷是"历史"还是"现实"？能否用"实证性"来概括社会语言学的方法论特色？它与历史比较语言学的方法论有什么本质区别？等等。这些讨论为她后来顺利地确定博士论文选题奠定了良好的基础。

进入中央民族大学学习的第一个学期，刘玉屏就开始思考博士学位论文的选题。她最初报给我的选题是关于电视访谈节目话语分析的内容，她觉得这样的选题容易搜集研究材料，且电视节目中的人物谈话真实、自然，符合社会语言学研究素材的基本要求。我大体认可了她的想法，同时要求她做一些前期准备和试调查，先别着急确定。没过多久，她就自己推翻了这个选题，理由是这样的选题搞不好会陷入套用国外话语分析理论分析汉语材料的陷阱，她更希望自己的博士论文能够立足于中国社会的语言现实问题。这种想法自然与我对学生的要求更加吻合，我当即表示全力支持。2006 年，她打算以农民工语言调查研究的选题申报浙江省哲学社会科学规划项目，并与我进行了多次交谈。此前，我已申请到"中国民族杂居区语言使用、语言关系典型个案研究"的国家社科基金，随后，申请到中央民族大学"985 工程"建设项目"新疆城市化进程中的各民族语言使用、语言关系调查"，她随我赴新疆北疆多个城镇进行田野调查。顺利申请到浙江省规划项目，并有了实地田野调查的经验后，她便决定以此作为博士论文的选题。从那时起，她就开始了农民工语言问题的探索。2007年初，她在初期调查的基础上，进一步深化了这一选题，并申请到教育部哲学社会科学规划项目，这使她有了更为充裕的研究经费。

此前，农民工语言问题虽已引起一些学者的关注，但从发表的成果看，研究内容和角度仍比较单一，深入细致的个案积累尚显不足。

刘玉屏的《城市适应：农民工语言行为研究》以农民工的城市适应为线索，系统调查研究了农民工打工期间语言行为的不同方面：描述语言生活状况，探讨普通话能力的发展、家乡话的保持状况、称谓语使用的城市趋同倾向，以及打工城市方言对其语言的影响等问题；联系农民工社群的社会特征，分析其语言使用的内部差异、相关因素以及农民工语言再社会化的途径和动因，并从社会文化角度解释农民工的语言行为。这项研究既涉及语言使用情况，也包括农民工所使用的语言（语言本体研究），后一方面虽只涉及称谓语使用和援用义乌方言成分两个方面，却对作为迁移流动的农民工而言具有典型性。作者试图通过农民工称谓语使用以及援用打工城市方言成分情况的调查，了解其语言适应的某些特点。对于农民工这一社群来说，言语交际策略的调整以及对迁入地方言成分的援用，无疑是其语言生活的重要方面，对于了解这一社群的语言生活具有重要的意义。

为了做好这项研究，刘玉屏先后数次赴义乌市，进行了扎实的田野调查，获取了大量一手资料。2008 年 1 月，她的论文即将完成，当发现有一个音记得不够准确，并可能得出不真实的结论时，便毫不犹豫地返回义乌重新调查。没想到赶上了一场多年不遇的大雪，天寒地冻，交通中断，她被困在了调查地。事后她告诉我，这次调查虽然吃了很多苦，却保证了论文数据的真实性和可信度，很值得。我很赞赏她这种踏实认真、一丝不苟的治学态度，也常常以此为例告诫其他学生，做学问来不得半点马虎。

《城市适应：农民工语言行为研究》能够紧扣中国社会语言生活的现实，且把目光投向农民工这一特殊群体，体现了一个社会人文科学工作者应有的人文关怀和社会责任感。本书对农民工家乡话的保持与能力退化、农民工言语交际策略调整的情况、农民工语言受打工地方言影响的情况、农民工语言再社会化等问题所做的细致考察和深入思考，以及作者在研究方法上的尝试，都对特定人群语言研究具有启发性，显示出作者的研究功力。此外，本书所有数据都是作者在田野调查的基础上获取的，这保证了研究结论的真实、客观、可信。正是具备了这些条件，使得这部著作成为中国农民工语言研究的一个成功个案；她的上述治学态度也正是我在教学和研究中一再强调和坚持的，故乐于向读者推荐刘玉屏的著作。

目　录

绪　　论

一、选题目的

　　农民工是当代中国社会中一个极具社会语言学研究价值的独特群体。

　　首先，他们是当代中国社会变迁的深切感受者。农民工是伴随着中国的工业化和城市化进程出现的一个新兴群体，他们对生活变迁的感受比其他任何人群都更为强烈，其语言行为也更为突出地反映了生活变迁对语言使用的影响，从而成为当代中国社会语言生活变迁的典型代表。

　　其次，特定的社会生活经历使得农民工的语言行为具有一定特殊性。农民工是当代中国社会中一个特殊的人口类型——流动人口（或曰迁移人口）。他们经常地在城市与乡村之间、不同城市之间、不同行业之间流动，这种不断变换居所、变换职业、变换生活环境的独特的生活经历，使他们具有既不同于城市人口、也不同于传统农民的独特的社会特征，其语言行为也因此独具特色。

　　再次，农民工是一个言语状态比较活跃的群体。在农民工与当地人口和其他人群互动的过程中，彼此的语言（方言）互相影响，方言接触现象频繁发生，因此，观察这个群体的语言使用状况，便于发现方言接触（包括方言与普通话的接触）的某些特点和规律。

　　此外，农民工群体人口数量的急剧增长使得其语言行为成为中国社会语言生活中一个不容忽视的组成成分。据统计，到 2010年，中国农民工总数已超过 1.4 亿。随着城市化进程的深化，农民工的数量还可能以更快的速度增长。这样一个数量巨大的社群在城市与乡村之间的活动，在改变其自身社会生活状况的同时，一定也会给打工城市及家乡农村的社会生活带来多方面影响。要认识当代中国的社会语言生活状况，就不能不了解农民工的语言行为。

　　国内针对农民工社群的研究已有很多，不过以往的研究多是从人口学、社会学、经济学、地理学等角度进行的，语言学的研究尚不多见。农民工语言行为中有许多值得关注的问题，比如，农民工的语言生活是什么样的状况？打工经历给他们的语言使用和语言态度带来了哪些变化？在适应城市生活的过程中，农民工对自身语言行为做出了哪些调整？在农民工与城市居民互动的过程中，其语言是否接受了当地语言的影响？这些影响主要包括哪些方面？农民工群体的语言行为有哪些特色？这些特色因何而来？农民工在语言生活中遇到了哪些困难？有什么困惑？农民工语言使用的发展趋势如何？农民工的语言行为对其在城市的工作和生活有什么影响？对打工城市和家乡农村的语言生活又会产生什么样的影响？等等。

　　总之，农民工语言行为具有重要的研究价值，而且，中国目前正处在城市化进程快速发展时期，此时对农民工社群的语言行为进行的观察和描述，可以为日后的相关研究提供重要参考。鉴于此，本研究选取浙江省义乌市作为调查地，对农民工的言语行为进行实地调查，在此基础上研究相关问题，目的在于展现农民工社群在城市里的语言生活状况，总结其语言行为的特点和规律，揭示农民工为适应城市的生活环境而做出的语言行为调整的内容和方式，评价这些语言行为调整对于农民工社群在城市的生存及发展所具有的意义。

二、主要内容

本选题属于社会语言学范畴，研究特定时期里、特定社会背景下、特定人群的社会语言行为。

需说明的是，本书所用"语言行为"一词不同于语用学范畴的"语言行为"（指"请求"、"道歉"等通过语言来实施的行为），而是一个社会学意义上的概念，指作为人的"社会行为"之一部分的"语言"方面的行为表现。社会性是人的本质属性，人在社会上的一切活动都可以称为社会行为，语言当然也不例外。我们用"语言行为"这个词语来指称人的社会行为中与语言有关的各方面内容，甚至包括一些表面看似不带有"行为"性质的内容，比如语言态度。

研究某个特定人群的语言行为，可以涉及的内容有很多。比如，可以研究其语言使用，也可以研究其使用的语言；可以研究其语言使用的现状，也可以研究其语言使用的变化；可以只研究这一个人群的语言行为本身，也可以研究该社群语言行为对其他社群语言行为的影响；可以单纯研究该社群的语言行为，也可以研究其语言行为与其他社会行为的关系；可以研究该社群成员之间的语言行为差异（内部差异），也可以研究该社群与其他社群之间的语言行为差异（外部差异）等等。另外，从时间上来看，农民工的语言行为涉及打工前、打工期间和返乡后等几个时期。

本书以"农民工城市适应中的语言行为研究"为题，研究内容集中于农民工在城市范围内的语言行为表现，着重考察农民工在适应城市生活环境的过程中对自身语言行为做出了哪些调整，其语言行为发生了哪些变化，这些语言行为调整使农民工语言行为具有什么样的特色，它们对农民工的城市适应具有什么意义。

本书基本不涉及农民工返乡后的语言行为，也不涉及农民工语言行为对城市居民和留乡农民的影响。当然，为了考察农民工打工后的语言行为变化，我们也会联系农民工打工前在乡村社会里的语言行为表现进行比较分析。

"城市适应"是农民工打工期间始终需要面对的一个社会问题，农民工打工期间的语言行为多与其为适应城市生活而做出的努力有关。城市适应既是农民工打工期间语言行为的一条主线，也是其语言行为背后的主因。本书选择"城市适应"作为观察视角，不仅易于发现农民工群体语言行为的特点，也易于对其语言行为做出合理的解释。

本书以城市适应为线索，考察农民工打工期间语言行为的方方面面，涉及语言资源扩充、固有语言资源的利用及变化、言语交际策略的调整以及打工城市方言对农民工语言的影响等内容。在此基础上，结合农民工的社会特征，分析其语言使用的内部差异、相关因素及其语言再社会化的途径和动因，并从社会文化的角度对农民工的语言行为进行解读。具体说来，本书内容主要包括以下几个部分：

1. 义乌市农民工语言生活概况：整体印象

这部分在考察农民工打工期间语言行为的基础上，客观描述其语言生活的总体状况，包括农民工的语言能力、语言习得、各种场合的语言使用情况以及语言态度等。此外，还将比较农民工与其他人群的语言行为表现，归纳农民工社群的语言行为特征。

2. 农民工普通话能力的发展：农民工语言资源扩充情况考察

农民工进入城市以后，工作和生活方式发生了很大变化，以往在乡村生活经历中积累起来的语言资源不一定能够满足日益复杂的社会交往的需要，迫使他们对自身的语言资源进行扩容。农民工扩充语言资源的途径可以是普通话，也可以是打工城市的方言或来自其他省份的工友的家乡方言，但其中最重要的还是普通话。本部分考察农民工打工以后普通话能力是否得到一定发展，发展到什么程度，这种发展表现在哪些方面，等等。

3. 农民工家乡话的保持与能力退化：农民工固有语言资源利用情况考察

家乡话是农民工固有的语言资源，是农民工在农村生活期间最重要的交际用语，然而，外出打工后，在城市工作生活的经历可能使农民工的家乡话使用发生一定变化。此部分考察农民工外出打工期间家乡话是否得到了保持，家乡话被保持的程度如何，农民工的家乡话是否发生了一定变化，这些变化表现在哪些方面，变化的程度如何，他们如何看待这些变化，等等。

4. 不同社会特征农民工的语言使用差异：农民工语言使用内部差异考察

虽然共同的生活际遇使得农民工的语言使用表现出一定的同质性，但农民工毕竟是由不同背景的社会成员所组成的一个群体，其语言使用也必然存在一定的内部差异。这部分主要考察不同性别、年龄、行业的农民工在语言使用及语言态度上存在的差异，并尝试从社会语言学的角度对这些差异进行解读。

5. 与农民工语言使用有关的几个因素：农民工语言使用相关因素考察

语言使用常常受到使用者背景、交际场合、交际对象等因素的影响和制约，这已是社会语言学界的共识。此外，特定社群的语言使用还可能受到该社群特有的生活内容中某些因素的影响。就农民工社群而言，打工时间、居住方式、留城意愿等就是其语言生活中的一些特有因素，这部分主要考察上述几个因素与农民工语言使用之间的关系。

6. 农民工称谓策略的城市趋同倾向：农民工言语交际策略调整情况个案考察

农民工打工期间可能对言语交际策略做出一定调整，以更好地适应城市的社会生活。称呼是语言交际的重要内容，称谓策略是言语交际策略的一个重要方面，同时也是一个便于观察的方面。本部分考察农民工使用几种称谓语的情况，借此了解农民工言语交际策略调整的有关情况：他们是否做出了调整，调整的结果如何，这些变化是否与城市语言生活的影响有关，等等。

7. 农民工援用义乌方言成分的情况：农民工语言受打工城市方言影响情况考察

在农民工与打工城市居民互动的过程中，农民工语言会受到打工城市方言的一定影响。此部分通过考察农民工使用打工城市方言成分的情况，了解打工城市方言影响农民工语言的表现、程度和途径。

8. 农民工语言再社会化的途径和动因

农民工由农村进入城市后，生活环境发生了重大改变，原有的价值观念和行为规范不一定都能适用，有些方面可能是很不适用。为了更好地适应城市生活，他们需要经历一个再社会化的过程。农民工的再社会化涉及农民工社会生活的方方面面，其中包括语言再社会化的内容。语言再社会化既是农民工再社会化的内容，也是其再社会化的一种手段。本部分考察农民工语言再社会化的途径、动因、效果和影响因素。

9. 农民工语言行为的社会文化解读

农民工社群独特的社会特征及其特殊的社会生活经历，使得其语言行为具有不同于其他社群的一些特色。在这部分，我们结合社会学和社会语言学有关理论，解读农民工的语言行为进行深入，挖掘其语言行为背后的社会文化原因。

三、研究方法

总体来看，本书采用的是社会语言学的研究方法，即以现实生活中实际的语言使用状况作为观察对象，联系语言使用者、使用场合以及交际对象等社会因素，归纳农民工语言使用的特点和规律，并结合社会、文化、心理等因素解释农民工的语言行为特点。具体而言，主要采用下面几种研究方法。

（一）田野调查法

田野调查是本研究的重要手段。由于农民工是一个新兴群体，其语言生活状况及语言行为特色等在以往的文献中缺乏记录，要想了解这些情况，就需要进行实地调查，本书几乎所有的分析都以田野调查获取的资料为依据，主要结论也是在对调查资料进行分析的基础上得出的。

在语言田野调查中，分别采取了问卷调查、访谈和实地观察等方法。本研究的主体资料和数据是通过问卷调查获取的。为了解农民工语言行为的一些具体情况及隐藏在其语言行为背后的深层社会原因，还就一些问题对部分农民工进行了深度访谈，且均按拟定的访谈提纲进行。为了解义乌市社会经济发展和语言生活的有关情况，我们走访了义乌市宣传部、统计局、公安局外来人口管理办公室、建设局、劳动局、市志办、广播电视局、教育局等部门。为了解义乌方言有关情况，我们走访了几位研究义乌方言的学者，其中重点访问了义乌市市志办的赵小青编辑。赵编辑在义乌方言研究方面已有较多成果，她为本研究方言影响问卷的编制提供了非常重要的帮助。为了解义乌当地语言生活对农民工语言的影响，我们还到义乌市的街面、商场、饭馆、邮局和银行等公共场所进行实地观察，搜集了大量义乌居民使用义乌方言成分的用例，在此基础上选定方言接触问卷中的调查条目。

1. 调查方案

本书对农民工开展的语言调查共有三项：第一项是语言生活调查，目的是了解农民工语言生活的各方面情况，包括语言能力、语言习得、各场合语言使用、语言态度等。第二项是称谓语使用情况调查，目的是通过对称谓语使用情况的考察了解农民工城市适应中言语交际策略调整的情况。第三项是义乌方言成分使用情况调查，目的是考察农民工语言受打工城市方言影响的情况。

此外，我们也从义乌居民中抽取一定数量的样本进行了调查。义乌居民调查也包括上述三项内容，不过根据调查对象的实际情况对问卷上的题目进行了适当调整。义乌居民语言调查的目的有三：第一，与农民工语言行为进行对比分析，从而概括农民工语言行为的特征。第二，寻找城市语言生活对农民工语言行为影响的证据。第三，验证调查条目（义乌方言成分）在义乌居民中的活跃程度，并了解它们的社会分布。

整个调查分两个阶段进行。第一阶段（2007年1月）主要开展农民工和义乌居民的语言生活调查及称谓语使用情况调查，同时搜集农民工语言受当地语言影响的线索和例证，为编制第二阶段方言影响调查问卷做准备。第二阶段（2007年6月至7月）分别调查农民工和义乌居民使用义乌方言成分的情况。

2. 调查的实施

（1）调查员

调查由绍兴文理学院中文专业的几位义乌籍大学生担任，他们都是土生土长的义乌人，能熟练地使用义乌方言，便于开展方言影响调查。调查前，所有同学都接受了语言田野调查知识和技巧的培训。

（2）调查场所

为便于集中采集样本，本项调查主要在农民工的工作场所中进行，包括生产车间、建筑工地、小商品市场及酒楼餐馆等处，有部分样本是在农民工生活区的食堂和宿舍采集的。

（3）调查方式

问卷调查全部采用调查员与调查对象一对一采集数据的方式进行，虽然比较辛苦，但保证了问卷的信度和效度。

（4）抽样方案

目前我国对农民工没有实行严格的登记管理制度，关于农民工的数量、分布等缺乏确切的统计资料，难以对义乌市农民工的总量做出准确判断。基于此，本次调查以农民工的职业类型作为抽样的主要依据，即按照各种职业类型农民工在农民工总体中的比例，分别抽取一定数量的样本，同时兼顾调查对象在性别、年龄、出生地等方面的适当比例。

（二）比较分析法

比较分析法是本书的基本研究方法，贯串在我们对农民工语言行为所做的观察、描写和解释的全过程。本研究进行了多角度、多层面的比较研究，既有共时和历时比较，又有内部和外部的比较。在共时层面，比较农民工与本地居民的语言使用情况，以发现城市生活经历对农民工语言使用的影响；在历时层面，比较农民工打工前与打工后的语言使用变化，以了解打工行为对农民工语言使用和语言态度的影响。从内部角度，对不同社会特征农民工的语言使用情况和语言态度进行比较，找出农民工语言行为的内部差异；从外部角度，比较农民工与留乡农民和城市居民的语言使用及语言态度，以把握农民工群体语言使用的整体特点和变化趋势。

（三）定性与定量相结合的研究方法

定量方法是本研究用来搜集、整理相关资料和数据的基本方法。主要将采用抽样调查法，借助调查问卷，获取农民工语言行为的各方面资料，并采用统计方法对调查获取的资料进行处理，作为各种分析研究的基础。在获取研究资料的某些环节，也采用定性研究方法，比如通过查阅文献资料和访谈，了解农民工的工作、生活情况，以及义乌市经济发展和语言生活的各方面情况。最后，针对前期研究中获取的各种资料，开展定性分析，归纳农民工语言行为的特点和规律，结合社会、文化、心理等因素，解读农民工语言行为，得出相关结论。

四、理论基础

（一）语言学理论

1. 社会语言学的变异理论

语言变异是由美国语言学家威廉·拉波夫（William Labov）等人于20世纪60年代开创的语言研究路子。变异学派的理论核心是"异质有序"论，也称为"变异理论"。该理论认为，语言以各种"变异形式"存在着，不存在没有内部差异的语言系统。在一个真实的言语集团中使用的语言，如果缺乏有结构的异质性会使该语言功能不全，[①]所以，实际运用着的语言是"异质"的。另一方面，语言系统中的各种变异形式常常跟语言的、非语言的因素有某种规律性的联系，表面看来无序的变异，实际上又是"有

---

① 丁信善：《试论拉波夫的社会语言学观及其方法论》，载赵蓉晖主编：《迈向21世纪的语言学：社会语言学》，上海外语教育出版社2005年版，第155页。

序"的。[1]语言结构上的异质性在很大程度上与复杂的社会结构交织在一起,并基本上由当前和历史上的社会结构系统所决定,[2]因此,联系语言成分在社会中的分布,就可以发现"异质"的语言结构系统的规律。

"异质有序"论是本书的基础性理论。根据这一理论,我们认为,不仅语言结构系统是异质的,语言的使用也是异质的。同理,我们不仅可以联系社会分布探寻语言结构及其变化的规律,也可以联系语言使用者的社会特征探寻语言使用的规律。变异理论强调语言使用的变异性,提出性别、年龄、社会阶层等几个重要的社会变量,并对这几个社会变量与语言使用和语言变化之间的关系进行了深入研究。在性别与语言使用的关系方面,提出了女性比男性更多地使用高威信的(prestigious)标准形式这一社会语言学普遍原理;关于年龄与语言使用的关系,提出"年龄级差"和"显像时间"两个重要概念。这为我们对农民工语言使用内部差异的分析及解释提供了理论指导。

2. 语言接触理论

语言接触理论是我们观察和分析农民工语言受当地语言影响的理论依据。

语言接触具有普遍性。托马森(2001)指出,没有任何证据可以表明某个语言是在完全孤立于其他语言的情形下发展起来的。[3]语言接触是人类语言发展过程中的常见现象,但人们对语言接触的研究却是上个世纪以来的事情。西方国家的语言学家在这一领域的研究是从洋泾浜语或称皮钦语和克里奥尔语开始的。19世纪30年代,特鲁别茨科依对"谱系树"理论的"同构"和

---

[1] 王远新:《社会语言学的语言观和方法论》,载《中央民族大学学报》2005年第2期,第139页。
[2] 徐大明:《语言变异与变化》,上海教育出版社2006年版,第11页。
[3] 转引自吴福祥:《关于语言接触引发的演变》,载《民族语文》2007年第2期,第3页。

"对应"提出质疑，触及"谱系树"模式的根本方法，语言接触研究开始受到关注。由于语源问题的复杂性，加之 19 世纪殖民主义疯狂扩张而导致的语言融合的加剧和混合语的产生，研究语言接触的学者首先把目光投向混合语、区域类型学的研究。[①]关于混合语的论争引发了人们对语言接触的概念、类型、结果以及语言接触对语言发展的影响等问题的理论思考，逐渐发展出一套较成体系的语言接触理论。

语言接触理论中，对农民工语言行为研究最具借鉴价值的是借用理论。借用指外来成分被某种语言的使用者并入该语言社团的母语：这个社团的母语被保持，但由于增加了外来成分而发生变化。借用的特点是：（1）被借成分通常是由受语的母语使用者（至少是受语的流利使用者）引入的；借用者的母语（即受语）继续保持，但由于增加了外来特征而发生改变。（2）因为借用者通常不是语言转用社团的成员，所以在借用情形里一般不存在不完善学习效应。（3）借用总是始于词汇成分（非基本词和文化词），非基本词的借用无需双语制。（4）假若存在长期的文化压力和广泛的双语制度，借用成分可扩展到结构特征（比如语音、音系、句法及形态成分）。（5）借用成分的等级决定于语言接触的等级，并随着接触等级的增加而增加。（6）大量的结构借用通常需要广泛的双语制以及语言之间长期密切的接触。（7）如果具备合适的社会条件（比如足够的接触时间和接触强度、广泛的双语制以及受语使用者的语言态度有利于借用），语言中所有特征（比如语音、音系、意义、语序、派生词缀、屈折形态、语法范畴）都可被借用。

在以往的研究中，很多研究者基于语言成分的层次或语言结构的制约提出各种"借用层级（borrowing hierarchy）"、"可借

① 彭嬿：《语言接触研究述评》，载《新疆大学学报》2007 年第 3 期，第 140 页。

用性层级(hierarchy of borrowability)"、"可采用性等级(scale of adoptability)"、"可借用性斜坡（cline of borrowability)"或"借用共性（borrowing universal)"等等，目的是对语言成分借用的顺序、规律或制约做出概括。目前学术界比较一致的看法是，语言成分的借用在社会因素均等的前提下具有一定的等级或顺序。比如，下面这个借用等级是接触语言学家普遍认可的：

词汇成分（非基本词）　>　句法成分/语音成分　>　形态成分

这个等级可从四个方面诠释。第一，时间先后。一个语言先借用左边的成分，后借用右边成分。通常情况下，词汇成分的借用总是先于句法成分或音系成分。第二，蕴涵关系。一个语言如果具备右边的借用成分，那么它也会包含左边的借用成分。比如一个语言如果具有句法和音系借用成分，那么通常也具有词汇借用成分。第三，难易程度。左边成分的借用要易于右边成分。比如词汇成分的借用要易于句法和音系成分，后者又易于形态成分。第四，概率大小。左边成分借用的可能性要大于右边成分。比如词汇借用的可能性要大于句法/音系成分。[①]

托马森（2001）认为，借用成分的种类和等级跟语言接触的强度密切相关，作者基于借用成分种类和层次与语言接触的等级和强度之间的关系，概括出一个比较全面的借用等级。

[①] 吴福祥：《关于语言接触引发的演变》，载《民族语文》2007年第2期，第6页。

托马森的借用等级（Thomson2001：70－71）[①]

接触等级	借用成分的种类和层次
偶然接触 （借用者不必是语源的流利使用者，以及/或者在借语使用者中双语人为数极少）	只有非基本词汇被借用
强度不高的接触 （借用者须是相当流利的双语人，但他们很可能在借语使用者中占少数）	功能词以及较少的结构借用
强度较高的接触 （更多的双语人；语言使用者的态度以及其他社会因素对借用有偏爱倾向或促进作用）	基本词汇和非基本词汇均可借用；中度的结构借用
高强度的接触 （在借语使用者中双语人非常普遍，社会因素对借用有极强的促进作用）	继续大量借用各类词汇；大量的结构借用

关于语言接触引发的语言演变是如何发生的（即接触性演变的机制），托马森概括出七个机制：语码转换（code-switching）、语码交替（code-alternation）、被动熟悉（passive familiarity）、"协商"（negotiation）、第二语言习得策略、双语人的第一语言习得和蓄意决定（deliberate decision）。

关于影响和制约语言接触后果的因素，托马森将其概括为语言因素和社会因素两大类。语言因素包括"普遍的标记性"、"特

---

① 转引自吴福祥：《关于语言接触引发的演变》，载《民族语文》2007 年第 2 期，第 7 页。

征可并入语言系统的程度"、"源语和受语之间的类型距离";社会因素包括"接触强度"和"语言使用者的态度"。不过,托马森更看重社会因素对语言接触程度的影响作用。她指出,语言干扰首先取决于社会因素而非语言因素。干扰的方向和干扰的程度是由社会因素决定的,而且在相当程度上,从一个语言迁移到另一个语言的特征的种类也是如此。在托马森看来,社会因素可以而且常常压倒结构因素对语言所有层面干扰的抵制作用。[①]

3. 人际言语顺应理论

这是以贾尔士(Howard Giles)为代表的社会心理语言学家提出的一个理论,它强调人们的言语行为受到说话人的动机、个性及其对行为规范的理解程度的牵制,在研究语言变异现象时,必须考虑心理机制。人际言语顺应理论的要义为:人们在交往过程中,通常总希望取悦于对方,这种动机会驱使说话人不断调整自己的语体、口音、声调、讲话的速度、手势、姿态等,使之与对方的特点相似;或者,出于其他动机,说话人有意突出与对方之间的差别。求同避异或显示分歧的心理是促使说话人靠拢或偏离某种语言、方言、语体的一个重要原因。[②]这一理论为我们解读农民工语言受当地语言影响情况提供了依据。

(二)社会学理论

1. 社会行动理论

社会行动是社会学的主要研究对象之一。社会学认为,如果从社会角色背后的行动角度看社会,可以说社会是其成员复杂行动的体系。在一定的社会中,社会行动并不是杂乱、无规律的,社会关系及反映这种关系的行为规范为人们的行动提供了方向,

① 吴福祥:《关于语言接触引发的演变》,载《民族语文》2007年第2期,第3—18页。
② 祝畹瑾编著:《社会语言学概论》,湖南教育出版社1992年版,第11页。

扮演特定角色的人则以自己对行为规范的理解而采取行动。

社会学关于社会行动的理论启示我们，语言行为作为人的社会行为的一部分，与其他社会行为之间存在一定的联系，所以，我们应该将语言行为置于社会行为的整体框架之下，联系人的其他社会行为来观察和解释语言行为。这正是本书的研究思路，本书将联系农民工在迁入地的社会生活及其为适应新环境而采取的一系列社会行为，对其语言使用做出描写和分析。

2．社会互动理论

社会互动也称社会相互作用或社会交往，它是人们对他人采取社会行动和对方做出反应性社会行动的过程，是发生于个人之间、群体之间、个人与群体之间的社会行动的过程。社会互动理论认为，社会是一个动态的体系，个体之间、不同群体之间的合作、竞争使社会展现出复杂、变动的局面。社会互动是作为行动系统的社会的基础，是最基本的社会过程，整个行动着的社会就是由形形色色的社会互动组成的。人们在复杂的社会交往中追求着自己的目标，也推动着社会的变化。

社会互动指人们注入了意义的行动之间的相互作用、相互影响。在这一过程中，互动双方对行动所包含的意义的最低程度的相同理解，是互动得以形成的条件。

社会互动理论对于解释农民工在流入地的语言行为及其与迁入社会之间的语言互动具有一定的启发意义。

3．社会融合理论

社会融合指个体和个体之间、不同群体之间、或不同文化之间互相配合、互相适应的过程，并以构筑良性和谐的社会为目标。外来人口在迁入地的社会行为必然包含着社会融合的内容。

在西方的社会学研究中，关于外来移民与主流社会关系问题的理论探讨，有两种不同观点：即"同化论"和"多元文化论"。"同化论"认为，移民在迁入地一般要经历定居、适应和同化三个阶段。对移民来说，需要学习、接受所在地的生活方式和文化价值观念，抛弃原有的社会文化传统和习惯，进而才能实现同化和融合。"多元文化论"认为，移民会以其不同文化背景、不同社会经历和价值观念重新塑造其生活的地方，并有助于建构多元化的社会和经济秩序。

五、研究意义

（一）反映当代中国社会的语言生活变迁

语言与社会发展息息相关，社会生活的变迁常常引起语言使用和语言结构的变化。现阶段正是中国社会生活发生急剧变化的时期，当前的社会语言状况引起学者们的普遍关注，并已开展了一系列语言生活调查。其中规模较大的有两项调查，一项是国家语言文字工作委员会主持的重点国情调查项目《中国语言文字使用情况调查》（1998－2004），另一项是中国社会科学院民族研究所和国家民委合作开展的《中国少数民族语言使用情况和文字问题调查研究》（1986－1988）。地区性语言生活调查中，最具代表性的是王远新在多个地区开展的少数民族语言使用情况调查。[①]

---

① 主要包括《通婚对肃南裕固族自治县各民族语言使用特点的影响》，载《满语研究》1998 年第 1 期；《影响新疆哈密地区各民族语言使用特点的主要因素》，载《语言与翻译》1998 年第 2 期；《影响甘肃各民族语言使用特点的几个因素》，载《中央民族大学学报》1998 年第 3 期；《论裕固族的语言态度》，载《语言与翻译》1999 年第 2 期；《我国少数民族语言态度的几个问题》，载《满语研究》1999 年第 1 期；《影响云南禄劝县少数民族语言使用特点的几个因素》，载《民族教育研究》1999 年第 2 期；《广东博罗、增城畲族语言使用情况调查——保护濒危语言的重要途径》，载《中央民族大学学报》2004 年第 1 期。2006 年王远新主持国家社会科学基金项目《中国民族杂居区语言使用和语言关系典型个案研究》、国家"985"工程项目《新疆城市化进程中的各民族语言使用、语言关系调查研究》和《少数民族杂居区语言使用、语言关系典型个案调查》等项目。

此外还有杨晋毅（2002），[①]魏少华（2000），[②]付义荣（2004），[③]林伦伦（2005）[④]等的调查。上述各项调查都是就全社会范围进行的，针对某个社群进行的语言调查研究尚不太多。社会由不同的社群组成，各个社群的语言生活最终汇合成全社会的语言生活。不同社群的语言行为有共同之处，也会有各自的特点。调查研究某一社群的语言行为，有助于加深我们对全社会语言生活状况的认识。

　　农民工是当代中国城市化进程中涌现出来的一个新兴阶层。作为社会变革的产物，从诞生的那一天起，这个阶层的成员就开始了对生活变迁的体验，当代中国社会变迁在他们身上打下的烙印比哪个阶层都更加深刻。跨越乡村和城市两个社会的生活经历，使得农民工必须面对生活中的种种变化。为了更好地适应城市生活，他们不得不对自己的社会行为做出多方面的调整。同时，由于农民工群体数量庞大，其语言行为给打工城市和家乡农村语言生活所带来的影响也不容忽视。

　　总之，农民工的社会行为较突出地反映了当代中国社会变革对社会成员的社会行为所产生的影响，他们的语言行为是当代中国社会语言生活中一个非常重要的方面。研究农民工城市适应中语言行为，不仅有助于了解中国社会语言生活的变迁和现状，预测社会语言发展的趋势，还可以为语言规划和语言文字政策的制订提供参考。此外，本书对农民工语言生活中存在的问题和困惑所进行的分析，以及对农民工语言行为与其城市适应关系的探讨，

[①] 杨晋毅：《中国新兴工业区语言状态研究（中原区）》（上、下），载《语文研究》2002 年第 1、2 期。

[②] 魏少华：《商丘市工业区语言使用情况调查及对策》，载《商丘师范学院学报》2000 年第 3 期。

[③] 付义荣：《南京市语言使用情况调查及其思考》，载《南京航空航天大学学报》2004 年第 3 期。

[④] 林伦伦：《粤东闽语区语言生活的变化及趋向》，载《广东技术师范学院学报》2005 年第 1 期。

还可以为解决有关社会问题提供参考，具有一定的现实意义。

（二）从内容和方法上丰富农民工语言研究

近几年农民工语言问题已引起学术界的关注，出现了一批研究成果，主要有谢俊英（2006）；夏历（2007，2009）；夏历、力量（2007）；夏历、谢俊英（2007）；力量、夏历（2008）和刘玉屏（2008，2009，2010）等的研究。

谢俊英（2006）、夏历和力量（2007）、夏历和谢俊英（2007）以及刘玉屏（2008）等人的研究，均以一地或几地农民工语言调查为基础，对农民工语言生活状况的主要方面进行描述，并分析了农民工语言使用的一些特点。

夏历（2007）的研究在言语社区理论指导下，对在京农民工的语言使用状况进行了调查研究，证明在京农民工已脱离原来在家乡时靠地域关系结成的言语社区，形成了一个新的言语社区。作者根据"社区第一性，言语第二性"的原则，在证明农民工成为一个言语社区之前，首先弄清楚农民工是不是一个社区；其次，证实农民工的语言能力和语言使用与进城务工之前有很大不同，这是农民工形成"新"言语社区的基础；最后，证实农民工的语言使用有共同遵循的准则，语言态度有趋同性，并以此作为农民工言语社区存在的依据。夏文选择特定人群作为观察对象，通过实地调查证明这一人群正在或可能形成一个特定的言语社区，从而为言语社区理论提供个案支持，这对于言语社区理论的研究来说是有积极意义的。

此外，一些社会学角度的农民工研究也涉及农民工语言使用情况。比如，南京师范大学社会学系朱虹博士历时一年在广州某酒家以服务员身份对 20 多名打工妹做完全参与式的观察和访谈，写成论文《打工妹的城市社会化——一项关于农民工城市适应的经验研究》。文章对打工妹学习、使用普通话和粤语的情况做了简要介绍，指出"城市话语既是城市文化模式最主要的载体，也是其重要的组成部分，因此，城市话语不仅是打工妹与城市世界和城里人发生互动、进行沟通的媒介，同时也是其适应新身份或扮演新的城市角色的基础。在广州，流利的粤语和不带乡音的标准普通话成为她们掩盖乡土身份和扮演城市人的基本技能。对城市话语的理解和运用是打工妹城市化的重要内容。"[①]

　　总体来看，到目前为止，农民工语言研究的个案积累还很不够，现有研究的内容和视角都比较单一，研究方法也多局限于调查材料基础上的归纳总结，缺乏理论探讨。本研究以农民工的城市适应为线索，系统观察农民工城市适应中的语言行为，研究内容不仅涉及义乌市农民工的语言生活状况，还分析农民工打工过程中普通话能力的发展，农民工家乡话的使用退缩与能力退化，农民工称谓语使用变化，农民工语言受打工城市方言影响的情况，以及农民工语言再社会化的途径与动因，并结合农民工特有的社会生活经历，采用社会学和社会语言学的有关理论，对农民工的语言行为进行社会文化解读。上述很多内容是以往的研究中无人涉及的，因此，本研究可以从研究内容、研究视角、研究方法等多个方面充实和丰富农民工语言研究，有助于这一研究的进一步深化。

（三）探讨汉语方言接触的实证研究途径

　　农民工是一个言语状态比较活跃的群体，在他们与来自其他方言区的工友和打工城市居民互动的过程中，彼此的语言（方言）难免互相影响，方言接触现象频繁发生。观察这个群体的语言行为，有可能发现方言接触（包括方言与普通话接触）的某些特点和规律。

[①] 朱虹：《打工妹的城市社会化———项关于农民工城市适应的经验研究》，载《当代中国社会研究》2004 年第 6 期，第 53—54 页。

　　语言（方言）接触也是社会语言学较为关注的一个领域，近年来更成为一个研究热点。国内学者较早注意语言接触现象的是民族语言学界。20 世纪 50 年代中期开展全国民族语言调查时，人们已经把语言相互影响的各种实例记录在调查报告中。同时，《中国语文》杂志先后发表了戚雨村《词的借用和语言的融合》（1959）和高名凯《论语言的融合》（1959）的争论文章。不过，直到 20 世纪 80 年代以前，语言接触研究并没有引起国内学者的充分重视。1984 年，喻世长发表《应该重视语言互相影响的研究》（1984）一文，可以算做 80 年代语言相互影响研究的先声。1988年，中央民族学院主办了全国性的"语言关系问题学术讨论会"，会议文集《汉语与少数民族语言关系》（1990）阐述了"语言关系"的概念、内容及我国语言关系的特点，分析了汉语与少数民族语言相互关系的许多现象。随后出版的《汉语与少数民族语言关系概论》（1992）不仅发掘了不少汉语影响少数民族语言的实例，还研究了民族语言影响汉语的现象，并论及语言转用。[①]自 20 世纪90 年代以来，《民族语文》杂志连续刊发了多篇语言接触研究的论文，进一步促进了国内语言接触研究的发展。从上个世纪 80年代至今，短短 20 几年的时间里，国内语言接触研究取得了令人瞩目的成果，出版著作十余部，论文数量颇丰。目前，国内从事语言接触研究的学者主要来自民族语言学和方言学等领域，讨论范围多为我国境内各民族语言特别是汉藏语系内部诸语言和汉语的关系，以及汉语各方言之间及方言与普通话的关系。此外，外语学界多就英语、韩语、日语和汉语的接触关系进行研究。

　　从研究内容看，目前国内的语言（方言）接触研究主要涉及三个方面：一是对国外语言接触理论的介绍，其中对托马森的语言接触理论介绍得最为详细、具体；二是对语言接触事实的描写

[①] 彭嬿：《语言接触研究述评》，载《新疆大学学报》2007 年第 3 期，第 141页。

与分析；三是语言接触的理论探讨。总体来看，国内学者对语言接触事实的挖掘和理论探讨都取得了一定成果，特别是国内学者对语言接触的两种结果——语言结构变化和语言功能变化的区分，对于语言接触理论是一种贡献。不过，目前国内的语言接触研究还存在一些需要加强的方面，正如胡明扬先生所指出的，过去对语言接触或语言之间的相互影响的研究，就事论事地分析相互影响的结果比较多，而对制约这种相互影响的众多内在和外在条件的注意显然不够，因此对纷繁复杂，乃至截然相反的结果就缺乏解释。[①]王远新、刘玉屏（2007）强调研究语言接触导致语言变化（语言变异）的机制的重要性，并提出建立语言接触和语言变化关系的分析及检验模式。他们指出，由于语言接触常常与其他因素结合起来对语言的结构和功能产生影响，应该把语言接触过程中的各种因素有效地分离出来，建立语言接触与语言变化之间的有效分析模式和检验模式。在研究这一问题时，既要找到语言接触的证据，还要设法排除其他因素的影响作用，才能确定语言接触在各种导致语言变化的因素中所起的作用。[②]此外，关于语言接触与语言内部发展规律之间的关系、语际接触与语言内部方言间接触的异同等，也是尚待进一步深入研究的课题。

　　本书有关打工城市方言对农民工语言影响的考察，属于汉语方言接触的研究范畴。我们将采用实证研究方法，通过考察农民工使用义乌方言成分的情况，了解打工城市方言影响农民工语言的特点和规律，比如，农民工中大概有多少人使用当地方言的结构成分？哪类农民工更易使用当地方言成分？哪些结构成分较易为农民工所使用？影响农民工使用当地方言成分的因素有哪些？当地方言成分影响农民工语言的途径有哪些？等等。

[①] 胡明扬：《语言接触和语言之间的相互影响》，载薛德才主编《语言接触与语言比较》，学林出版社 2007 年版，第 4 页。

[②] 王远新、刘玉屏：《论语言接触与语言的变化》载薛德才主编《语言接触与语言比较》，学林出版社 2007 年版，第 38 页。

第一章　研究对象

第一节　当代中国社会中的农民工

一、农民工社群的出现及其发展

"农民工"这个称呼最早出现于 20 世纪 80 年代。1984 年，中国社会科学院《社会学通讯》首次使用"农民工"一词，随后这一称谓逐渐被广泛使用。根据国务院中国农民工问题研究课题组《中国农民工调研报告》一书对农民工的界定，农民工"是指户籍身份还是农民，有承包土地，但主要从事非农产业、以工资为主要收入来源的人员。狭义的农民工，一般指跨地区外出进城务工人员。广义的农民工，既包括跨地区外出进城务工人员，也包括在县域内二、三产业就业的农村劳动力。"[①] 本书的研究对象，主要是指狭义的农民工，即跨省流动的外出进城务工人员。

农民工是伴随着中国的工业化、城镇化进程出现的一个社会群体。新中国成立之初，为适应快速推进工业化的需要，中国政府采取了让农村居民向城市自由迁移的政策，大量农村居民进入城市转为工人和城市居民。但是，这一时期城市就业机会没有相应增加，城市食品供应出现短缺。以 1958 年颁布《中华人民共和国户口登记条例》为标志，中国采取了严格控制农村人口向城市

[①] 国务院研究室课题组编：《中国农民工调研报告》，中国言实出版社 2006 年版，第 1 页。

迁移的政策，由此形成了城乡分割的二元体制。从 20 世纪 50 年代后期至 70 年代后期，中国城市化基本处于停滞状态，农村也丧失了快速发展的机会，农民生活水平普遍低下。

20 世纪 70 年代末到 80 年代初，中国实行农村土地家庭承包经营以后，农业生产力得到极大的解放和发展，农产品和农业生产力开始出现剩余，乡镇企业异军突起，大量农民离开土地进入乡镇企业就业，开创了"离土不离乡"的农村劳动力转移就业模式。据统计，1983－1988 年，乡镇企业共吸纳农村劳动力 6300 万人，"农民工"一词也在这一时期出现。

20 世纪 80 年代后期，随着对外开放和城市改革的深入，东部沿海地区经济快速发展，对劳动力提出了旺盛的需求。在这种情况下，中国政府适时调整限制政策，准许农民在不改变身份、不改变城市供给制度的前提下进城务工就业，开始出现农村劳动力"离土又离乡"的新模式。据调查，1989 年农村外出务工劳动力由改革开放初期的不到 200 万人迅速增加到 3000 万人，大量跨地区流动就业的农民工春节返乡致使"春运"紧张，每年"春运"都形成蔚为壮观的"民工潮"。

1992 年以后，中国经济发展进入了新一轮增长期，农民外出务工就业也出现了新的高潮。据调查，1993 年全国农民工达到 6200 多万人，比 1989 年增加了 3200 多万人，其中跨省流动的约为 2200 万人，比 1989 年翻了一番多。90 年代中后期，城市就业面临农民进城务工就业、城镇新增劳动力就业、下岗失业人员再就业"三峰叠加"的严峻形势，一些城市对用人单位招用农民工采取了限制性措施，全国农民工数量增长放缓，一些地方出现农民工短期回流。

进入 21 世纪，特别是中共"十六大"以来，中国政府为了统筹城乡发展，解决农民增收难的问题，对农民外出务工采取了积极引导的政策。2003 年和 2004 年国务院办公厅连续两次发出通知，要求各级政府切实改善农民进城就业环境、做好管理和服务工作，农民外出务工又进入了一个新的发展时期。从 2000 年到 2005 年，全国农民工数量每年增加 600 万～800 万人。[①]据 2004 年的统计，中国外出农民工数量为 1.2 亿人左右。到 2010 年，中国农民工的数量已超过 1.4 亿。

经过几十年的发展，农民工已经成为当代中国社会里一支令人瞩目的产业大军。农民工广泛分布于国民经济的各个行业，其中，在加工制造业中占从业人员的 68%，在建筑业、采掘业中接近 80%，在环卫、家政、餐饮等服务业中达到 50% 以上。[②]

二、农民工社群的社会特征

（一）人口特征

从人口特征来看，农民工群体以初中文化的青壮年为主。据 2004 年的统计，全国农民工中 16～30 岁的占 61%，31～40 岁的占 23%，41 岁以上的占 16%，平均年龄 29 岁。从受教育情况看，农民工中未上过学的占 2%，小学文化程度的占 10%，初中文化程度的占 65%，高中文化程度的占 12%，中专及以上文化程度的占 5%。从性别来看，男性占 66%，女性占 34%。

（二）行业分布

据 2004 年的统计，农民工主要在制造业、建筑业和服务业就业。其中在制造业就业的占 30.3%，在建筑业就业的占 22.9%，在社会服务业就业的占 10.4%，在住宿餐饮业就业的占 6.7%，

[①] 国务院研究室课题组编：《中国农民工调研报告》，中国言实出版社 2006 年版，第 2—3 页。
[②] 国务院研究室课题组编：《中国农民工调研报告》，中国言实出版社 2006 年版，第 2 页。

在批发零售业就业的占 4.6%。[①]但在不同地区，农民工就业的主要行业有所不同。在东部地区制造业的比重最大，占 37.9%；在中部和西部地区建筑业的比重最大，分别为 30.1% 和 37%。

（三）工作和居住的流动性

农民工的工作和生活具有显著的流动性，这种流动性主要表现在以下三个方面：（1）在"城—乡"之间流动，即所谓"亦工亦农"。这种候鸟式的城乡间流动又分两种情况：一是"钟摆式"，以年为周期在城市和乡村之间流动。有的农民工出去打几年工，回家务几年农，然后再出去打工。二是"兼业式"，以农业生产季节为周期，农忙时在家务农，农闲时外出打工。（2）在行业间流动。农民工就业的流动性也比较大，常有农民工上半年在这个行业，下半年就转到了另一行业。（3）在城市间流动。正是因为这种流动性，农民工曾经被称为"盲流"。不过，有研究表明，近年来农民工正在发生由亦工亦农向全职非农转变，并且举家外出的农民工持续增加，2004 年达到 2470 万人，未来农民工可能仍会保持流动性的特点，但在城镇定居的将逐渐增多。

（四）社会经济地位的相对低下

农民工为城市建设和经济发展做出了巨大贡献，已经成为城市经济发展的一个不可或缺的群体。然而，无论是在工作上还是在生活上，他们都游离于城市正式制度和社会组织之外，成为城市社会中经济地位最低的一个社群。农民工通常在非正规部门或正规部门的非正规岗位就业，工作状态十分不稳定，工作性质多为劳动密集型，技术含量往往很低，收入来源单一且薪水很低，而且不享受正规部门的社会保障。由于无城市居民户口、工作不

---

① 国务院研究室课题组编：《中国农民工调研报告》，中国言实出版社 2006年版，第 4—5 页。

稳定、无保障、收入低以及自身受教育程度低等因素的交互影响，农民工的社会地位明显低于城市制度内生存的人群，绝大多数处于社会下层，且在社会流动机制的作用下呈现出相对的向下流动的态势。社会地位和收入水平低下使得农民工普遍自信心偏低，他们既渴望拥有自尊和自信，又不得不选择忍耐和包容。他们渴望消费较为高档的商品，又不得不以低档消费品维持生计，在消费心理上也处于日益萎缩和边缘化的状态。此外，由于缺乏对城市政治决策的参与机会和难以获得公平公正待遇而产生的失落感和孤立感，他们既缺乏决策参与的机会，也本能地排斥参与的可能性，形成政治参与的盲点。[①]

（五）社会交往的内倾性

由于边缘化的社会地位，农民工的社会交往多限于老乡和非同乡的同事（来自其他省份农村地区的人）。如果在工作和生活中出现了问题，他们更多的是找同乡帮忙。由亲缘关系和地缘关系决定的"乡土社会关系网络"仍然是农民工获取生存、发展所需的一些物质资源和信息资源的主要来源，农民工的归属感和精神支持也主要来自"乡土社会关系网络"。农民工与城市居民的交往带有"表层性"，即交往过程中往往只涉及业缘关系，较少有情感的交流。[②]

（六）与乡村社会的藕断丝连

农民工与其迁出地乡村社区之间仍有着千丝万缕的联系，他们不仅在户籍身份上仍是流出地乡村的一员，家庭成员中的一部分仍生活在流出地，而且大部分仍保留着流出地乡村的土地和房

[①] 刘传江、周玲：《社会资本与农民工的城市融合》，载《人口研究》2004年第5期，第12—13页。
[②] 朱力：《论农民工阶层的城市适应》，载《江海学刊》2002年第6期第85页。

屋，仍然为家庭团聚而年复一年地经历着春运的艰辛，他们中的相当一部分人在长期流动后最终还将以其来源地的城镇或乡村为归宿。农民工在流入地城镇和流出地乡村的双重归属，使其在人口分类中既有别于其迁出地的乡村人口，也难以归入其迁入地的城市人口，而成为我国当今社会一个跨越城乡界限、与城乡都有着密切联系的人口类型。①

　　总之，农民工是年轻力壮且拥有一技之长、敢闯敢干的乡村"草根精英"，他们思想活跃，向往城市生活，有强烈的外出就业冲动，也较容易适应现代工业生产的要求，成为我国产业大军中的一支重要力量，在我国工业化、城镇化、现代化建设中发挥着重要的作用。但是，我们也不得不承认，农民工的整体素质仍然偏低，多数只能吃"青春饭"，从事简单的体力劳动。

第二节　农民工的城市适应

　　本研究选择农民工的城市适应作为对农民工语言行为进行观察的视角。这一研究视角是我们在对农民工社会行为特征进行研究的基础上确定下来的。语言行为是人的社会行为的一部分，要想认识某一人群的语言行为特点，需要结合该人群社会行为的总体特征。在社会学领域对农民工的研究中，城市适应就是一个备受关注的问题。对于迁移人口来讲，对新的生活环境的适应是非常重要的，而且，在适应新环境的过程中，其社会行为往往发生一定变化，显示出既不同于流出地人群、又不同于流入地人群的独有特色。农民工属于农村人口，多年来习惯了农村社区的生活环境，外出打工使他们进入了一个全新的、陌生的生活环境——

---

① 朱宇：《农民工：一个跨越城乡的新兴群体》，载《人口研究》2005年第4期，第36页。

城市社区,对城市生活环境的适应是农民工在相当长的时间里都需要面对的问题,农民工的很多社会行为也都打上了城市适应的烙印,以城市适应作为观察视角,更易发现农民工群体语言行为的特点。因此,本书的研究以农民工的城市适应作为一条重要线索,无论是在对农民工的语言行为进行观察时,还是在分析农民工的语言行为特点时,以及在对农民工的语言行为进行解读时,都紧扣农民工的城市适应这个主题。

一、城市性与农民工的城市适应

(一)城市性

无论是从规模、人口密度来说,还是从社会复杂性来说,城市都具有不同于乡村的一整套社会文化特质,有研究者将之概括为"城市性"。

一般认为,农村社区具有以下特点:地域广阔,对自然环境的依赖性很强;人口密度低,人口素质不高;经济结构单一,人口的职业结构比较简单,同质性较强;社会组织简单,主要受乡规民约及风俗习惯的约束;居民的血缘、地缘关系密切;生活方式比较单调,传统色彩比较浓,时间观念不强,生活节奏比较慢。

虽说由于生产力水平不同和文化传统的差异,不同的城市会表现出各自的特点,但作为一种生活方式的基调——城市性,是共同存在着的。这种与农村相区别的"质性"主要表现在以下几个方面:第一,正式社会组织取代非正式组织对社会日常生活起组织作用,社会控制的正式机制(法律、法规、政策和契约等)比非正式机制(血缘、家庭、习俗等)更重要。第二,竞争成为城市生活的主旋律。城市生活中时时具有危机感和竞争意识,许多机制都体现了优胜劣汰原则,人们不可能一次获得较好待遇的岗位和社会职位就能终身不变,生活节奏快,守时、忙往往成为城市人的特点。第三，社会交往表现出广泛性与浅表性，社会交往成为一种角色的交往即非个人的和无情感作用的交往形式。"社会交往所结成的关系都表现为由传统乡村全面性关系转向片面的、专一的关系，以每个人为中心形成一个片面专一的关系结丛，个人成为多种角色的结丛，构成复杂多样的社会交往图画"。但存在着一种对与个人目的无关的事务漠不关心的态度。第四，社会关系联结的主要纽带是货币而非地缘或血缘，人与人之间相互交往时大量存在的感情因素被冷静的量的计算所代替，为人处世上有很强的功利意识和理性的思维方式。第五，生活方式体系是开放的、多元的和多价值趋向型的。①

城市是由城市人、城市物质设施和城市文化所组成的有机整体。"城市性"是生活方式的一种，基于规模、人口密度和社会复杂性的不同，城市具有其有别于乡村的一整套社会与文化特质。"城市环境的最终产物，表现为它培养成的各种新型人格。"城市不仅仅是一群人共同居住的地域，它还是一种"城市性"的心理状态和生活方式。②

（二）城市适应的含义

由于城市有着与乡土社会迥然不同的社会文化特性，农民工进入城市后，首先面临城市适应的问题。在相关的研究论著中，"城市适应"也被称"农民工的城市融入"，或者称为"农民工在城市的再社会化"。

什么是"适应"？美国社会学家高斯席德（Golds-cheider.G）在《发展中国家的城市移民》一书中认为："移民的适应可以界定为一个过程，在这个过程中，移民对变化了的政治、经济和社会

① 江立华：《城市性与农民工的城市适应》，载《社会科学研究》2003年第5期，第93页。
② 朱力：《从流动人口的精神文化生活看城市适应》，载《河海大学学报》（哲学社会科学版）2005年第3期，第30页。

环境做出反应。从农村到城市常常包含了这三方面的变化。"高斯席德强调变化和过程，倾向于把适应理解为行为本身，在变化的环境中移民们所做出的一种不断的行为调整。同样源于进城农民工的特殊身份，对他们来说，城市经历是一种过程，在这个过程中，他们必须不断地在工作方式、生活方式、社会交往、社会心理上做出种种调节，从而顺应他们自身所处的生存环境。

《社会学百科辞典》中没有"适应"这一条目，有与之接近的"调适"、"同化"两词：调适"即人与人之间，不同的群体之间或不同的文化之间互相配合、互相适应的过程。经过调适，产生彼此和谐的关系。人们可以通过调适，即部分地改变自己的行为方式或生活习惯，更好地适应环境变化。"同化指"具有不同性质的人、集团或民族接触以后，融合成新的文化单位的过程……同化是在不知不觉中进行的一种潜移默化的过程。同化是社会互动的一种形式，其作用在于改变人们的生活习惯和行为规范，但不会触动社会根本制度"。适应不是简单地等同于同化，同化从字面上看有消极、被动的含义，适应比同化更具主动积极的意义，调适更加接近适应的本意。

《社会学词典》对"适应行为"的解释是："指个人适应社会环境而产生的行为。个人通过社会化，明了自己的社会权利与义务，形成了与社会要求相适应的知识、技能、价值观和性格，就会在社会交往与社会行动中采取符合社会要求的行动。反之，如果不能很好地适应社会环境，就会陷入困惑之中。人的一生是不断地适应环境的过程。""适应"和"社会化"关系密切。社会化与适应是一个事物从两个方面的不同表述。社会化是从社会对人的教化的角度而言，强调的是执行社会化的各种主体对个体进行教化的过程。而适应主要地是从接受社会化的个体角度而言，强调个体在社会生活中对周围的环境和社会化的过程的接受程度。社会化是人对社会的适应、改造和再适应、再改造的复杂过程。

社会化贯穿于人的一生和社会的整个过程，适应也贯穿于人的一生。

　　具体到进城农民工的适应，则表现为一种成人的社会化。他们从农村来到城市，进入了完全不同于农村的一种生活环境，担任了另一种不同的社会角色。进城农民工的这种生活环境和社会角色的变迁，迫使着他们进行自身调整，在经济生活、社会交往、价值观念方面都发生了变化，以更好的适应新的城市社区环境。显然，进城农民工的适应是他们在新的环境下的继续社会化。[①]

　　总之，农民工的城市适应就是指农民工进城后，不断地在工作方式、生活方式、社会交往、社会心理等方面做出种种调适，从而顺应所处的生存环境的过程。农民工不管是短期在城市逗留，还是是像候鸟一样不断地来回于城乡之间，或者永久移居城市，都或多或少存在地着城市适应的问题。"适应"是农民工在城市的社会活动的一条重要线索，贯穿着农民工社会行为的方方面面。农民工的社会适应状况不仅直接关系到农民工自身的生活质量，而且也关系到城乡居民关系及整个社会的稳定与和谐。[②]

二、农民工城市适应的主要内容

　　农民工进城不仅仅是农村人口在空间上移居城市，也是现代化意义上的"文化移民"，更是指个人从农村人向城市人的转变过程，它涉及农民的生活方式、价值观念和社会心理等方面的转变过程。研究者一般把农民工的城市适应划归为三个层次：经济层面、社会层面和心理层面。

[①] 朱力：《论农民工阶层的城市适应》，载《江海学刊》2002 年第 6 期，第 83 页。

[②] 李立文、余冲：《新生代农民工的社会适应问题研究》，载《中国青年研究》（专题特稿版）2006 年第 4 期，第 12—15 页。

（一）经济层面的适应

经济适应也称生存适应，指农民工在城市获得相对稳定的收入，可以满足自身的衣、食、住、行等生存需要，具备一定的在城市生存下去的经济条件。经济层面的适应是一种最低层次的适应，相对来讲比较容易完成。农民工只要找到一份相对稳定的工作，有了一份可以维持最低消费的收入，解决了住宿、吃饭等日常必需的消费问题，有了在城市继续生活的开端和立足的资本，就算完成了基本的经济适应。当然，要想进一步获得更好的经济地位，则需要农民工付出更多的努力。

（二）社会层面的适应

社会层面的适应指的是农民工在行为方式和日常生活方式上向城市人口靠拢，从而融入城市的社会生活当中。有研究者称之为农民工行为方式和生活方式的城市化。农民工完成社会层面城市适应的途径主要有两个：一是日常生活中的模仿行为；二是与城市人口的社会交往。

农民工进城后，最表面、最简单的社会适应就是日常生活中的模仿行为。农民工从乡村来到城市，明显地感觉到城乡生活方式的差异，在经历了"文化震荡"的煎熬之后，他们开始试着了解并模仿城市人的行为方式，学习扮演城市人的"角色"。农民工首先是从外在的形象如言谈举止和服饰上对城市人进行模仿。尤其是青年人，接受能力很强，男青年学会了穿西装，女青年学会了化妆。在言谈举止上，也有意无意地模仿着城里人，在与老乡以外的人交流时，一般都说普通话，有些年轻的农民工还学会说几句当地话，在买东西、讲价钱的时候使用。农民工情侣会像城里人一样在大众场合下卿卿我我。城市行为方式模仿不仅仅是一种外部形象上的整饰，实质上反映了农民工观念上的变化，展示了农民工在生存需要之上的更高需求，也显示了农民工适应城市生活的主动性。

　　与城市人交往也是农民工融入城市生活的一个重要途径，并且是其城市适应的一种较高层次，反映了农民工主动适应城市社会、寻求在城市发展的机会的积极性。英克尔斯（Alex Inkeles）认为农民与城市接触的经验"也许能成为促进现代化的学校"。有的研究者认为这种接触的经验也会带来农民工对城市的认同和归属感的形成。不过，就目前的情况来看，由于体制与政策等方面的原因，农民工与城市居民的交往仍受到很大限制，他们的交往对象主要不是城市居民，而是一同外出打工的同乡或亲戚。一项在济南的调查显示，在回答"进城打工后最亲密的朋友是谁"时，55.7%的民工认为是"一同来打工的老乡"，21.8%的民工认为是"进城后认识的民工朋友"，只有 21.5%的人认为是"进城后认识的城里人"。

　　（三）心理层面的适应

　　心理层面的适应指的是农民工内化城市的价值观念和生活方式，并且在心理上获得认同，在情感上找到归宿。心理适应实质是被城市文化同化，完全地融入城市社会。这是农民工城市适应的最高层次，或者说是一种深层适应，标志着农民工真正融入了城市社会。从农村到城市的农民工，在找到一份相对稳定的职业之后，最基本的生存适应也随之完成。但是他们的观念、心态等方面仍与城市居民存在区别，这种差别是内在的，不容易趋同或缩小。只有农民工完成了心理的适应，才算完成了真正意义上的适应过程。

　　经济适应、社会适应和心理适应是农民工城市适应的三个不同方面，又是依次递进的三个层次：进城农民工从农村来到城市，首先必须找到一份相对稳定的工作，拥有相对稳定的收入和住所，才能在城市中生存下去，经济层面的适应是其立足城市的基础；

在完成了初步的生存适应之后，新的生活方式和社会交往是进城农民工城市生活的进一步要求，它反映了进城农民工融入城市生活的广度；心理层面上的适应是属于精神上的，它反映出进城农民工对城市化生活方式等的认同程度。新的观念、心态和意愿这些内在精神性因素的深刻变化，是进城农民工经过一段较长时期的生存环境适应的结果，反映了农民工参与城市生活的深度。只有在心理上也适应了，才说明城市化对农民工人格的影响、塑造和提升已经实现，农民工由农村人转化为城市人这一社会化过程已经完成。

农民工打工期间为了更好地适应城市生活而在语言行为方面所做出的调整，可以称为农民工的"语言适应"。语言适应是农民工城市适应的一部分，属于社会层面的适应，但也与其经济适应和心理层面的适应不无关系。

三、农民工城市适应的两种主要模式

（一）通过改变自我而融入城市社会之中

这是指农民工以城市居民为参照，对自身行为做出适当调整，使自己的工作方式、生活方式和思维方式都与城市居民接近，社会关系也发生一定变化，最终将自己整合入城市社会之中。这种适应模式往往需要经历一个长期的调适过程。一般来说，农民工在进城之初，虽然改变了原有的职业性质，但往往只能进入到一些非熟练、低技术、低收入的部门工作。随着对城市生活的适应，他们才能再谋求较为固定的现代部门的工作，收入也逐渐提高。农民工能否通过这一途径实现城市适应，其城市适应的水平如何，常常取决于他们个人素质的高低。农民工的个人素质越高，越容易经由这一途径适应城市的社会生活，并能在城市获得较好的生活待遇；反之则只能停留在较低的适应水平上。

　　由于制度因素、政策因素和农民工自身素质等因素的影响，再加上二元社会结构导致的城乡居民长期隔阂等原因，目前只有农民工群体中的少数"底层精英"在城市从事各类专业技术工作、商业服务工作和餐饮服务工作，甚至自办公司、企业等。其中一部分人通过工作或业务联系与城市市民进行深度交往，较快地跻身城市的社会生活，建立起新的生活方式和社会交往方式，被城市"主流社会"所接纳。对大多数民工来说，他们还站在"传统一现代"的连续统（traditional-modern continuum）中，年龄、性别、文化水平、务工行业和居住形式等方面的差异决定了不同农民工与城市社会发生交往的广度和深度有所不同，因而处在不同的嬗变状态中。

（二）在城市中重建原有的生活环境和文化

　　这是指农民工在社会交往中依赖和选择同质性群体（工友）以及乡土社会关系（亲戚和同乡），并以此为基础和以"我"为中心来构造他们交往与互动的差序格局。有的农民工甚至在城市建立自己的社区——"都市里的村庄"，如北京的"浙江村"、"新疆村"、"安徽村"，南京的"河南村"等等。聚居区内的"居民"多是同乡，从事相同或相近的职业，亲缘和地缘关系是其社会结构的基本特征，农村的行为方式和价值观念对他们保持着持续性影响。从生活方式角度看，他们不适应城市频繁而浅层的交往活动和人际关系，交往的范围相对较小（限于较熟悉的人），交往的程度相对较深（待人真诚、礼尚往来），交往的方式比较直接（既注重形式，也注重内容不仅保持感情的联系，也提供实际的帮助）。在消费与休闲上，奉行节俭原则。由于经济收入不高，劳动强度大，加上缺少引导，他们的消费停留在满足衣食住行的水平之上，休闲停留在内部娱乐和自我消磨时光阶段，业余生活贫乏、单调，情侣间的约会、逛街、看书报和进修学习等活动还很少，保龄球馆、游泳池等健身场所以及茶座、网吧、酒吧等娱乐场所对大多数人来说更是离得很远。从中国目前的现实情况来看，由于各种主客观原因，许多农民工特别是建筑业农民工选择了此种模式。

农民工之所以选择重建原有的生活方式和文化的适应模式，既有城市排斥力的原因，也有农民工自身素质的原因。城市的排斥力不仅源自市民的文化和心理阻隔，而且源自社会结构的隔离。由于我国长期存在二元社会体制，市民享有一种特权思想，城市中心主义渗透到了他们的潜意识中，他们对农民工存在心理拒斥和认识偏见，并在行为和态度上表现出歧视。从社会结构角度看，农民工是城市的无归属群体，无论是计划经济时代遗留下来的单位组织、行政组织和发育不完善的职业组织、社会团体等，还是近年来随着市场经济的发展而建的社区组织、文化团体、福利组织等，都不涵盖农民工，农民工很难进入其中。而城市的社会资源包括教育、就业、住房和医疗福利和社会保障等方面的资源，主要是通过这些组织进行分配的，农民工因此无法享受到这些社会福利。社会地位的不平，阻碍了农民工与城市居民的交往和互动。从农民工自身的角度看，他们出生和生长在农村，受农村传统观念和文化习俗的影响较深。进城后，很多农民工短期内还不能适应环境的变化，不了解城市运作的法则，不懂得怎样与城市人交往，怎样适应身边的事物，导致他们不敢或不愿与城市市民进行交往，而是退守在乡土社会关系网络中，从中寻求支持、帮助和情感归属。①

---

① 江立华：《城市性与农民工的城市适应》，载《社会科学研究》2003 年第 5 期，第 92—96 页。

第三节　义乌市农民工概况

一、选择义乌市为调查地的原因

浙江省的城市化进程自 1998 年以来进入加速期，并始终走在全国前列。据统计，2005 年浙江省的城镇化水平为 56.03%，远远高于全国 42.99% 的平均水平，居全国第六位。作为城市化发展的必然结果，浙江省成为我国流动人口最多的省份之一。据 2000 年第五次人口普查资料，浙江省是流动人口占本地区总人口比重最高的五个省份之一。在浙江省的外来人口中，农民工的比重又是最大的。据有关部门统计，目前浙江省农民工总数在 1200 万人左右，占到全省 4700 万常住人口总数的四分之一。其中，外来农民工 800 万人左右，本省农民工 400 万人左右。由于浙江省农民工数量多，活动频繁，且省际流动的农民工占农民工总人数的比例较高，对于了解农民工的语言使用而言，浙江省是一个非常有利的观察地点。

义乌是浙江省内一个颇具特色的新兴城市。借助得天独厚的地域和流通优势，经过 20 余年的发展，义乌已成为全中国乃至亚洲最大的小商品集散中心。义乌的人口结构很有特色，外来人口的数量超过了本地户籍人口。在义乌的 160 万人口中，有 100 万是常住义乌的外来建设者，分别来自全国 30 多个省、自治区和直辖市，这其中农民工占了绝大多数。此外，还有来自全世界 100 多个国家和地区的 8000 多名外商常住义乌。

鉴于义乌市经济活跃，农民工数量较多，我们选取义乌市作为调查地，对农民工语言使用情况进行深入调查，了解农民工的语言生活状况，总结农民工语言行为的特色和规律。

二、义乌市概况

义乌市是浙江中部的一个县级市，位于金衢盆地东部，面积约 1，105 平方公里，东邻东阳，南界永康、武义，西连金华、兰溪，北接诸暨、浦江，至省会杭州百余里。1988 年义乌撤县建市，下辖稠城、稠江、北苑、江东、后宅、廿三里、城西 7 个街道办事处和大陈、苏溪、上溪、义亭、佛堂、赤岸 6 个镇。

义乌原本人多地少，资源贫乏，缺少区位优势。但是，改革开放以来，特别是中共"十六大"以来，义乌的社会经济呈现快速发展态势。2005 年，义乌人均GDP达 5，400 美元，财政收入达 35 亿，城镇居民人均可支配收入达 1.9 万，农村居民人均现金收入达 7，735 元。目前，义乌综合实力居全国百强县第 12 位，综合竞争力居浙江省县级市首位。[①]

义乌经济发展的两个支柱产业是商贸业和加工业。以小商品市场为龙头的商贸业是义乌的主导产业。改革开放之初，义乌市实施兴商建市发展战略，通过培育市场带动了经济社会的全面快速发展。二十多年来，义乌已发展成为全国性的小商品流通中心和国际性的小商品采购基地，共有 43 个行业、1900 个大类的 40 万种商品在这里展览交易。在商贸业迅速发展的同时，义乌市又实施"以商促工、工贸联动"的策略，依托市场发展小商品加工业。到 2007 年，全市已拥有工业企业 1 万多家，构筑了"小商品、大产业，小企业、大集群"的工业发展格局，年实现工业总产值 593 亿元，形成了十二大优势产业，其中，饰品占全国总产量的

65%以上，袜业占35%，拉链占30%以上。商贸业的发展在带动加工业的同时，也促进了建筑业和服务业等行业的全面发展。

经济的飞速发展吸引了大批外来建设者。2007 年，义乌市有160 多万人口，其中本地户籍人口 68 万，外来建设者 100 万，另外还有来自 100 多个国家和地区的 8,000 名外商常驻义乌。

三、义乌市的社会语言生活状况

（一）义乌方言

义乌方言是吴语婺州片中的一个分支。婺州片处于浙江省中部，包括金华市、兰溪县、永康县、武义县、东阳县、磐安县、义乌县、浦江县等八县市。本片内部差异较大，有些县互相不能通话，要用带有官话腔调的金华话来交际。从通话情况看，金华与兰溪接近，武义与永康接近，东阳、磐安与义乌接近，浦江比较特殊。[①]

义乌全市均讲吴语，但由于义乌市位于浙江中部，交通方便，与外地交往频繁，因此义乌话受邻近方言的影响较大，内部差异比较明显，当地人中有"义乌十八腔，隔溪不一样"的说法。

（二）义乌居民的语言使用情况

为了解义乌居民的语言使用情况，我们从义乌居民中抽取 55个样本进行了语言使用情况问卷调查。[②]调查数据显示出义乌居

[①] 傅国通、蔡勇飞、鲍士杰、方松熹、傅佐之、郑张尚芳：《吴语的分区（稿）》，载《方言》1986 年第 1 期，第 6 页。文章发表时义乌还是县制。

[②] 其中男性 22 人，女性 33 人；16～20 岁 23 人，21～30 岁 15 人，31～40岁 5 人，41～50 岁 4 人，50 岁以上 8 人；小学 6 人，初中 13 人，高中（含中专）20 人，大专及以上 16 人；公务员 2 人，工人 5 人，企、事业单位工作人员 2 人，教师及教师以外的专业技术人员 8 人，学生 14 人，商业、服务业人员 15 人，不在业人员 3 人，其他人员 6 人。

民语言使用方面的基本情况：

1. 绝大多数人会说普通话，但多数人的普通话带有方音成分

调查显示，义乌居民中普通话的普及率相当高，55 位调查对象全部会说普通话，相反，有 1 人（女，19 岁，大学生，从小学会的话是普通话）不会说义乌方言。不过，义乌居民的普通话水平却并不算高，调查对象中自报"能用普通话熟练交谈且发音准确"的只占 18%，表示"个别音发音不准"的占 78%，另有 4% 的人"方音较重"。

2. 家庭内部和本地熟人之间的交流以义乌方言为主，其他场合均以普通话为主

家庭成员之间的交流仍以义乌方言为主，但三代人纵向比较，普通话的使用有随着年龄的降低逐渐增多的趋势。跟父母交谈时"只用"和"主要用"义乌方言者占 91%，"只用"和"主要用"普通话者只占 9%；跟配偶交谈时"只用"和"主要用"义乌方言者占 73%，"只用"和"主要用"普通话者占 27%；跟子女交谈时"只用"和"主要用"义乌方言者占 65%，而"只用"和"主要用"普通话者已达 35%。跟本地熟人交谈时也主要使用义乌方言，"只用"和"主要用"义乌方言者占 87%，"只用"和"主要用"普通话者只 13%。

"跟陌生人交谈"、"在集贸市场买东西"、"去政府部门办事"、"去医院看病"、"在单位谈工作或在学校谈学习"等社交场合的语言使用均以普通话为主，"只用"和"主要用"普通话者的比例分别为 100%、56%、82%、91% 和 80%。可见，在跟像农民工这样的外地陌生人谈话时，义乌居民基本上全部使用普通话。

除问卷调查外，我们还对义乌市教育局分管推广普通话工作的基础教育科进行了访谈。根据访谈中了解到的情况，这些年，随着义乌经济的发展，义乌市民的语言文字意识大大增强，普通话使用越来越广泛。比如在著名的小商品市场里，经商户基本上

都是用普通话跟客人交谈，有的还使用英语。义乌居民中很少有人不会讲普通话，不会说普通话的主要是一些农村居民和一些年龄较大的老人。在义乌市，普通话的使用面很大，跟外地人交谈时基本上都讲普通话；工作中也基本上都是讲普通话。

（三）媒体语言

义乌市广播电视用语以普通话为主，不过，像浙江省内其他地市一样，义乌也有一挡用当地方言制作的节目。浙江省各地市电视台多办有地方话节目，深受当地居民欢迎。义乌也有一档这样的节目，这就是义乌市广播电视台商贸频道的《同年哥讲新闻》。这是一档用稠城方言制作的民生类节目，节目长度为 13 分钟，每晚 18：45 首播，20：26 重播。

《同年哥讲新闻》是一档很受义乌居民欢迎的节目，不少居民特别是一些年纪较大的人经常会守候在电视机前等着收看。这档节目的理念是"民生为本"，栏目的定位是"普通市民关注的平常事"，关注老百姓的喜怒哀乐和他们的生存状态。节目中播出的多是与老百姓利益相关的事、老百姓感兴趣的事、老百姓身边的事，非常贴近百姓生活。另外，节目用义乌人熟悉的方言来播报新闻，并由著名说唱艺人朱平担任主持人，采用角色化播报，主持形式突出以"说"为主，主持风格活泼生动，亦庄亦谐，幽默风趣，使得节目很有吸引力。在我们抽取的 55 个义乌居民调查对象中，表示收看《同年哥讲新闻》的有 50 人。由于该节目播放时配有字幕，所以有些农民工也会收看，我们调查的农民工中，有 22.58％的人表示收看该节目，有的农民工甚至表示很喜欢看。

四、义乌市农民工的总体情况

（一）数量及来源

自 2001 年以来，义乌市外来人口的数量呈快速增长趋势。据义乌市统计局的数据，2001 年义乌市的外来人口总数为 474,913 人，2002 年为 579,031 人，2003 年为 655,225 人，2004 年为 753,985，2005 年为 828,328 人，2006 年为 953,365 人。2006 年，在公安局外来人口管理办公室办理了暂住证外来务工人员就有 67.15 万人，还有相当数量的农民工未办理过暂住证，所以，实际数量可能远高于此，而当年义乌市的本地户籍人口是 68.04 万人。总体上看，义乌市外来人口的数量远超过了本市人口。农民工是外来人口的主体，从外来人口的数据，我们可以大概推知义乌市农民工的总量至少有几十万。

从来源来看，义乌市农民工主要来源于周围省份。据义乌市统计局 2006 年数据，向义乌市输出务工人员数量在两万以上的省份有：江西（215688 人）、安徽（127584 人）、河南（123408 人）、贵州（119483 人）、湖南（70565 人）、四川（52230 人）、湖北（38713 人）、云南（22942 人）。[①]

农民工在义乌的居留形式基本上都是暂住。根据从义乌市公安局暂住人口管理办公室了解到的情况，虽然浙江省从 2006 年起就实行就地登记入户的政策，只要在义乌居住满三年就可以在义乌登记常住户口，但真正在义乌申请入户的外来人口并不多，因为很多人不愿放弃农村的宅基地，已经登记户口的多半是为了子女能够在城市上学。

---

① 数据出自义乌市统计局 2006 年统计报告。

（二）与语言使用有关的一些情况

农民工居住、娱乐、社会交往、留在城市生活的意愿等方面的情况与其语言行为有一定关系，为此，我们对农民工的上述情况进行了调查。

1. 居住情况

义乌市农民工的居住形式主要有住在用工单位宿舍、住在建筑工地工棚和租赁城郊农民房屋等几种情况。为了减少在城市生活的成本，农民工在住房方面的消费处于维持最低消费的状态，他们对住房的要求主要是满足其休息和基本的日常生活需要。大多数农民工认为城市只是暂时的栖身地，所以对住处没有什么奢望，只要有个能挡风避雨、存放少量物件的地方就满足了。

同住交往是一种频度较高的交往方式，住在一起的人们之间容易发生语言上的相互影响。我们对义乌市农民工的同住对象进行了调查，结果显示，除自己单住（占 11.61%）的情况以外，农民工的同住对象主要有三种类型：a. 家人或亲戚；b. 老乡；c. 非同乡同事。其中跟家人亲戚一同居住者最多，占 41.29%；其次是和非同乡同事一起住的，占 30.32%；和老乡一起住的占 16.77%。有近三成的农民工跟非同乡同事一同居住，可见农民工无论是在工作当中，还是在日常生活中，都常常会接触到本乡以外的人群。

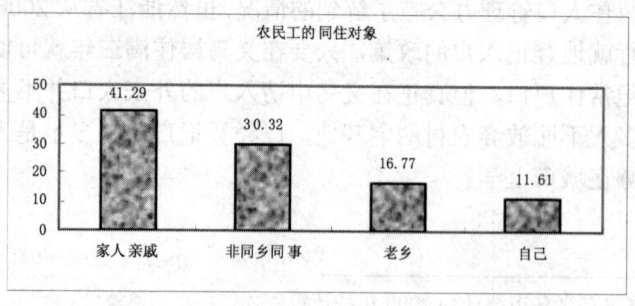

有一部分农民工的子女也随父母一同外出打工，跟父母一同住在城市里。此次调查中，子女随住者占已婚有子女农民工总数的40.26%，子女未随住的占59.74%。

2. 娱乐情况

农民工的娱乐时间普遍较少，娱乐方式也比较简单。一项对南京市农民工的调查显示，农民工休闲方式中排在前六位的分别是：打牌38%、看电视37%、听收音机36%、聊天35%、逛街30%、看书报20%。这些娱乐方式基本上不需要什么消费支出，也能放松身心，可以说是节俭和实用的结合。其余的还有睡觉、搞卫生、干家务、找工作、上舞厅、找老乡等。虽然城市里的娱乐项目丰富，但民工们很少涉足。农民工闲暇时间主要是群体内部娱乐或仅仅是自我消磨时光。虽然也有一部分农民工闲暇时间的利用发生了一些变化，带上了一些城市人的色彩，但对整个农民工群体来说，其闲暇时间的利用仍不具备明显的城市生活方式特征。农民工的业余生活贫乏与单调是由多方面原因造成的。首先是农民工收入较低，对都市中动辄数十元的娱乐、休闲场所只能敬而远之；其次是其劳动时间长、劳动强度大，没有精力娱乐。再次，农民工的文化程度相对较低，缺少对文化消费的需求。最后，缺少必要的消费、休闲引导。农民工与当地人接触不多，他们的消费方式几乎是沿袭早来一步的朋友、亲戚的。八小时以内，农民工能够在工作上与城市人保持同步，但八小时外的生活却是与城市人脱节的。[①]我们在义乌市的调查也显示，大部分农民工的娱乐方式是打牌、看电视、看录像和逛街，有的农民工调侃地把自己的生活状况形容为"干活累，闲了睡"。

由于打工城市的媒体语言可能对农民工语言产生影响，我们对义乌市农民工经常收看的电视节目的语言种类进行了调查。结

---

① 朱力：《论农民工阶层的城市适应》，载《江海学刊》2002年第6期，第85页。

果显示，有 15.16％的农民工从来不看电视（有的人表示没有电视看，有的人表示没有时间看）。收看电视节目的农民工，经常看普通话节目的占 86.13％；经常看家乡话节目的 7.42％；经常看本地方言节目（《同年哥讲新闻》）的占 22.58％；经常看其他方言节目占 10％；另有 3.23％的人表示有时会看英语或韩语节目。

　　3．社会交往情况

　　关于农民工社会交往的情况，我们主要考察了他们在乡土社会关系网络中活动的情况及与打工城市居民交往的情况。调查结果显示，85.16％的农民工在义乌市有同乡，48.71％的农民工在义乌市有家人或亲戚。可见，大部分农民工都经常在乡土社会网络中活动。

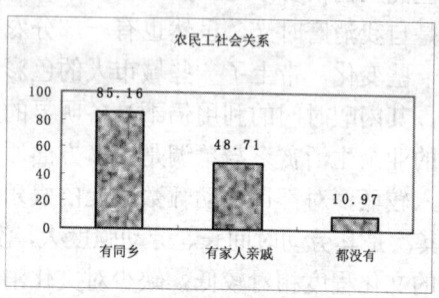

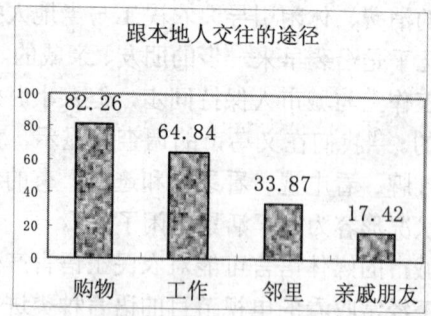

　　在农民工跟本地人交往的各种途径中，"朋友交往"的交往程度最深，"购物交往"的程度最浅，"工作交往"和"邻里交往"

居其中。从上图显示的数据，结合我们在访谈中了解的情况来看，义乌市农民工与本地居民的深度交往（朋友交往）比较少，当农民工在工作和生活中遇到困难时，主要是向老乡和亲戚求助。总体看来，以亲缘关系和地缘关系为依托的"乡土社会关系网络"仍是农民工在义乌打工期间获取物质帮助和情感支持的主要社会资源。

4. 留在城市生活的意愿

关于"您以后是否愿意留在城市生活"的调查，我们设计了三种选项：（1）不希望留在城市生活，挣上钱就回老家；（2）看情况，将来条件允许就留在城里，否则就回老家；（3）希望留在城市生活，并愿意为此付出努力。结果显示，近四成的农民工明确表示不愿意留在城市生活；近三成农民工明确表示希望将来能留在城市生活，并愿意为此付出努力；另有三成农民工表示视情况而定，详见下表。

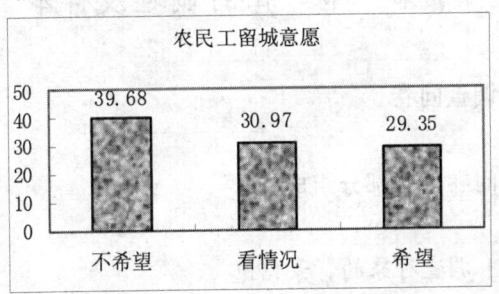

第二章　农民工语言使用的基本情况

"现在老家话有点儿不怎么好说了，更习惯说普通话。说不定什么时候会带点老家话。刚出来时，说普通话说不来。"

——农民工话语（王某，女，25岁，河南籍）

第一节　田野调查及样本

一、调查问卷

调查问卷由四部分组成。

（一）调查对象的背景信息

包括性别、年龄、受教育程度、务工行业、出生地、婚姻状况等。

（二）与农民工使用有关的一些情况

包括初次来义乌打工的时间、初次外出打工的时间、除义乌以外的打工地及打工时间、跟什么人一起居住、在义乌是否有亲戚或同乡、与义乌居民接触的方式及频度、收看电视节目的情况、留在城市生活的意愿等。

（三）语言使用情况

包括以下几部分内容：

1. 语言习得

包括小时候最先学会的话，父母跟自己交谈时说的话，上小学时老师讲课说的话，学会普通话的时间，学会义乌方言的时间，学习普通话和义乌方言的目的，学习普通话和义乌方言的途径，等等。

2. 语言能力

包括现在会说的话，各种语码的掌握程度，家乡话能力变化情况，普通话能力变化情况，等等。

3. 各场合的语言使用

包括在家庭内部跟父母、配偶和子女交谈时使用的语码，在各种社交场合使用的语码，各种语码的使用频率，等等。

（四）语言态度

包括对家乡话、普通话、义乌话和其他汉语方言的评价，对普通话和义乌方言程度的期望，对自己来说最重要的话的判断，对家乡话、普通话、义乌方言和其他汉语方言未来发展前景的期望，对子女语言能力的期望，对子女受教育语言的期望，对电影电视节目中使用方言的态度，对子女家乡话流失的态度，对自己家乡话能力退化的态度，对自己与城市人口语言差异的态度，等等。

二、调查的实施

本次调查于 2007 年 1 月进行，采用问卷调查与深度访谈相结合的方式，为期半个月。调查问卷全部由调查员在询问调查对象后填写完成，信度较高。共调查农民工样本 200 个，剔除 2 份不合格样本，共获取有效样本 198 个。

　　本次调查以农民工的职业类型作为抽样的主要依据，按照各种职业类型农民工在农民工总体中的比例，分别抽取一定数量的样本，同时兼顾调查对象在性别、年龄、流入地等方面的适当比例。据国务院研究室课题组《中国农民工调研报告》对目前我国农民工行业分布的描述，结合义乌市情，考虑到义乌市农民工在商贸业和制造业两大支柱产业分布较多，我们最终制定了如下抽样方案：共调查农民工 200 人，其中，建筑业工人：20％×200＝40 人，制造业工人：40％×200＝80 人，住宿餐饮娱乐业服务人员：10％×200＝20 人，社会服务人员：10％×200＝20 人，零售业受雇人员：10％×200＝20 人，其他：10％×200＝20 人。受客观条件限制，调查时对抽样方案进行了个别调整。

三、样本的构成

"语言使用与语言态度调查"样本基本信息（n＝198）

	分类	样本	％	分类		样本	％
年龄	16～20 岁	49	24.75	性别	男	121	61.11
	21～30 岁	84	42.42		女	77	38.89
	31～40 岁	47	23.74	职业	建筑业	42	21.21
	41～50 岁	14	7.07		制造业	89	44.95
	51 岁以上	4	2.02		住宿餐饮业	23	11.62
受教育程度	未上学	5	2.53		社会服务业	17	8.59
	小学	42	21.21		零售业	22	11.11
	初中	112	56.56		其他	5	2.52
	高中	39	19.70	合计		198	100

第二节　语言习得与语言能力

一、语言习得

（一）家乡话的习得

与其他人群一样，农民工的家乡话基本上都是从小在家庭中自然习得的，只有 1 人最先学会普通话，以后在学校跟同学学会了家乡话。

（二）普通话的习得

1. 学习普通话的动机

在"您为什么学习普通话"的调查中，表示为了"能够与更多的人沟通"学习普通话者有 187 人，占样本总量的 94.44%；表示学习普通话是因为"工作或外出需要"者有 181 人，占样本总量的 91.41%；表示"学好普通话有前途"者有 100 人，占样本总量的 50.50%；因为"学校要求"学习普通话者有 67 人，占33.84%；因为"个人兴趣"而学习普通话者有 90 人，占样本总量的 45.45%；因"其他原因"而学习普通话者有 2 人（其中 1 人觉得"出来讲普通话好听一点，讲老家话好像老土一样"；另 1 人表示普通话是自然学会的，没有什么原因和目的），占 1.01%。

从调查数据来看，外出打工期间与不同方言背景者沟通的需要是促使农民工学习使用普通话的最主要原因。把普通话与个人发展联系起来，将使用普通话作为拓展个人发展空间的必要途径，也是促使一部分农民工学习使用普通话的原因。值得注意的是，近半数的农民工是因为个人爱好而学习使用普通话的，足见普通话在全国范围内已经深入人心。

2．对普通话程度的期望

农民工对普通话程度的期望比较高。有超过半数的调查对象希望自己的普通话可以达到流利、准确使用的程度，另有近两成的调查对象希望能熟练地使用普通话。希望能用普通话进行一般交际的占一成多，表示能听懂普通话就行的只占不到一成。

农民工对普通话程度的期望

选　项	人数	百分比
能流利准确地使用	100	50.51
能熟练地使用	39	19.70
能进行一般的交际	35	12.63
能听懂就行	19	9.60
没有什么要求	5	2.53

3．学习普通话的途径

由于农民工来自普通话普及率不太高的农村地区，从小在家庭中学会普通话的人非常少。但是，绝大多数农民工都上过学，"学校学习"仍是农民工学会普通话的最重要途径。另外，"工作关系"和"社会交往"也是农民工习得普通话的两个重要途径，"看电视、听广播"也对农民工习得普通话起到一定的辅助作用。

农民工习得普通话的途径

选　项	人数	百分比
在学校学习	157	79.29
在工作中学习	134	67.68
在社会交往中学习	125	63.13
通过看电视听广播学习	93	46.97
受家人影响自然学会	11	5.56

联系农民工上学时的教学用语来看，68%的农民工表示小学老师用普通话教学，还有一部分人表示小学老师讲课使用家乡话，

但中学老师就使用普通话了。可见大部分农民工都在上学期间接触过普通话，并具备了一定的运用能力。看电视、听广播等又进一步帮助农民工提高了普通话"听"的能力，加上打工期间工作和社会交往中对普通话的大量使用，大部分农民工逐渐发展成为普通话的熟练使用者。

（三）义乌方言的习得

1. 学习义乌方言的动机

愿意学习义乌方言的农民工主要是为了便于找工作和方便与当地人沟通。对于"您为什么想学习义乌话"的问题，回答了此题 97 人中，有 30 人表示是为了"好找工作"，占 30.93%。选择"容易跟当地人沟通"的有 54 人，占 27.27%。6 人选择"职场升迁快"，占 6.19%。选择"其他"原因的有 7 人，占 7.22%。其中，5 人表示学说义乌话是因为"好玩儿"，1 人回答是因为"办事方便"，1 人回答是因为"跟人家说话也感觉亲切一点"。

2. 对义乌方言程度的期望

农民工对义乌话程度的期望普遍不太高。在"您希望自己的义乌话能达到什么程度"的调查中，选择"能进行一般交际"和"听得懂就行"的调查对象人数最多，前者有 49 人，占 29.88%；后者有 48 人，占 29.27%。选择较高程度选项"能流利准确地使用"的有 23 人，占 14.02%。选择"能熟练地使用"的有 17 人，占 10.37%。另有 27 人选择了"没有什么要求"，占 16.46%。

3. 学习义乌方言的途径

农民工对义乌方言的习得当然与其打工经历有着密切的关系。会一点儿义乌话的农民工或者是工作中经常接触本地人；或者是有义乌籍亲戚，在义乌打工期间从与亲戚的交往中学会一点儿义乌话。调查中，会说或者能听懂一点义乌话的59位农民工回答了我们关于义乌方言习得途径的问题，其中选择"工作关系"

的有56人，占94.92%；选择"社会交往"的有33人，占55.93%；选择"看电视、听广播"的有2人，占3.39%；选择"受家里人影响自然学会的"1人，占1.69%。

（四）其他汉语方言的习得

关于其他汉语方言的习得途径，69.77%的人选择了"工作关系"，选择"社会交往"的占62.79%。工作关系也好，社会交往也好，都与农民工的打工经历有着密切的关系。

二、语言能力

（一）掌握语码的情况

1. 掌握的语码

农民工掌握的语码主要是汉语方言和普通话，只有极少数受过中等教育的农民工会说一点儿外语。我们将汉语语码分为家乡话、普通话、本地方言和其他话语方言几种。其中，"其他汉语方言"包括三种情况：一是工友的家乡话；二是以前在义乌以外的地方打工时学得的曾打工城市的方言；三是在农民工家庭中出现的除家乡话以外的汉语方言。有的农民工父母不同乡，其中一方的话被确定为家乡话，另一方的话则被定为其他汉语方言。

调查数据显示，除家乡话人人都会说以外，绝大多数农民工能够兼用普通话，有的还学会了打工地方言（义乌话）和工友的家乡话，一些曾在其他地方打过工的农民工还会说一点儿曾打工城市的方言，个别受过中等教育的青年农民工还能说一点儿英语。农民工学会的工友家乡话多为在义乌打工人数较多的一些地区的方言，比如安徽和江西两省在义乌打工的人较多，两省方言在农民工中较有影响，不少农民工称会说一点，云、贵、川、渝几省市的在义乌打工者也较多，加之这几个地方的话比较接近，在农民工中也有较大影响。曾打工城市方言中最多的是广东话，义乌的不少农民工都是近几年从珠江三角洲地区流动至此的，有些人在那里打工期间学会了一点当地的话。

农民工群体掌握语码的情况[1]

选　项	人数	%
家乡话/普通话	144	72.73
家乡话/普通话/其他汉语方言	30	15.15
家乡话	7	3.54
家乡话/普通话/本地方言	8	4.04
家乡话/普通话/外语	6	3.03
家乡话/普通话/本地方言/其他汉语方言	2	1.01
家乡话/普通话/本地方言/外语	1	0.51

概括而言，每个农民工都会说家乡话；会说普通话的农民工有191人，占94.46％；会说其他汉语方言的有27人，占13.63％；会说义乌话的有9人，占4.55％；会说英语的有7人，占3.54％。[2]

2. 双方言人比例

这里双方言人包括会说方言和普通话者，也包括会说两种以上汉语方言者。调查显示，绝大多数农民工属于双方言人。在198位调查对象中，有191人会说两种以上的方言，双方言人比例为96.46％。只会说家乡话的单方言人仅7人，占3.54％。

只会说家乡话的7位农民工中，男性5人，女性2人；未上过学3人，小学3人，初中1人；建筑业5人，制造业1人，社

---

① 这里询问的语码指达到与人聊天程度的话，其中"家乡话"指农民工出生地的方言，"本地方言"指义乌话，"其他汉语方言"指农民工的家乡话和本地方言以外的汉语方言。
② 不过，自报会说一点英语的7人，英语程度大多不是很高。这些农民工年龄都在25岁以下；文化程度方面，3人高中，3人初中；务工行业方面，2人为酒店保安，1人为快递公司员工，3人在制造业打工。

会服务业（保洁员）1 人。5 位男性年龄都在 40 岁以上，2 位女性虽然二十几岁，但以前从未离开过家乡。他们的基本特征是年龄较大，没上过多少学，或没怎么出过门，主要分布在建筑业和社会服务业这些技能要求较低、相对辛苦一些的行业。安徽籍农民工朱某（男，40 岁）告诉调查员：“他们（指本地人）都会说普通话，我不会说，买东西我还说我这话，他们用普通话。我老板是河南人，讲话跟我们差不多。在这里我还是讲老家话，改不掉，我们这么大年纪了。”

（二）各语码的掌握程度

1. 普通话程度

关于语码的掌握程度，本书分别从“说”的能力和“听”的能力两个方面加以考察的。调查数据显示，农民工群体中不仅会说普通话者的比例很高，而且整体的普通话程度也比较高。普通话“听”的能力方面，“完全能听懂”182人，占91.92%；“基本能听懂”16人，占8.08%。“说”的能力方面，“能熟练交谈且发音准确”8人，占4.04%；“能熟练交谈但个别音不准”163人，占82.32%；“基本能交谈但方音较重”19人，占9.60%；会说一些日常用语2人，占1.01%；基本不会说6人，占3.03%。其中，选择两个代表较高程度选项（“能熟练交谈且发音准确”和“能熟练交谈但个别音不准”）者合计达86.36%。以上数据与我们在调查中对农民工普通话水平的现场观察基本一致：大部分农民工对普通话相当熟悉，且运用得比较自如，只是大多带有一定程度的方音成分。

2. 家乡话程度

农民工家乡话“听”的能力没有问题，全部 198 人都选择了“完全能听懂”。“说”的能力方面，“能熟练交谈且发音准确”166人，占 83.84%；“能熟练交谈但个别音不准”32 人，占 16.16%。

调查显示，部分农民工家乡话程度出现弱化现象。自报家乡话"个别音不准"的有 32 人，其中打工时间在三年以上者 30 人，年龄在 30 岁以下者 26 人，两位 40 岁以上的农民工打工时间都在 16 年以上。一位调查时 22 岁的武汉籍女性农民工告诉调查员："我回家之后人家都说我口音变掉了，变得不准了，人家听不清楚了。"家乡话程度弱化的主要原因是疏于使用，有的农民工告诉调查员："在这边没人跟我讲家乡话，老不说都有点忘了，不过回去待一段时间又能想起来了。"

3．义乌话程度

"听"的能力方面，"完全能听懂"的有 3 人，占 1.52％；"基本能听懂"14 人，占 7.07％；"能听懂一些日常用语"77 人，占 38.89％；"完全听不懂"104 人，占 52.53％。"说"的能力方面，"能熟练交谈但个别音不准"1 人，占 0.51％；"基本能交谈但方音较重"3 人，占 1.52％；"会说一些日常用语"的有 26 人，占 13.13％；"基本不会说"15 人，占 7.58％；"完全不会说"153 人，占 77.27％。

总体来看，由于义乌话与普通话及其他汉语方言的沟通度较低，学习难度较大，农民工的义乌话程度普遍较低，能够听懂义乌话的就不多，会说的更少。选择"基本听不懂"和"完全听不懂"的合计占 52.53％，选择"基本不会说"和"完全不会说"的加起来占 84.85％。真正学会义乌话的农民工非常少，只有个别跟义乌人联姻的农民工能够掌握较高水平的义乌话。我们的调查中，自报义乌方言程度最高的是一位江西吉水籍女工，她嫁给了义乌人，跟老公之间全部讲义乌话，她自报的义乌话程度为"能熟练交谈但个别音发音不准"。

4．其他汉语方言的程度

在农民工所掌握的三类其他汉语方言中，因父母方言不同而掌握的其他汉语方言程度都比较高，这主要是由于在家庭内部经

常使用的缘故。打工期间学会的工友家乡话和曾打工城市方言的
程度大多不太高。很多人学习工友家乡话都是出于好奇，通常只
在开玩笑时使用，以拉近彼此的距离，他们自报的本地方言或其
他汉语方言程度大多为"会说一些日常用语"。曾打工城市方言的
程度也多为"会说一些日常用语"，而且，因为已经离开了曾打工
地，这些话的使用也非常少。

第三节　语言使用情况

　　根据与交往对象关系的亲疏程度，可以将农民工打工期间的
社会交往分为"内部交际"和"外部交际"两种类型。内部交际
指农民工与家庭成员和同乡之间的交往。外部交际指农民工与家
庭成员和同乡以外的其他人群的交往，交往对象主要包括来自其
他省区的工友和打工城市的居民。打工前，在乡村社会的时候，
农民工与其他同乡的交往属于外部交往，但是在打工期间，同乡
之间的交往就成了其内部交往的一部分。

一、内部交际中的语言使用

（一）家庭内部的语言使用

　　关于农民工家庭内部的语言使用，我们分别考察了农民工跟
父母、配偶、子女交谈时的语言使用情况。三代人纵向比较来看，
在农民工家庭内部，家乡话仍是主要的谈话用语，但是，也出现
了普通话的使用随着年龄的降低逐渐上升的趋势。

1. 跟父母交谈

　　多数农民工打工期间是离开父母的，他们在外打工时，父母
留在家乡。这里所说的"跟父母交谈"是指农民工外出打工以后

再回到家乡时与父母的交谈以及电话回去时的交谈。

在农民工与父母的交谈中，其父母基本上只用家乡话，个别的会使用其他汉语方言，[①]但绝对没有使用普通话的。农民工父母辈跟农民工交谈时语言使用上的单一性与其"语库"的贫乏有直接关系。从调查数据来看，农民工的父母辈中绝大多数人只会家乡话，能够使用两种方言（包括方言与普通话）的只有8人，这与农民工96.46%的双方言人比例形成鲜明对比。

受交流对象"语库"单一的限制，农民工跟父母交谈时绝大多数情况下仍使用家乡话。不过，也有一部分农民工偶尔会使用普通话跟父母交谈。虽然只有1位农民工表示跟父母交谈时主要用普通话，但是有17人表示偶尔会使用普通话跟父母交谈，也就是说，总共有18人会用普通话跟父母交谈，占样本总数的9.09%。有将近一成的农民工有时候会用普通话跟父母交谈，这让我们看到普通话在农村家庭内使用的"苗头"。这些用普通话跟父母交谈的农民工年纪普遍较小，在18～27岁之间，平均年龄21.5岁，受教育程度大多在初中以上（只有1人只上过小学），其中女性10人，男性8人。自报跟父母交谈时主要使用普通话的是一位18岁的女性农民工，15岁就出门打工。农民工跟父母交谈时使用普通话多为单向使用，即本人用普通话讲话，而父母用方言回答。一位在零售业打工的22岁江西籍女工告诉调查员："我会跟他们（指父母）说普通话，但他们不会跟我说。"他们跟父母使用普通话的语境多为有不会家乡话者在场时，或开玩笑时。

[①] 兼选家乡话和其他汉语方言的2人父母均不同乡，其中一方的方言被定为家乡话，另一方的方言被定为其他汉语方言。

农民工跟父母交谈时的语言使用情况

选　　项	人数	%
家乡话	195	98.48
家乡话/普通话	1	0.51
家乡话/其他汉语方言	1	0.51
无此情况	1	0.51

2．跟配偶交谈

这里所说的"跟配偶交谈"既包括在打工地跟一起打工的配偶交谈，也包括回乡期间与身在家乡的配偶交谈。农民工中有不少人是夫妻共同外出打工的。在我们的调查中，这样的调查对象共有74人，占37.37%。[①]

农民工跟配偶交谈时的语言使用情况[②]

选　　项	人数	%
家乡话	92	89.32
普通话	5	4.85
家乡话/普通话	4	3.88
其他汉语方言	1	0.97
无此情况	1	0.97

在农民工跟配偶的交流中，家乡话仍是主要的谈话用语，在回答此题的102人中，跟配偶交谈时主要说家乡话的共有92人，占89.32%。但是，也有相当数量的农民工经常或偶尔用普通话跟配偶交谈，而且农民工跟配偶交谈时使用普通话的比例比跟父母交谈时使用普通话的比例高出不少。跟配偶交谈时主要使用普通话（包括只用普通话者及家乡话与普通话都经常使用者）者有9人，

[①] 调查时，在一对农民工夫妇中，只选择其中的一人作为调查对象。
[②] 已婚者102人回答了此题，百分比为某一情况农民工人数与回答此题的已婚者总数的比值。

占8.74％，另有22人偶尔会用普通话跟配偶交谈，占21.36％，两项合计有31人，占30.10％。

跟配偶交谈时主要使用其他汉语方言的是一位女工，她跟自己的丈夫不同乡，二人交谈时常使用丈夫家乡的语言。跟配偶交谈时主要使用本地方言者丈夫是义乌人。

3．跟子女交谈

关于农民工跟子女交谈时的语言使用情况，我们分别考察了农民工对子女的语码使用和子女对农民工的语码使用。

（1）农民工对子女

农民工的子女既有留在家乡农村的，也有随父母一起住在打工城市的。这里所说的"跟子女交谈"既包括在打工地与随住子女的交谈，也包括回乡时与留乡子女的交谈。

农民工跟子女交谈时的语言使用情况[①]

选　项	人数	％
家乡话	54	52.94
普通话	12	11.76
家乡话/其他汉语方言	1	0.98
家乡话/普通话	34	33.33
普通话/本地方言	1	0.98
家乡话/普通话/其他汉语方言	1	0.98

农民工在跟子女交谈时仍主要使用家乡话。在回答此题的103人中，用家乡话跟子女交谈者共有90人，占87.38％。但是也有一部分农民工用普通话跟子女交谈，而且农民工跟子女使用普通话的比例比跟配偶交谈时使用普通话的比例又高出许多。跟子女交谈时主要使用普通话者（包括只用普通话者和兼用家乡话者）共计48人，占46.60％。另有26人表示偶尔会跟子女用普通话交谈，

[①] 已婚者103人回答了此题，百分比为某一情况农民工人数与回答此题的已婚者总数的比值。

两项合计有74人，占71.84%。

　　另外，有一人跟子女交谈时主要使用本地方言，一人主要使用其他汉语方言。使用其他汉语方言跟子女交谈的是一位女工，她跟丈夫不同乡，跟子女交谈时主要使用丈夫的家乡话。使用本地方言的是一位嫁给义乌人的女性农民工，她跟子女交谈时主要使用义乌话。

　　（2）子女对农民工

农民工子女跟自己交谈时的语言使用情况[①]

选　项	人数	%
家乡话	40	41.24
普通话	18	18.56
家乡话/普通话	36	37.11
家乡话/其他方言/普通话	1	1.03
本地话和普通话	1	1.03

　　农民工的子女跟他们交谈时，虽然仍以使用家乡话为主，使用家乡话跟子女交谈者共计77人，占80.20%。但与农民工跟子女讲普通话的情况相比，农民工子女跟他们讲普通话的比例更高了。子女跟农民工交谈时经常说普通话（包括只用普通话和兼用家乡话）的有56人，占58.33%，也就是说有超过半数的农民工子女经常使用普通话跟他们的父母交谈。另有14位农民工的子女偶尔会使用普通话跟他们交谈，两者合计有70人，占到了72.92%。

　　概括来看，家乡话仍是农民工家庭内部的主要谈话用语，但普通话已渗透进打工者家庭。三代人纵向比较，家乡话的使用呈下降趋势，普通话的使用呈上升趋势：跟父母交谈时使用普通话的有18人，占9.09%；跟配偶交谈时使用普通话的有31人，占

[①] 已婚、有子女且子女已会讲话的96人回答了此问题。百分比为某一情况农民工人数与回答此题的已婚有子女者总数的比值。

30.10%；跟子女交谈时使用普通话有 42 人，占 45.63%。

（二）同乡之间的语言使用

"老乡"是农民工打工期间除家人以外来往最多、关系最为密切的交往对象，也是对农民工来说非常重要的一类交往对象。在农民工进入城市、寻找工作、职业流动、生活交往等很多方面，老乡都发挥着重要的作用。农民工不仅可以从同乡交往中获得生存、发展所需的一些物质资源和信息资源，还可以从中获得归属感和精神支持。

由于"老乡"是农民工在外生存所依赖的一种重要的社会资源，农民工自然愿意以共同的语言来维系这种"内部人"的群体关系，家乡话也就理所当然地成为农民工跟老乡交谈时的主要用语。跟老乡交谈时主要使用家乡话者共计 167 人，占 84.34%。不过，有一部分农民工在跟老乡交谈时会使用普通话，跟老乡交谈时主要使用普通话者合计 31 人，占 15.66%。另外，有 48 人表示偶尔会跟老乡使用普通话交谈，两项合计 79 人，占 39.90%。

跟老乡交谈时主要使用普通话的农民工年龄普遍较低，跟老乡交谈时主要使用普通话的 31 人中，30 岁以下者 24 人，31 岁以上者 7 人。各种行业中，在住宿餐饮零售业和制造业务工的农民工更易使用普通话跟老乡交谈，跟老乡交谈时主要使用普通话的 31 人，住宿餐饮零售业 17 人，制造业 13 人，建筑业只有 1 人。

农民工跟老乡交谈时的语言使用情况

选　项	人数	%
家乡话	166	83.84
普通话	30	15.15
家乡话/普通话	1	0.51
无此情况	1	0.51

二、外部交际中的语言使用

农民工在外部交际中的语言使用，随场合的正式程度及与交际对象关系的不同，呈现出普通话和家乡话并存分用的格局：越是在比较正式的场合，以及跟陌生人或关系一般的人交谈时，选用普通话的概率越大；越是在非正式的场合，以及跟熟悉、亲近的人交谈时，选用家乡话的概率越大。

（一）在医院看病、在政府部门办事、跟陌生人交谈

这几个场合里，农民工跟交往对象的关系都较为疏远，交往的正式性程度也都较高，其语言使用情况具有较强的一致性：除不会说普通话的 7 人仍使用家乡话外，其余调查对象都是只使用普通话。

（二）跟非同乡的同事交谈

农民工跟非同乡同事之间的关系属于熟人关系，但与老乡相比，非同乡的同事显然带有"外部人"的性质，加之彼此的母语背景不同，可能造成交流障碍，所以非同乡同事之间的交谈也以使用普通话为主，普通话的使用率高达 96.46%。除不会普通话的 7 人仍使用家乡话外，其余 191 人中，186 人只用普通话，兼用家乡话或本地方言的 5 人也表示最常用的还是普通话。

由于交往对象是熟人，在不影响沟通的情况下，也有个别人会使用家乡话跟非同乡同事交谈。一位江西籍女工（女，23 岁）告诉调查员："跟外地的工友聊天时，我老家话和普通话都讲，有时各讲各的家乡话，（普通话）跟我们家乡话差不多，江西人说话一般都听得懂。"这样的调查对象共有 4 人，占 2%。

（三）跟本地熟人交谈

由于属于吴方言的义乌话与普通话的沟通度较低，绝大多数农民工听不懂也不会说义乌话，加之义乌居民大多会说普通话，所以农民工跟本地熟人交谈时也以使用普通话为主，除不会普通话的 7 人和嫁到义乌的 1 位女工外，其余农民工都单选普通话。不会说普通话的 7 人仍使用家乡话跟本地熟人交谈。那位嫁到义乌的女性农民工因为学会了说义乌话，她在跟本地人交谈时主要使用义乌方言。

由于交谈对象是熟人，在对方听得懂自己家乡话的情况下，也有少数农民工兼用普通话和家乡话跟本地居民交谈。调查中有 5 位会说普通话的调查对象表示有时用家乡话跟本地熟人交谈，占 2.53%。一位云南籍农民工唐某（男，27 岁）告诉调查员："我跟本地熟人聊天也说老家话，我讲老家话他们听得懂。跟老板我也说家乡话，他听得懂。"一位安徽籍农民工朱某（男，40 岁）告诉调查员："他们（本地人）都会说普通话，我不会说，买东西我还说我这话，他们用普通话。我老板是河南人，讲话跟我们差不多。在这里我还是讲老家话，改不掉，我们这么大年纪了。"用家乡话跟本地熟人交谈的这些农民工大多来自家乡话与义乌话或普通话较易沟通的地区，其中 2 人来自与义乌话同属吴语区的浙江衢州和江西上饶，另外 3 人分别来自当地方言与普通话沟通度较高的河南、重庆和云南。不过，他们也表示跟本地熟人交谈时最常用的还是普通话。

（四）在集贸市场买东西

农民工在集贸市场的交往对象多为陌生人，故该场合的交际用语也以普通话为主。在集贸市场买东西时只使用普通话的有 187 人，占 94.44%；只使用家乡话的有 7 人，占 3.54%；兼用普通话和本地方言的有 3 人，占 1.52%；使用本地话者 1 人，占

0.51%。概括来看，在集贸市场买东西时主要使用普通话的农民工共计 190 人，占 95.96%；使用家乡话者共计 7 人，占 3.54%；使用义乌话者共 4 人，占 2.02%。

由于集贸市场的正式性程度不是很高，个别农民工为迎合当地居民卖货者，会使用一点儿义乌方言，一般是偶尔夹带几句义乌话的日常用语。一位已来义乌 5 年、在零售业打工的 22 岁江西籍女孩儿告诉调查员："我有时会漏几句义乌话，但是很少的。"她自报的义乌话程度是基本能听懂，会说一些日常用语。不会说普通话的 7 人则仍使用家乡话。

（五）在单位谈论工作

农民工在单位谈工作时也以使用普通话为主。在单位谈工作时只使用普通话者 176 人，占 88.89%；兼用普通话和家乡话者 13 人，占 6.57%；只使用家乡话者 8 人，占 4.04%；兼用普通话和义乌话者 1 人，占 0.51%。概况来看，在单位谈工作时主要使用普通话的农民工共 190 人，占 95.96%。

不过，由于同事之间关系比较熟悉，加之同事中有一定数量的同乡，所以这一场合家乡话的使用比例略高一些。江西籍农民工黄某（男，43 岁）告诉调查员："我在单位跟老乡讲老家话，跟其他人讲普通话。"在单位谈工作时主要使用家乡话者共 21 人，占 10.61%。此外，还有部分农民工表示偶尔会使用家乡话跟同事（不论是否同乡）谈工作，在单位谈工作时经常使用家乡话者和偶尔使用家乡话者加起来占调查对象总数的 10.61%。用家乡话谈工作大体上有两种情况：一是不会说普通话，只能使用家乡话；二是家乡话与普通话沟通度较高，别人能够听懂。有的调查对象因顾虑自己的普通话不太好，而讲家乡话别人也听得懂，所以也使用家乡话跟非同乡的同事谈工作。从务工行业来看，在单位谈工作时经常使用家乡话的主要是在建筑业和制造业打工的农

民工。在单位谈工作时使用家乡话的 21 人中，属于这两个行业的
有 17 人（其中建筑业 9 人、制造业 8 人），其他行业的只有 4 人，
尤其是餐饮、服务、零售等行业的农民工在工作中使用家乡话的
非常少。据我们对农民工工作环境的观察，餐饮服务业和零售业
工作环境比较开放，经常接触来自不同地方的顾客，行业要求其
使用普通话，不会普通话的人较难进入这些行业；制造业和建筑
业工作环境相对封闭，交往对象比较固定，因朝夕相处，互相比
较熟悉，只要家乡话不是特别难懂，就可以操各自的家乡话交谈，
所以这两个行业的农民工在工作中讲家乡话的多于其他几种行
业。可见，工作环境对农民工的语言使用是有一定影响的。

农民工外部交际中的语言使用情况①

	家乡话	普通话	本地方言
跟非同乡的同事交谈	7 人	191 人	0 人
跟本地熟人交谈	7 人	190 人	1 人
跟初次见面的陌生人交谈	7 人	191 人	0 人
在本地集贸市场买东西	7 人	190 人	1 人
去政府部门办事	7 人	191 人	0 人
去医院看病	7 人	190 人	0 人
在单位谈工作	13 人	185 人	0 人

三、各种语码的使用频率

（一）普通话的使用频率

就农民工打工期间各种语码的使用量来看，普通话是农民工
使用最多的一种语码。89.90％的农民工表示他们生活和工作中
"经常使用"普通话；表示"偶尔讲一点儿"普通话的占 9.09％；

---

① 此题为多选题，某一场合各语码选用人数相加可能超过 198 人。除"去医
院看病时"有 1 人称无此情况外，其余题目的被试人数均为 198 人。

表示"根本不讲"普通话的只占 1.01%。

（二）家乡话的使用频率

与普通话使用的高频率相对，表示"经常讲"家乡话的农民工只占 54.55%，却有 42.92%的农民工表示他们只是"偶尔讲一点儿"家乡话，另有 2.53%的人表示打工期间"根本不讲"家乡话。

（三）义乌话的使用频率

本地方言在农民工的日常交际中用得很少。85.35%的人"根本不讲"本地方言，虽有 14.14%的人选择"偶尔讲一点"，但实际上这些人大多只是能讲简单的几句，只有嫁到本地的一名女工表示她"经常讲"义乌话。

（四）其他汉语方言的使用频率

其他汉语方言的使用也较少。87.37%的农民工表示他们"根本不讲"其他汉语方言，表示"偶尔讲一点"其他汉语方言的人占 11.11%。表示"经常讲"其他汉语方言的只有 3 人，其中两人配偶是外省人，他们跟配偶之间用对方的方言交谈；一人父母不同乡，他从小在家庭中习得两种不同方言，一种被认定为家乡话，另一种则被认定为其他汉语方言，两种话都经常使用。

概况来看，普通话是农民工打工期间使用最多的日常交际用语，使用频率远高于其他语码；家乡话次之；本地方言在农民工的日常交际中用得很少；其他汉语方言的使用也较少。

农民工各种语码使用频率

	家乡话	普通话	本地方言	其他汉语方言
经常讲	108 人	178 人	1 人	3 人
偶尔讲一点儿	85 人	18 人	28 人	22 人
根本不讲	5 人	2 人	169 人	173 人

第四节 语言态度

一般认为,语言态度由情感、认知和行为倾向三个方面构成。本书通过农民工对有关语码的主观评价来考察农民工体现为情感和认知两个方面的语言态度,具体做法是让调查对象就设定的相关指标打分,共设 4 个指标:"好听"、"亲切"、"有社会影响"和"有用",前两个属于情感方面,后两个属于认知方面。"有社会影响"是对一种语言或方言的地位评价,"有用"则是功能评价。分数设定为 1—5 分。对于农民工体现为行为倾向的态度,主要通过"希望子女上哪种语言授课的学校"、"希望子女会说哪些话"、"希望家乡话/普通话/义乌话有什么样的发展前景"、"哪种话对自己来说最重要"、"对子女不会说家乡话的感受"等问题来考察。

一、对家乡话的态度

调查数据显示,农民工对家乡话的情感评价较高,功能地位评价较低。出于对家乡话的情感认同,大部分农民工愿意保持家乡话,但基于对其社会地位和功用的理性认识,他们又对家乡话的失传表现出较高的接受度。

农民工对家乡话情感方面两个指标的评价明显高于认知方面。在情感方面的两个指标中,"亲切"指标的评价高于"好听",

可见"亲切"是农民工对家乡话最突出的感受。

农民工对家乡话的评价（平均分）

	好听	亲切	有社会影响	有用
家乡话	3.91	4.24	3.09	3.46

正是出于对家乡话较高的情感认同，大部分农民工愿意保持使用家乡话。他们普遍将家乡话视为除普通话以外最重要的话，希望家乡话能够在家乡那一带发展，并希望子女将来还能会说家乡话。在关于"最重要的话"的调查中，虽然将家乡话作为"最重要"的话的只占13.13％，但将其作为"其次重要的话"的则占73.74％。在"希望子女会说哪些话"的调查中，有81.67％的人希望子女会说家乡话，虽然这一比例低于普通话和英语，仅列第三位，但也超过了八成。在"希望家乡话有什么发展前景"的调查中，46.97％的人希望其"在一定范围内发展"，17.68％的人希望"任其自然发展"，16.16％的人希望其"有很大的发展"，只有4.55％的人选择"在不久的将来不再使用"。

农民工对家乡话"有用"指标的评价有个特殊情况：虽然打3分的人数（59人）最多，但打5分的人数（54人）只比其少了5人，基本上是一半的人打了最高分，另一半的人打了较低的分。这反映出家乡话在不同应用范围内的功能分化：在农村老家，家乡话在日常生活中扮演着重要的角色；而在打工城市，相对于普通话来说，其作用大为降低。若着眼于乡村社会以及在打工城市中与老乡的交往，家乡话相当"有用"；若着眼于打工期间与众多外地人的交往，家乡话就不那么"有用"。34岁的湖南籍农民工舒某就对调查员说："（家乡话）在老家有用，在这里没用。"从对子女受教育时语码的选择看，农民工对家乡话社会功用的认识，在"行为倾向"上与"主观评价"相一致，都持负面态度：绝大多数农民工希望子女将来上用普通话授课的学校，只有17.80％

的人希望子女上家乡话授课的学校。[①]

可能正是基于对家乡话功用和地位的这种理性认识，加之对自身发展前途的考虑，农民工对假设的家乡话失传情形表现出较高的接受度。对于子女将来不会说家乡话，35.80%的人表示"无所谓"，34.57%的人表示"能接受"，还有 4.94%的人表示"巴不得"，表示"很可惜"的只占 24.69%。

二、对普通话的态度

农民工对普通话表现出高度的认同感，不仅对各项指标的评价都很高，行为倾向也很积极。

农民工对普通话各项指标的评价都高于家乡话，可见其对普通话的总体认同高于家乡话。其中，对"有用"指标的评价最高，透露出普通话对于农民工适应打工生活的重要意义。一位 43 岁的江西籍农民工告诉调查员："现在在外面就靠普通话吃饭呢。"值得注意的是，普通话两个情感指标的平均分值都超过了家乡话，可见普通话在农民工中已经深入人心。

农民工对普通话的评价（平均分）

	好听	亲切	有社会影响	有用
普通话	4.73	4.39	4.22	4.76

农民工不仅在理性认识和情感上高度认同普通话，在行为倾向上，也表现出较高的学习和使用普通话的积极性。在最重要的话、希望子女会说的话、子女受教育时的教学语言调查中，选择普通话的人数都是最多的。86.36%的人将普通话视为对自己来说最重要的话，98.33%的人希望子女能够会说普通话，94.92%的人希望子女上用普通话授课的小学。对于普通话的发展前景，也

[①] 已婚者 118 人回答了此题。

是希望其"在很大范围内发展"的人最多，占 87.88%。

三、对本地方言的态度

农民工对本地方言的评价低于普通话和家乡话，但大多希望其保持使用。

农民工对义乌话的评价（平均分）

	好听	亲切	有社会影响	有用
义乌话	2.87	2.77	2.72	2.96

虽然农民工对义乌话各项指标的评价都不高，但大部分人仍希望其保持使用。关于义乌方言未来的发展前景，50.75%的调查对象希望义乌话"在一定范围内发展"，29.10%的人希望其"顺其自然发展"，12.69%的人希望其"有很大的发展"，只有 7.46%的人选择"在不久的将来不再使用"。

四、对外语的态度

农民工普遍能认识到以英语为代表的外语对于个人及子女发展的重要意义。

大多数有子女的农民工都希望子女能学好英语。在"希望子女会说哪些话"的调查中，选择英语的比例仅次于普通话，达85.12%。在"希望自己子女上哪种语言授课的学校"调查中，选择英语的占 63.33%，也仅次于普通话。来自贵州、今年 40 岁的许某告诉调查员："我打电话回去都会让孩子把英语学好。"

一些年轻农民工对自身的英语水平也比较重视。在"最重要的话"调查中，有 9.00%的人将英语作为"除普通话以外最重要"的话，3.54%的农民工表示能用英语交谈，4.04%的人表示会看英语电视节目。来自广西、在商贸业打工、今年 29 岁的刘某告诉调查员："我现在最大愿望还是学好英语。普通话对我来说最重要，不过我的普通话现在就可以了。除了普通话，就是英语对我最重要。家乡话肯定是不会丢的。"

第三章　农民工普通话能力的发展

——农民工语言资源扩充情况考察

"现在在外面就靠普通话吃饭呢。"

——农民工话语（黄某，男，43 岁，江西籍）

　　语言是一种资源。语言资源具备一般资源所具有的特点，是人类特有的一种重要的社会资源。把语言看作社会资源的思想出现于上世纪 70 年代。Jernudd. B和J. DasGup-ta（1971）首次提出语言资源说，认为语言是一种资源，使用一种语言的成本和获益可以用衡量一般资源或商品的"投入－收益"方法进行测定。关于语言资源的重要价值，早在 17 世纪就已经有人注意到。人们发现，地域方言和小族群土语作为一种稀有资源，在一定现实条件或社会领域中能够发挥特殊的作用。比如，少数人群使用的方言或土语，作为特殊的传递情报媒介，在战争中就曾发挥过重要作用。一些探险家和博物学家，从未开化地区的土著语言词汇中，了解到重要的生态知识，发现了新的物种。[1]

　　语言资源分为全人类语言资源、国家语言资源和个体语言资源，三者之间是一种包含关系。就语言使用者个体而言，其会说

---

[1] 夏历：《城市农民工的语言资源和语言问题》，载《云南师范大学学报》（哲学社会科学版）2009 年第 4 期，第 8～9 页。

的话，甚至其能够听懂的话，都是他所拥有的语言资源。一个人拥有的语言资源越多、越丰富，他在语言生活乃至整个社会生活中所占有的优势也就越大。

农民工群体外出务工之前，拥有的语言资源并不是很丰富。很多人只会说家乡话，不会说普通话。有的虽然会说一点儿普通话，但能力很有限。外出打工以后，为适应日益复杂的交往和沟通需要，农民工自觉地对自身语言资源进行了扩充。农民工语言资源扩充的来源包括普通话、打工城市的方言和来自其他省农民工的汉语方言。其中，普通话是农民工扩充语言资源的最主要来源。当农民工离开熟悉的乡村社会来到陌生的城市，面对与自己语言不通的交往对象时，作为全民通用语的普通话无疑成了其首选的交际用语，加之不少农民工打工前就具有一定的普通话基础，用普通话来交际自然是一种最便捷的策略。打工行为对农民工普通话能力的发展起到了重要的促进作用。打工期间，伴随着对普通话认同的加强，以及普通话使用的增加，农民工的普通话能力得到了极大发展，成为普通话整体水平较高的一个社会群体。当然，农民工普通话发展中仍然存在一些问题，其中某些问题具有一定普遍性，值得关注。

第一节　普通话认同的加强

农民工对普通话的认同度很高，无论是情感评价还是功能和地位评价，都远高于调查中涉及到的其他语码，甚至高于自己的家乡话。在行为倾向上，农民工学习和使用普通话的意愿也远高于其他语码。

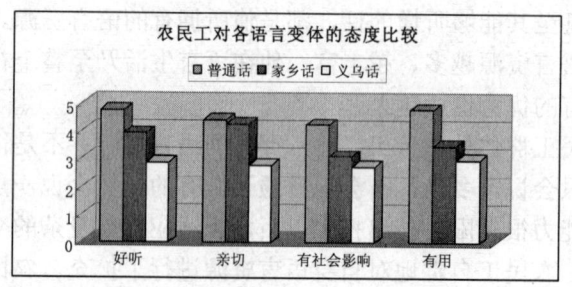

　　农民工对普通话的这种高度认同与其打工经历有一定关系。一方面，外出务工期间与来自不同地方的人们沟通的需要增强了农民工对普通话社会功能的理性认识，正如一位农民工所说，"现在在外面就靠普通话吃饭呢。"另一方面，打工期间对普通话的大量使用，以及与普通话使用者交往的增多，又加深了农民工对普通话的情感认同。江西籍农民工黄某告诉调查员："刚开始我不喜欢普通话，现在买菜吃饭都讲普通话，慢慢就喜欢了。"

　　关于打工行为对农民工普通话认同的强化作用，我们至少可以找到以下两方面证据：

一、半数以上农民工打工后开始或更加喜欢普通话

　　为了解农民工打工后普通话态度的变化，我们设置了"您觉得打工前后，您对普通话的喜欢程度有变化吗"一题。调查结果显示，农民工打工后对普通话的态度发生了一定变化，并且这种变化的趋势基本上只有一个方向——更加肯定。

　　从调查数据来看，大部分农民工打工后对普通话的态度都是朝着积极的方向变化的。表示"打工以后更加喜欢普通话了"和"打工以后才开始喜欢普通话的"的农民工合计达 55.05%。表示打工后更不喜欢普通话的只有 1 人，这是一位 22 岁的湖北籍女工，高中文化，外出打工已有三年。她告诉调查员："我以前喜欢

普通话，现在不喜欢了，因为人家都跟我说普通话，现在更没有
亲切感了。"

农民工普通话态度变化

选项	人数	百分比
原来就喜欢，出来打工后更加喜欢了	85	42.93
一直喜欢，没有什么变化	78	39.39
出来打工后开始喜欢的	24	12.12
无所谓喜欢不喜欢	10	5.05
原来喜欢，出来打工后不喜欢了	1	0.51

二、农民工对普通话的评价高于留乡农民

全国农村人口语言使用整体情况的有关数据反映了留乡农民
语言使用情况。比较农民工与全国乡村人口的普通话态度可以看
出，有了一定打工经历的农民工对普通话的认同要比留乡农民高
一些。[1]

农民工对普通话的评价与留乡农民比较

	好听	亲切	有社会影响	有用
农民工	4.73	4.39	4.22	4.76
全国乡村人口（留乡农民）	4.51	4.32	4.58	4.69

从上表数据来看，四个指标中，除"有社会影响"外，农民
工对普通话其他三个指标的评价均明显高于留乡农民。可见，由
于打工期间大量接触和使用普通话，农民工对普通话的认同较之
打工前有了显著提高。

---

[1] 全国的数据引自中国语言文字使用情况调查领导小组办公室编《中国语言
文字使用情况调查资料》，语文出版社 2006 年版，第 167 页。

不仅如此，当我们把农民工普通话评价的有关数据与全国城镇人口的数据进行比较时，发现农民工对普通话的认同在很大程度上甚至高于全国城镇人口，他们是中国社会中普通话认同度较高的一个社群。

农民工对普通话的评价与城镇居民比较[①]

	好听	亲切	有社会影响	有用
农民工	4.73	4.39	4.22	4.76
全国城镇	4.56	4.40	4.63	4.71

从上表数据来看，城镇人口除对普通话"有社会影响"的评价显著高于农民工外，对普通话"亲切"指标的评价基本与农民工持平，而农民工对普通话"好听"和"有用"指标的评价则高于城镇人口。

第二节　普通话使用范围的扩张

打工行为对农民工的普通话使用也产生了一定影响，主要体现为打工后普通话使用量大为增加，普通话取代家乡话，成为农民工语言生活中最重要的交际用语。

打工前，在乡村社会里，家乡话无疑是农民工最主要的社交用语。夏历（2007）的研究指出，农民工在家乡时的语言使用，不论是家庭内部还是社交场合，均以说家乡话为主。夏文选择农民工"和家人说话"、"和同乡的朋友闲聊"、"在农贸市场买菜"、"和老师同学交谈"、"跟同事以及顾客交谈"、"在商场、邮局、医院等公共场所和工作人员交谈"、"和其他地方来的人交谈"几

[①] 全国乡村和全国城镇的数据引自中国语言文字使用情况调查领导小组办公室编：《中国语言文字使用情况调查资料》，语文出版社2006年版，第167页。

种情况进行调查，将农民工在这几种情况下的语言使用分为"全部使用家乡话"、"较多使用家乡话"、"普通话和家乡话的使用差不多"、"较多用普通话"、"全部用普通话"、"没有这种情况"几种情形，分别记作1、2、3、4、5、0。夏文研究指出，从农民工在家乡时语言使用情况均值表来看，农民工在家乡时，绝大部分场合都说家乡话，虽然在和顾客交谈、公共场合与人交谈、和其他地方来的人交谈时，普通话的使用有所增加，但仍然没有过渡到以普通话为主。[①]

农民工在家乡时的语言使用（N=340）

	最小值	最大值	均值	标准差
和家人说话时	1	5	1.40	.924
平时和同乡的朋友闲聊时	1	5	1.86	1.224
在学校和同学交谈时	0	5	2.00	1.403
在农贸市场买菜时	0	5	2.05	1.437
工作时跟同事交谈时	0	5	2.32	1.642
在学校和老师交谈时	0	5	2.49	1.495
跟顾客交谈时	0	5	2.55	1.721
到商场、邮局等公共场合时	0	5	2.68	1.674
和其他地方来的人交谈时	0	5	2.87	1.639

外出打工以后，农民工普通话的使用量有了显著的上升，普通话成为农民工打工期间使用得最多、也是最重要的交际用语。我们在问卷中设置了这样一道题："您觉得打工以来，您的普通话有什么变化"，结果有156位调查对象表示"说得比以前多了"，占样本总量的78.79%。

打工行为对农民工普通话使用的影响既表现在外部交际中，

[①] 夏历：《农民工言语社区探索研究》，载《语言文字应用》2007年第1期，第95页。

也体现在内部交际中。

一、内部交际中普通话使用的上升趋势

（一）家庭内部普通话使用的上升趋势

在农民工家庭内部，三代人纵向比较来看，虽然家乡话仍是主要的谈话用语，但是，也出现了普通话的使用随着年龄的降低逐渐上升的趋势。

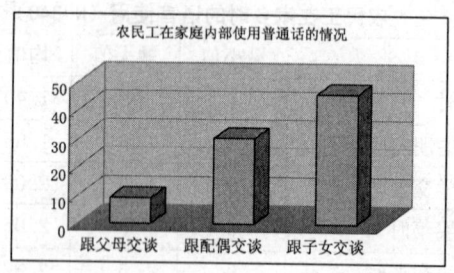

打工经历对农民工家庭内部普通话使用的影响可以从以下几个方面看出：

1. 夫妻共同打工者更易"用普通话跟配偶交谈"

打工经历对农民工跟配偶交谈时使用普通话的情况有一定影响，这主要体现在夫妻共同外出打工的农民工身上，即：夫妻一起打工者中"跟配偶交谈时主要使用普通话"的比例明显高于单独外出打工的农民工。

在所有调查对象中，有74人是跟配偶一起外出打工的。虽然这74位农民工在跟配偶交谈时仍以使用家乡话居多，其中"主要用普通话跟配偶交谈"者24人，占32.43％，"主要用家乡话跟配偶交谈"者50人，占67.57％。但是，夫妻共同打工者在所有跟配偶交谈时主要使用普通话的调查对象中占的比例却很高。在全部198位调查对象中，共有31位"主要用普通话跟配偶交谈"者，这

31人中，属于夫妻共同打工的就有24人，占到了77.42%。此外，夫妻共同外出打工者中打工时间越长，越容易用普通话跟配偶交谈。上文提到的用普通话跟配偶交谈的24位夫妻共同打工者，打工时间都在4年以上。很明显，正是由于夫妻二人长期外出打工，共同在城市生活，社交场合使用普通话的习惯被带入家庭内部。

2. 随住的农民工子女更易用普通话跟父母交谈

农民工子女有的随同父母住在打工城市，有的留在农村。比较随同打工的农民工子女和留在农村的农民工子女跟父母交谈时使用普通话的情况，可以看出，随父母打工的农民工子女，在跟父母说话时，无论是"主要用普通话"者的比例，还是"主要用普通话"者加"有时用普通话"者的比例，都高于留在农村者。[①]

随父母打工与留在农村的农民工子女跟父母交谈时使用普通话情况比较

	主要用普通话		主要用普通话＋有时用普通话	
	人数	%	人数	%
随父母打工者	9	26.47	12	61.76
留在农村者	11	18.03	33	52.23

可见，打工行为对于农民工下一代使用普通话的情况也有一定的影响，从而影响到农民工家庭内部的普通话使用格局。

（二）同乡交流中普通话使用的上升趋势

打工前，在农村生活期间，农民工与同乡之间的交谈基本上都使用家乡话。打工后，部分农民工开始用普通话跟老乡交谈。跟老乡交谈时主要使用普通话者（包括只使用普通话和兼用家乡话与普通话者）共有31人，占15.66%。此外，还有48人表示偶尔会跟老乡使用普通话交谈，两项合计79人，占39.90%。

跟老乡交谈时主要使用普通话的农民工普遍年龄较低，跟老

[①] 回答此题者计96人，其中子女随住者34人，子女未随住者62人。

乡交谈时主要使用普通话的 31 人中，30 岁以下者 24 人，31 岁以上者 7 人。一位 18 岁的贵州农民工告诉调查员："（跟老乡交谈）那要看跟什么年龄的人讲，跟年纪大的人就讲老家话，如果说我们这么大的就讲普通话。"在住宿餐饮零售业和制造业务工的农民工由于工作中使用普通话较多，跟老乡交谈也更易使用普通话。跟老乡交谈时主要使用普通话的 31 人中，住宿餐饮零售业 17 人，制造业 13 人，建筑业 1 人。有的农民工则是由于多年在外打工，习惯了讲普通话。一位有 8 年打工经历的 51 岁女性农民工告诉调查员："一般我们跟老乡接触都是普通话，在这里。在这里一般都是普通话，大部分是普通话。"

二、外部交际中普通话的垄断地位

农民工外部交际中各场合的语言使用都以普通话占绝对优势，普通话在各种社交场合的使用率基本上都在94％以上。

农民工社交场合使用普通话的情况

语　境	人数	％
跟非同乡的同事交谈	191	96.46
跟本地熟人交谈	190	95.96
跟初次见面的陌生人交谈	191	96.46
在本地集贸市场买东西	187	94.44
在政府部门办事	191	96.46
在医院看病	191	96.46
在单位谈工作	190	95.96

打工行为对农民工外部交际中普通话使用增加的影响可以从以下两个方面看出。

（一）扩大外部交际的范围导致普通话使用增加

外出打工扩大了农民工的社交范围，增加了一些使用普通话的场合，这是导致农民工普通话使用量增加一个原因。外出打工以后，农民工的社会交往比在农村时更为开放，不仅交往对象更多、更复杂了，而且社交范围也比以前扩大了。农民工交际范围扩大的一个重要的表现是增加了一些原本不存在的社交场合，比如"跟非同乡的同事交谈"、"跟本地人交谈"、"在单位谈工作"等。以上几个交际场合在农村社会的语言生活中是不存在的，打工期间，它们却成了农民工经常要身处其中的场合。此外，外出打工还使得农民工"与初次见面的陌生人交谈"的机会也比打工前增多了。由于这些场合的语言使用都以普通话为主，这些社交场合的增加直接导致了农民工日常交往中普通话使用量的增加。

（二）改变外部交际的语码选择模式导致普通话使用增加

外出务工还使得农民工一些外部交际场合的语码选择模式发生了变化，由原来的主要使用家乡话变更为主要使用普通话，这也造成了农民工普通话使用量的增加。汉语方言的使用范围通常以省、市、县为界，只要不出省、市、县，采用方言沟通就没有问题，而且，本乡本土的话还可能带来亲切感，便于拉进彼此的距离。所以，农民工在农村时，在"在集贸市场买东西"这一场合里基本上都是使用家乡话的，虽然在"去政府部门办事"、"去医院看病"等场合有一些普通话的使用，但这几个场合的语言使用仍未达到以普通话为主的程度。打工以后，这几个场合的使用都以普通话占绝对优势，普通话的使用率都达到95%以上。

由于以上各方面因素的影响，打工期间普通话逐渐成为农民工使用最多的日常交际用语，有将近90%的农民工在日常生活中经常使用普通话，普通话的使用频率远高于家乡话等其他语码。

农民工打工期间的普通话使用频率

	经常讲	偶尔讲一点儿	根本不讲
人数	178	18	2
%	89.90	9.09	1.01

第三节　普通话能力的发展

由于农民工对普通话重要性有清醒的认识，加之工作生活中大量使用普通话，打工期间，农民工的普通话能力得到了快速发展，成为一个普通话能力相对较强的社群。

打工行为对农民工普通话能力发展的影响主要体现在加快普通话习得的速度和提升普通话水平两个方面。

一、普通话习得的加速

打工行为在农民工习得普通话的过程中起到了重要的促进作用，这主要体现在以下两个方面。

（一）促使一部分原本不会普通话的农民工学会普通话

普通话虽然是我国法定的全民通用语，但其在城市和农村的普及程度并不均衡，农村的普通话普及率远低于城镇。据调查，我国城镇人口中能够用普通话交谈者占城镇总人口的66.03%，而乡村人口的这一比例则为45.06%。[①]农民工中有一部分人打工前完全不会说普通话，他们的普通话是打工后在工作和社会交往中逐渐学会的。在"您是什么时候学会普通话的"调查中，除不会

---

① 中国语言文字使用情况调查领导小组办公室编：《中国语言文字使用情况调查资料》，语文出版社2006年版，第12页。

说普通话的7人外，其余的191人都回答了此题。其中，表示打工前学会普通话的有153人，占80.10％；表示打工以后学会普通话的有38人，占19.90％。也就是说，有将近20％的农民工是在打工中学会普通话的。今年40岁的贵州籍女工梅某就给调查员讲起过她打工后第一次开口讲普通话时的情形。那年，她和几个老乡乘火车去江苏打工，下火车后，为了逃票，他们想从一条小路离开车站，没想到被车站工作人员发现，要把他们带回车站，她忙上前去解释，情急之下，将从未用过的普通话说了出来。

（二）促使众多农民工成为普通话的熟练使用者

对于更多的农民工来说，打工经历对于其普通话能力的影响体现为促使其普通话说得越来越好，越来越熟练。在"您觉得打工以来您的普通话有变化吗"调查中，75.26%的调查对象表示"比以前说得好了"。

对于大多数农民工来说，打工前并不是完全没有接触过普通话，或完全没有普通话基础。实际上，多数人打工前已经有了一定的普通话基础。从我们的调查来看，绝大多数（97.47％）调查对象上过学，而随着我国普通话普及工作的推进，很早以前农村学校的教师特别是语文教师就能够使用普通话教学了。我们的问卷中有这样一个题目："您上小学的时候，老师主要用什么话讲课（可多选）"，结果选择"使用普通话"的有112人，占56.57％；选择"使用家乡话"的有59人，占29.80％；选择"既使用家乡话，也使用普通话"的有22人，占11.11％。归纳来看，调查对象上小学时老师讲课主要用普通话和兼用家乡话/普通话者合计134人，占到了67.68％，另有一部分人表示上小学时老师用家乡话上课，但到了中学，老师就用普通话上课了。由此可见，大部分农民工在上学期间都接触过普通话，并具备了一定运用普通话的能力。此外，看电视、听广播等又进一步帮助农民工提高了普通话"听"的能力。但是，由于普通话在农村社会的家庭内部及绝大部分社交场合都得不到使用，导致农民工打工前普通话"听"和"说"的能力处于不平衡状态——听的能力很强而说的能力相对较弱。外出打工以后，随着农民工交往范围的扩大，学习和使用普通话的机会大为增加，农民工的普通话由不会说变为会说，由说得不好变为说得越来越好。对于很多农民工来说，打工经历对于其习得普通话的意义就在于促使其普通话"说"的能力得到快速发展，使"说"和"听"两个方面达到平衡，从而发展成为普通话的熟练使用者。

许多农民工在老家时已经是"潜在"的家乡话－普通话双方言人，打工经历使这种潜在的语言能力变成了现实。其实，上文所述自称"打工后在工作和社会交往中学会普通话"的那近20％的农民工，有一部分人打工前也是接触过普通话的，只是没有说过普通话而已。

二、普通话水平的提升

通过农民工打工前后普通话水平的比较，以及农民工与其他人群普通话水平的比较，可以看出，外出打工使得农民工群体的普通话能力得到了明显提升。

（一）农民工打工后的普通话水平高于打工前

在我们的调查中，有七成多农民工表示，打工后他们的普通话说得越来越好了。此外，其他一些研究者的相关研究也证明了打工行为对农民工普通话水平的提升具有重要作用。夏历（2007）对北京和南京两市农民工的语言使用情况进行了实地调查，并对农民工打工前后的普通话能力进行了比较，指出"由于进城务工，两京农民工的普通话能力有了明显提升。"①

夏文在对"两京"农民工外出务工前后普通话能力进行比较后指出：（1）务工之前，两京农民工用普通话和别人交流的能力均值为3.56，整体处于个别人"基本能交流"的状态，但是明显偏向能力更低的一方，而在京时用普通话与人交流的能力均值为4.53，整体能力处于用普通话和别人"交流没问题"的状态上，因而，两京农民工在京时的普通话交流能力，比务工前提高了一个层次，提升的幅度较大。（2）务工之前，两京农民工普通话的发音情况均值为2.67，整体处于"一般"的水平上，偏向能力更低的一方，两京农民工在京时普通话的发音情况均值为3.13，整体能力还是处于"一般"的状态，但是偏向能力更高的一方。务工前后，两京农民工普通话发音状况提高幅度不是很大，没有上升到一个新的层次，但是在同一个层次内还是有很大提高，这体现了语言发展变化的实际情况，对于成年人而言，语音的改变最困难。（3）务工之前，两京农民工对普通话运用熟练程度均值为2.73，整体情况处于"一般"的层次，两京农民工在京时对普通话的运用熟练程度均值为3.79，整体能力处于"比较熟练"的层次。务工前后，两京农民工对普通话的运用能力提高的幅度很大，也是提高了一个层次。

农民工务工前普通话能力均值表

	Mean（均值）
交流能力	3.56
发音情况	2.67
运用能力	2.73
Valid N（listwise）	

---

① 夏历：《城市农民工普通话水平调查研究》，载《淮阴师范学院学报》2007年第3期，第12页。

农民工在京时普通话能力均值表

	Mean（均值）
交流能力	4.53
发音情况	3.13
运用能力	3.79
Valid N（listwise）	

（二）农民工的普通话水平明显高于留乡农民

为进一步验证打工经历对农民工普通话能力的影响，我们仍以全国农村人口语言使用的有关数据作为留乡农民的语言使用情况，将农民工的普通话程度与留乡农民、全国城镇人口和浙江省（不分城乡）的普通话水平进行了比较。比较分析的结果显示，有过打工经历的农民工普通话程度明显高于留乡农民和浙江省（不分城乡）的整体水平，并且不低于全国城镇人口的水平。我们的比较主要从"会普通话者比例"和"普通话程度"两个方面进行。

1. 会普通话者比例

农民工会说普通话者比例与全国乡村及浙江省的情况比较（％）

范围	总比例	15～29 岁	30～44 岁	45～59 岁
全国乡村（留乡农民）	45.06	70.12	52.74	40.59
浙江省（不分城乡）	67.17	88.15	69.15	54.03
农民工	96.46	98.41	95.23	80.00

农民工中绝大多数人会说普通话，会说普通话者占 94.46％，不会说普通话者只占 3.54％。比较农民工中会说普通话者的比例与留乡农民和浙江省（不分城乡）的有关数据可以发现，农民工

中会说普通话者的比例远高于后两者。①

2. 普通话程度

农民工的普通话水平总体上比较高。从"听"的能力来看，基本上所有农民工都听得懂普通话（"完全能听懂"者占91.92%，"基本能听懂"者占8.08%）。"说"的能力方面，选择"能熟练交谈且发音准确"和"能熟练交谈但个别音不准"两个较高程度选项的农民工合计占到了86.36%。

我们将农民工的普通话程度与全国乡村（即留乡农民）和全国城镇的普通话程度平均值分别进行了比较。与全国乡村人口的普通话程度相比，农民工的普通话程度明显高于后者；与全国城镇人口的普通话程度相比，农民工虽然"能流利准确地使用"的比例低于后者，但"能熟练使用但个别音不准"的比例则远高于后者。

农民工普通话程度与全国城镇及乡村比较（%）

	流利准确使用	熟练使用但个别音不准	能熟练使用但方音较重	基本能交谈但不熟练
全国城镇	26.87	37.61	14.84	20.68
全国乡村	8.17	30.26	17.30	44.27
农民工	15.15	70.20	9.60	5.05

（三）打工时间越长的农民工普通话水平越高

我们对农民工打工时间长短与普通话程度之间的关系进行了关联分析。结果显示农民工外出打工的时间越长，普通话水平就越高；反之亦然。打工时间与普通话能力之间呈现出正相关关系。

本次调查中，普通话"听"的能力存在不足（即"基本能听懂"）的调查对象共有13人，其中打工时间在一年以下者8人，占61.54%。普通话"说"的能力较低（"会说一些日常用语"及以

---

① 全国和浙江省的数据引自中国语言文字使用情况调查领导小组办公室编《中国语言文字使用情况调查资料》，语文出版社2006年版，第88、131页。

下程度）者共6人，其中打工时间在一年以下者4人，占66.67%。相反，普通话程度较高（"能熟练交谈且发音准确"）者共有8人，其中打工时间为两年者3人，打工时间为三年者1人，打工时间为四年者1人，打工时间为五年者1人，打工时间为六年者1人，打工时间为七年者1人。由此可见，打工行为在促进农民工普通话能力提升方面的确起到了重要作用。

第四节　农民工普通话发展的趋势及存在的问题

一、农民工普通话发展的趋势

在城市打工期间，与复杂多样的交往对象沟通的需要迫使农民工具有较强的学习普通话的动机，对普通话程度的期望也比较高。由此我们可以预见，随着我国普通话普及工作的深入，未来农民工中会说普通话的人会越来越多，农民工的普通话水平也将会得到进一步提高。

（一）农民工拥有较强的普通话学习动机

农民工学习普通话的动机可以分为"外部动机"和"内部动机"。外部动机也称外源性动机，指由于行为主体自身以外的原因所引起的动机。农民工学习普通话的外部动机主要包括以下两方面：一是与他人沟通的需要；二是社会机构的要求或规定。内在动机也称内源性动机，指由个体内在兴趣、好奇心或成就需要等内部原因引起的动机。农民工学习普通话的内部动机主要包括以下几种：第一，自我发展的需要。一部分农民工把普通话与个人发展联系起来，将使用普通话作为拓展个人发展空间的必要途径和手段。我们在访谈中曾问过农民工，是否觉得会说普通话对找个好工作有帮助，或者对提高薪酬有帮助，大部分农民工都给出了肯定的回答。第二，对学习和使用普通话的个人兴趣。第三，对城市生活的认同。有的调查对象表示学习使用普通话是为了得到城市人群的认同。不少农民工认为普通话是城市人口的标志。我们曾经就"您是否觉得说普通话是城市人的一种标志"和"您是否觉得说普通话可以给人留下有礼貌、有休养的印象"两个问题对一部分农民工进行了访谈，80%的受访农民工给出了肯定回答。一位农民工告诉调查员："出来讲普通话好听一点，讲老家话好像老土一样"。

打工期间特定的生活环境和复杂的社会交往，使得农民工学习普通话的内、外部动机都比较强。首先，外出打工期间与不同方言背景的交往对象沟通的需要促使农民工普遍愿意学习使用普通话。我们的调查中，94.44%调查对象表示学习普通话是为了"能够与更多的人沟通"，还有91.41%的调查对象表示学习普通话是因为"工作或外出需要"。其次，强烈的自我发展愿望又使得很多农民工具有说好普通话的内在需求。农民工的主体是一些年轻人，这些青年农民来到城市不仅仅是为了挣钱，也希望在城市找到自我发展的一块空间。我们的调查中，50.50%的调查对象表示学习普通话是因为"学好普通话有前途"。此外，农民工普遍对学习和使用普通话感兴趣。有近一半（45.45%）的农民工表示学习普通话是出于"个人爱好"。

比较义乌市农民工学习普通话的动机与全国的总体情况可以发现，跟其他人群相比，农民工更看重普通话与个人前途的关系，对普通话的兴趣也更强烈。

农民工学习普通话的动机与全国情况比较

	工作需要	交往更多人	更有前途	学校要求	个人兴趣
全国	40.80	33.74	2.97	17.67	4.82
农民工	91.41	94.44	50.50	33.84	45.45

　　根据上表数据，无论是对农民工来说，还是对全国整体的情况来说，"工作需要"和"跟更多的人交往"都是人们学习普通话的最主要的动机，选择这两个选项的人数都是最多的。不过，在全国总体情况中，选择"个人兴趣"和"更有前途"的人数是最低的，远低于选择"学校要求"者。但在义乌市农民工中，选择这两个选项的人数并不很低，且都高于选择"学校要求"的人数。其中，超过半数的农民工选择了"学好普通话更有前途"选项，选择"因个人兴趣而学习普通话"的也将近一半。

（二）农民工对普通话程度的期望普遍较高

　　调查数据显示，农民工对普通话程度的期望普遍比较高，调希望能流利准确地使用普通话的调查对象占 50.51%，希望能熟练地使用普通话的占 19.70%，希望能用普通话进行一般交际的占 17.68%，表示能听懂普通话就行的占 9.60%，对普通话程度没有什么要求的只占 2.53%。

　　将义乌市农民工对普通话程度的期望与全国整体情况进行比较可以看出，在代表较高程度的选项上，义乌农民工的选择比例远高于全国平均值；而在代表较低程度的选项上，义乌农民工的比值又远低于全国平均值。总体看来，农民工对自身普通话程度的期望确实比较高。

农民工对普通话程度的期望与全国情况比较

	流利准确地使用	熟练地使用	进行一般交际	能听懂	无要求
全国	26.81	18.09	29.19	－	25.91
农民工	50.51	19.70	17.68	9.60	2.53

　　农民工较强的普通话学习动机，以及对自身普通话程度的较高期望，一定会促使其普通话能力得到进一步的发展。

二、农民工学习普通话过程中存在的问题

虽然打工期间农民工的普通话得到了相当程度的发展，但他们的普通话习得和使用仍然存在一定问题，一些主、客观因素仍在阻碍着农民工普通话能力的发展。根据调查对象在"您觉得您学习普通话过程中存在的问题主要是什么"（可多选）一题中的自报，农民工学习普通话过程中主要存在如下一些问题。

（一）母语方言的负迁移

这是指受母语方言的影响，农民工说出来的普通话不同程度地保留着母语方言的结构成分，导致其普通话不够标准。这是影响农民工普通话水平的最主要原因。调查中有 126 位调查对象认为自己的普通话不够好是因为"受方言影响，不好改口音"，占 63.64%。

（二）普通话使用机会的缺乏

这是指一部分农民工因为说普通话的机会较少导致普通话不够熟练，也够标准。有 85 位调查对象认为自己的普通话不够好是因为"周围的人都不说，说的机会少"，占 42.93%。

（三）固有语言行为习惯的影响

农民工长期生活在家乡农村，多年来习惯了讲家乡话，对很多人来说，讲家乡话比讲普通话更自然，也更容易。调查中表示"说方言比说普通话更自然、更容易"的有 91 人，占 45.96%。

（四）一定程度的心理障碍

有的调查对象觉得"经常说普通话怕人笑话"，这样的农民工

有 28 人，占 14.14%。还有的人表示"怕说得不好，不好意思说"，这样的农民工有 44 人，占 22.22%。

农民工学习普通话中存在的问题

选　　　项	人数	%
周围的人都不说，说的机会少	85	42.93
受方言影响不好改口音	126	63.64
说方言比说普通话更自然、更容易	91	45.96
怕说得不好，不好意思说	44	22.22
没有问题	22	11.11

比较义乌市农民工学习普通话时的问题与全国的整体情况，可以看出农民工学习普通话的一些特点。根据《中国语言文字使用情况调查资料》，就全国范围而言，人们学习普通话时遇到的主要问题按程度依次为：（1）"周围的人都吧不说，说的机会少"，存在这种情况的人占总人口的 48.77%；（2）"受汉语方言影响，不好改口音"，存在这种情况的人占总人口的 38.25%；（3）"说普通话怕别人笑话"，存在这种情况的人占总人口的 7.82%；（4）"受本民族语言影响，不好改口音"，存在这种情况的人占总人口的 5.16%。比较而言，在全国整体情况中，缺乏使用普通话的机会是学习普通话中存在的最主要的原因。但是，在农民工群体中，最主要的问题不是缺乏使用普通话的机会，而是母语方言的负迁移。这是容易理解的，由于中国人口中以农民居多，而农村地区普通话的普及率较低，全国整体情况中"缺少使用普通话机会"的比例受农村人口的影响被拉高了。农民工在外打工期间接触普通话的机会比留乡农民要高很多，所以对于农民工来说，它不构成学习普通话时最主要的问题。当然，它仍是限制一部分农民工普通话水平的原因之一。

第四章 农民工家乡话的保持与退化

——农民工固有语言资源利用情况考察

"我回家之后人家都说我口音变掉了，变得不准了，人家听不清楚了。"

——农民工话语（女，22岁，湖北武汉人，2006年初来义乌）

"我现在在外面跟别人都说普通话，有时回家说话也会带一点儿普通话。有时说老家话，讲着讲着会冒出普通话来。"

——农民工话语（男，23岁，贵州右仟人，2006年初来义乌）

家乡话是农民工固有的语言资源，是农民工在农村生活期间最重要的交际用语。外出打工期间，出于多年养成的语言使用习惯，以及联络同乡感情的需要，农民工的家乡话得到了一定程度的保持。但是与在家乡农村时相比，农民工家乡话的使用还是出现了一些变化，主要表现为家乡话使用范围的萎缩以及家乡话能力的退化。

第一节 家乡话使用的保持与退缩

农民工打工期间对家乡话的保持主要体现在家庭内部和同乡

之间，即家乡话基本上只在农民工的内部交际中使用。

一、内部交际中家乡话的保持

（一）家乡话在家庭内部的保持

打工期间，家乡话在农民工家庭内部得到了较好的保持。农民工无论是跟父母交谈，跟配偶交谈，还是跟子女交谈时，都以使用家乡话为主。

跟父母交谈时，家乡话的使用占据绝对优势。在我们的调查中，跟父母交谈时只使用家乡话的占 98.48%，兼用家乡话和普通话的占 0.51%，兼用家乡话和其他汉语方言的占 0.51%。三项合计，跟父母交谈时使用家乡话者占 99.49%。农民工用家乡话跟父母交谈主要是因为他们的父母辈通常只会说家乡话。此外，乡村社会语言使用规约的限制似乎也是农民工在家乡跟父母交谈时主要使用家乡话的一个原因。一位在服装厂打工的 25 岁小伙子告诉调查员，他很少跟父母讲普通话，在老家说普通话，人家会说他。所以，即使一些农民工的父母听得懂普通话，但他们跟父母交谈时仍会使用家乡话。

跟配偶交谈时，也以使用家乡话为主。跟配偶交谈时只使用家乡话的占 90.20%，兼用家乡话和普通话的占 3.92%，两项合计，跟配偶交谈时使用家乡话的占 94.12%。即使是夫妻共同外出打工，夫妻之间的交流也以使用家乡话居多。在所有调查对象中，在夫妻一起外出打工的 74 人中，"主要用家乡话跟配偶交谈"者占 67.57%，"主要用普通话跟配偶交谈"者占 32.43%。

跟子女交谈时，家乡话仍是主要的交谈用语。跟子女交谈时只使用家乡话的占 78.43%，兼用家乡话和其他汉语方言的占 0.98%，两项合计，跟子女交谈时使用家乡话的占 79.41%。

　　三代人纵向比较来看，虽然农民工在家庭内部使用家乡话的情况随交谈对象年龄的降低出现略为下降的趋势，但仍未能动摇家乡话在家庭内部的统治地位，如下图所示。

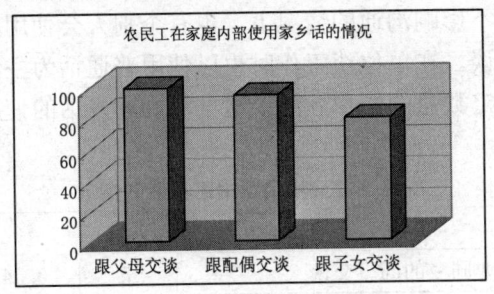

農民工在家庭内部使用家乡话的情况

　　（二）家乡话在同乡之间的保持

　　如前所述，"老乡"是农民工在外生存所依赖的一种重要的社会资源，农民工自然很愿意以共同的语言来维系这种"内部人"的群体关系。所以，农民工在跟同乡交谈时主要使用家乡话，跟同乡交谈时只使用家乡话的占 83.84%，兼用家乡话和普通话的占 0.51%。两项合计，跟同乡交谈时使用家乡话者占 84.34%。

　　用家乡话跟同乡交谈很大程度上是出于维系同乡情感的需要。此外，使用上的方便性及乡村社会语言使用习惯的影响也是促使农民工主要用家乡话跟同乡交谈的原因。一位 35 岁的江西籍女性农民工告诉调查员："跟老乡不好意思说普通话。"一位 43 岁的男性农民工也告诉调查员："跟老乡讲普通话人家会讲你的。"

二、外部交际中家乡话的退缩

　　在农民工的外部交际中，家乡话受到了普通话的严重挤压，基本上退出了社交场合。

　　在医院看病、在政府部门办事、跟初次见面的陌生人交谈、跟本地熟人交谈、在本地集贸市场买东西等一些场合，除不会说普通话的极少数农民工仍使用家乡话以外，其他人都使用普通话。跟非同乡的同事交谈也以使用普通话为主。当然，由于交往对象是熟人，在不影响沟通的情况下，也有个别人会使用家乡话跟非同乡同事交谈。在单位谈工作时也以使用普通话为主，不过由于同事中有一定数量的同乡，所以这一场合家乡话的使用比例略高一些。

农民工社交场合使用家乡话的情况

语　　境	人数	％
跟非同乡的同事交谈	7	3.54
跟本地熟人交谈	7	3.54
跟初次见面的陌生人交谈	7	3.54
在本地集贸市场买东西	7	3.54
在政府部门办事	7	3.54
在医院看病	7	3.54
在单位谈工作	21	10.61

三、家乡话在日常交际中的使用频率

农民工的家乡话虽然在家庭内部得到了保持，但是，打工期间，农民工的时间安排以工作为主，他们真正和家人或同乡一起聊天的时间很少。这导致农民工家乡话使用频率大为下降，家乡话的总体使用量也比较低。表示经常使用家乡话的只占54.55％，却有42.92％的农民工表示他们只是"偶尔讲一点儿"家乡话，另有2.53％的人表示打工期间"根本不讲"家乡话。与之相反，表示经常使用普通话的农民工却占到了近九成。

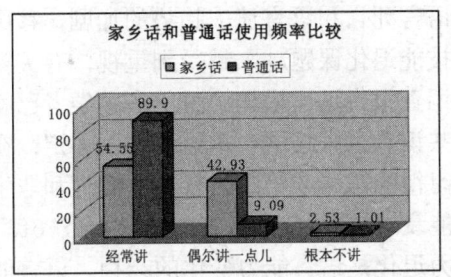

总之，打工期间农民工家乡话的使用呈现萎缩趋势，家乡话基本上退缩至家庭内部和同乡之间，在其他场合很少使用，导致家乡话在农民工日常生活中的总体使用量远低于普通话。

第二节　家乡话能力的退化

农民工的家乡话基本上都是受家人影响自然学会的。对于这种自幼习得的家乡话，农民工们虽然经历了长短不一的打工时间，但每个人都还依然会说。不过，调查中我们也发现，有不少农民工的家乡话能力发生了一定变化，出现家乡话能力退化的现象。

我们关于家乡话"说"和"听"两方面能力的调查显示，农民工的家乡话"听"的能力都没有问题，所有的调查对象都表示"完全能听懂"。但是，在"说"的能力方面，有 32 位调查对象选择了"能熟练交谈但个别音不准"这一选项，占调查对象总数的 16.16%。

一、语言能力退化的含义及相关研究

（一）语言能力退化的定义

语言能力退化也称语言技能退化。1980 年以后，随着语言衰

退现象包括语言死亡和语言遗失趋势的加剧，移民社会和少数社群第一语言技能退化课题越来越受到重视，有关第一语言技能退化的研究和调查报告迅速增加。目前多数学者已就语言技能退化的定义取得共识，主张将这一术语做如下界定：在双语和多语环境中，已经习得的第一或第二语言在非病理和非生理性衰老情况下的语言技能衰退情况（Wass 1996；Yagmur et. Al. 1999）。[①]

语言能力退化是语言能力变化的一种。语言能力指个人和族群掌握的听、说、读、写等方面的能力。语言能力的变化包括语言技能习得、语言技能维持、语言技能退化与语言技能遗失几种情况。

语言技能退化与语言维持的差别显而易见。Gardner（1982）把语言维持和语言衰退视为一个度量的两端，他以下图展示语言技能维持和语言技能衰退两个概念的区别：

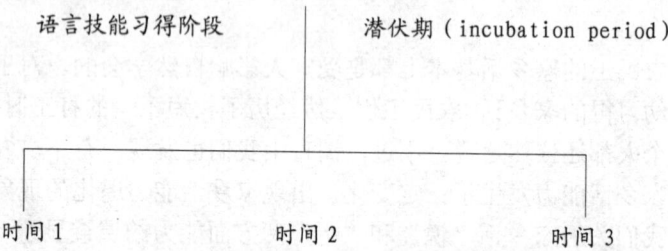

Gardner（1982）指出，当语言技能习得阶段（时间1）结束后，在时间2和时间3之间，如果语言仍然维持原来的水平甚至得到一定的改进，则为语言技能维持；如果语言技能没有维持，则为语言技能衰退。换句话说，语言维持是指在最初习得语言后该语言熟练程度的维持和提高；而语言技能衰退则指语言熟练程度的降低。语言技能衰退是基于过去和当前相比较而体现出来的

---

① 许小颖：《语言政策和社群语言——新加坡福建社群社会语言学研究》，中华书局 2007 年版，第 22 页。

语言知识以及对语言知识控制能力的衰退。(Ammerlaan, 1990)①

　　语言技能退化也不同于语言习得阶段中的"半语"现象。半语指说话者从来没有真正习得一种语言，半语人没有完全习得或学习一种语言，只具有使用某一语言的部分语言技能；而语言技能衰退则指已经习得（可以是完全习得，也可以是不完全习得）的语言技能自然、缓慢的丧失过程。

　　语言技能退化与语言遗失和语言死亡也不一样。语言遗失指一种语言使用者逐渐减少，并在一定的时期内慢慢被另一种语言替代。如果一种语言在某一区域内慢慢失去使用者，被另一种语言取代，并且在世界上其他地区也不再拥有使用者，便是语言死亡。语言遗失和语言死亡需经历比较长的时间，常常发生在几代人身上；而语言技能衰退则指一代以内的说话人第一语言或主要语言的技能退化。语言技能退化与语言遗失、语言死亡等概念的本质区别在于观察视角不同，语言技能退化以语言使用者的语言技能为切入点，观察个人和族群运用语言的能力的衰退，而语言遗失和语言死亡等则以语言使用者为观察点，根据使用者的数量、年龄结构等变数观察语言使用状况的变化。

　　根据造成语言技能退化的原因不同，可以将语言技能退化分为"社会性语言技能退化"和"非社会性语言技能退化"两种类型。社会性语言技能退化指由于移民、战争等社会性因素引起的个人或族群的语言技能退化现象。非社会性语言技能退化主要包括三种：第一种是由大脑损伤引起的病理性语言技能衰退，这种现象也被称为失语症；第二种指存在于老年人身上的生理性语言技能衰退；第三种是普通人因情绪低落或受酒精影响而导致的命名困难等生理性语言技能衰退。1980 年 5 月在费城举行的语言技能遗失会议提出了一个"广义的语言技能退化"的定义，包括了

---

① 许小颖：《语言政策和社群语言——新加坡福建社群社会语言学研究》，中华书局 2007 年版，第 22 页。

上述两种含义，指"个人和语言社团的任何语言的任何部分的遗失。它可以指在双语或是少数语言处在语言接触的环境中，当一种语言由于政治和社会原因取代另一种语言的时候，个人或语言社团的母语技能在使用上的衰退；语言技能退化也可以指神经损害病例中的语言技能的衰退，或是老年人的语言技能退化。"在这两种类型中，社会性语言技能退化是较受社会语言学关注的研究课题，本书所讨论的语言技能退化主要指这一种类型。

（二）语言能力退化的表现

从已经报告的有关语言技能退化的研究案例来看，研究者们对语言技能退化表现的观察和描述并未采用统一的模式，不过，在一些关键问题上研究者们还是达成了一定共识。

首先，大多数语言社团的语言技能退化是一种曾经习得的语言的逐渐磨损，表现为一种遗忘现象，而不是某一方面语言能力的完全消失。Van Els（1989：2）的研究指出，当我们说"遗失"这一概念的时候，并不是我们调查的这一现象是语言能力或语言能力的某一方面的完全消失。我们知道，我们不可能假设一些已经进入长期记忆的东西完全消失。记忆的途径和语言之间的通道受"遗忘"影响，这有时也叫做语言技能退化，它意味着这一过程的结果是非完全的、而且可能是短暂的遗失。[①]

其次，语言技能退化可能表现在语言结构的各个要素上，包括语音变化、词汇追索困难、语法缺陷等；也可能表现在言语层面，包括称谓方式变化、语码转换、语码混杂、自然感遗失、表达上的犹豫迂回现象等。

[①] Van Els, Theo J. M. "Errors in Foreign Language Loss", in Errors and Foreign Language Learning, Edited by R. Freudenstein. Oxford: Pergamon Press, 1989。转引自许小颖《语言政策和社群语言——新加坡福建社群社会语言学研究》，中华书局 2007 年版，第 30 页。

（三）语言技能退化的制约因素

在以往的研究中，研究者提到的造成语言技能退化的因素主要包括以下几种：（1）移民身份状况、受教育程度、移民时间等人口背景资料；（2）语言使用情况（比如语言使用频率）；（3）语言态度；（4）族群认同与族群联系。Waas（1996）对二战后澳大利亚德裔移民德语语言技能退化的研究发现，是否获得澳大利亚公民权以及是否与德语族群保持密切的联系是影响德裔移民德语技能退化的两个重要因素。那些已经获得澳大利亚公民权和与德语族群联系较少的受访者德语技能退化的程度最为严重。Yagmur et. Al.（1999）调查了澳大利亚土耳其裔移民土耳其语技能退化的社会心理制约因素。该研究着重探讨了语言使用与族群语言活力对语言技能退化的影响，得出的结论是族群语言活力对语言技能退化之间不具有明显关系，但受教育程度与语言技能退化关系显著：受教育程度较低的受访人语言技能退化较为严重。

二、农民工家乡话能力退化的总体情况

为了解农民工家乡话退化的表现及家乡话能力退化者的范围，我们设置了"您觉得外出打工以来，您的家乡话有变化吗"（可多选）一题，并根据试调查时了解到的农民工对家乡话变化的自我感受，设置了以下几个选项：（1）口音有点儿改变了。（2）有的意思用家乡话不会表达了。（3）讲家乡话时会混入普通话成分。（4）说得跟以前一样，没有什么变化。从调查结果来看，有95 人选择"说得跟以前一样，没有什么变化"，占调查对象总人数的 47.98%。其余 103 人的家乡话或者存在一种退化现象，或者存在两到三种退化现象，总之都不同程度地存在家乡话退化现象，这样的调查对象占 52.02%。

由于我们的调查数据主要来源于调查对象的自报，一方面，调查对象并非语言研究者，他们对自己的语言状况不一定了解得十分清楚，尽管我们要求调查员对他们进行了适当的引导，但还是难以保证每个调查对象对自己语言状况的判断都很准确；另一方面，农民工群体对自身语言能力的描述有偏低的倾向。鉴于这种情况，我们这里做一个比较保守的大致推断，出现家乡话退化现象的农民工应该将近五成。

农民工家乡话能力退化的情况主要有如下几种：

（一）口音有点儿改变了

一些农民工表示，外出打工一段时间以后，他们说的家乡话有些"变味"。这其实是这些农民工讲家乡话时出现了一定程度的语音缺陷。选择这一选项的有80人，占调查对象总数的40.40%。

（二）有的意思用家乡话不会表达了

这种情况主要反映了词汇追索方面的困难，也包括语法表达方面的困难。考虑到汉语内部各方言的语法差异并不大，我们觉得造成这种现象的原因主要是家乡话词汇的遗忘。选择这一选项的有55人，占调查对象总数的27.78%。

（三）讲家乡话时会混入普通话成分

这是一种语码转换和语码混杂现象。选择这一选项的有79人，占调查对象总数的39.90%。

三、农民工家乡话能力退化的内部差异

为了解不同的农民工在家乡话能力退化上是否存在差异，我们对不同人口特征农民工的家乡话能力退化情况进行了对比分析。由于调查时对调查对象的性别、年龄、受教育程度和打工时间未进行均衡抽样，不能从某类农民工中家乡话退化者在所有退化者中的比例推断其是否更易出现退化现象。以性别为例，在出现家乡话退化现象的 103 人中，女性农民工 46 人，占 44.66%，男性农民工 57 人，占 55.34%。表面看起来，男性比女性发生家乡话退化的比例更高。但联系样本总体中男女农民工的比例来看，样本总体中男性农民工的数量远高于女性，女性农民工有 77 人，男性农民工则有 121 人。这样，说男性农民工比女性农民工更可能出现家乡话能力退化现象是不切实际的。为此，我们将不同人口特征的农民工根据具体特征分为相应的比较组，如根据性别将农民工分为两个组："男性农民工"和"女性农民工"。以某一组农民工中家乡话能力退化者的人数与该组农民工总数之间的比值作为这一组农民工家乡话能力退化的概率值，通过比较某一人口特征的两个或几个比较组在概率值上的差异大小，来推断不同人口特征农民工家乡话能力退化的差异性。运算方法为：

　　各组农民工家乡话能力退化概率＝本组农民工中出现家乡话能力退化现象者人数÷该组农民工总人数

（一）不同性别农民工家乡话能力退化差异

女性农民工总计 77 人，男性农民工总计 121 人。

从调查数据来看，女性农民工中出现家乡话能力退化现象者有 46 人，占女性农民工总数的 59.74%；男性农民工中出现家乡话能力退化现象者有 57 人，占男性农民工总数的 47.11%。总体来看，女性农民工出现家乡话能力退化的概率明显高于男性农民工。

三类退化现象比较而言，女性农民工出现"讲家乡话时混入普通话成分"现象的概率比男性农民工高得较多，出现另两类现象的概率略高于男性农民工。

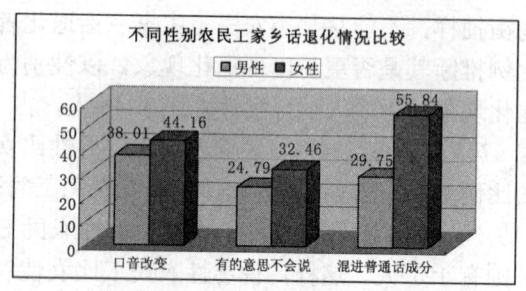

（二）不同年龄农民工家乡话能力退化差异

调查对象年龄最小的 16 岁，最大的 58 岁，平均年龄 28 岁。根据年龄将调查对象分为两组：一组为 30 岁以下者，计 133 人；另一组为 31 岁以上者，计 65 人。

从调查数据来看，30 岁以下的农民工中出现家乡话能力退化现象者有 75 人，占同类农民工总数的 56.39%；31 岁以上的农民工中出现家乡话能力退化现象者有 28 人，占同类农民工总数的 43.08%。总体来看，年龄较小的农民工出现家乡话能力退化的概率明显高于年龄较大的农民工。

三类退化现象比较而言，30岁以下的农民工发生"有的意思用家乡话不会说了"和"讲家乡话时常混入普通话成分"现象的概率都高于31岁以上的农民工。不过，31岁以上农民工发生"口音改变"现象的概率略高于30岁以下的农民工。

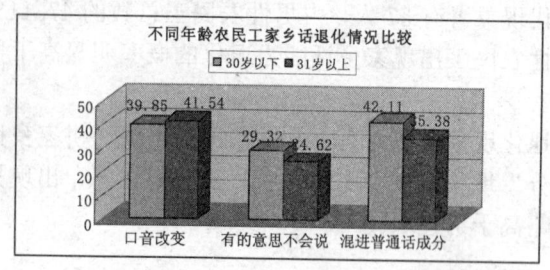

（三）不同受教育程度农民工家乡话能力退化差异

接受过小学及以下程度教育者总计 47 人；接受过初中教育者总计 112 人，接受过高中教育者总计 39 人。

从调查数据来看，接受过小学及以下教育的农民工中出现家乡话能力退化现象者有 20 人，占同类农民工总数的 42.55%；接受过初中教育的农民工中出现家乡话能力退化现象者有 60 人，占同类农民工总数的 53.57%；接受过高中教育的农民工中出现家乡话能力退化现象者有 23 人，占同类农民工总数的 58.97%。总体来看，受教育程度较高的农民工出现家乡话能力退化的概率明显高于受教育程度较低的农民工。

三类退化现象比较而言，接受过高中教育的农民工出现三类退化现象的比例均最高，受过小学及以下教育的农民工发生三类退化现象的概率均最低，受过初中教育的农民工发生三类退化现象的概率均居于前两者之间。

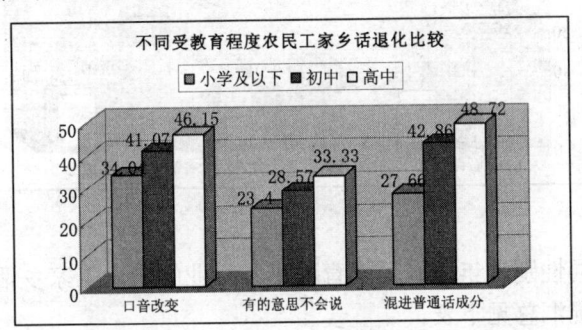

（四）不同行业农民工家乡话能力退化差异

在餐饮服务零售业务工者计 67 人；在制造业务工者计 89 人，在建筑业务工者计 42 人。

从调查数据来看，建筑业农民工中出现家乡话能力退化现象者有 12 人，占同类农民工总数的 28.57%；制造业农民工中出现家乡话能力退化现象者有 40 人，占同类农民工总数的 44.94%；餐饮服务零售业农民工中出现家乡话能力退化现象者有 51 人，占同类农民工总数的 76.12%。总体来看，餐饮服务零售业农民工出现家乡话能力退化的概率明显高于建筑业和制造业农民工。

　　三类退化现象比较而言，餐饮服务零售业农民工出现三类退化现象的概率均远高于其他两个行业的农民工，其中"讲家乡话时混入普通话成分"的比例尤为突出。制造业农民工出现"口音改变"和"有的意思用家乡话不会说了"的概率远高于建筑业农民工，出现"讲家乡话时混入普通话成分"的概率与建筑业农民工持平。建筑业农民工出现各类退化现象的概率均最低。

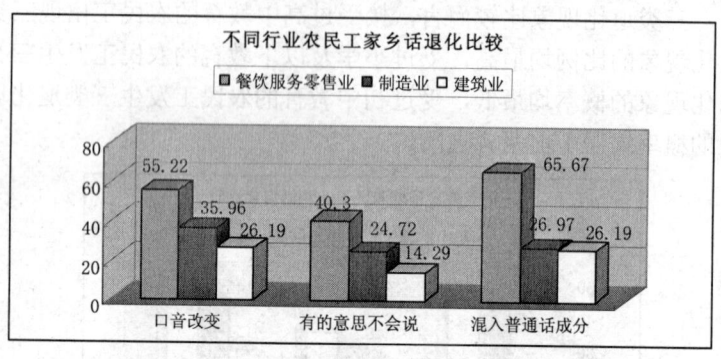

　　不同性别、年龄、受教育程度和行业的农民工家乡话能力退化的情况汇总见下表。

农民工家乡话能力退化的内部差异

农民工的人口特征		家乡话退化比率
性别	女性	59.74
	男性	47.11
年龄	30 岁以下	56.39
	31 岁以上	43.08
受教育程度	高中	58.97
	初中	53.57
	小学及以下	42.55
行业	餐饮零售服务业	76.12
	制造业	44.94
	建筑业	28.57

四、各类家乡话能力退化现象的人口特征分析

（一）"口音有点儿改变"的农民工人口特征

出现此类家乡话退化现象的农民工，女性远多于男性；31 岁以上者略多于 30 岁以下者；受过高中教育者远多于受过小学及以下程度教育者，也比受过初中教育者多一些；餐饮服务零售业农民工远多于制造业和建筑业农民工。

"口音有点儿改变了"者在不同人口特征农民工中的分布

分　组		％	分　组		％
性别	女性	44.16	年龄	30 岁以下	39.85
	男性	38.01		31 岁以上	41.54
受教育程度	高中	48.72	行业	餐饮服务零售业	55.22
	初中	40.18		制造业	35.96
	小学及以下	34.04		建筑业	26.19

（二）"有的意思用家乡话不会说"的农民工人口特征

出现此类家乡话退化现象的农民工，女性远多于男性；30岁以下者略多于31岁以上者；受过高中教育者远多于受过小学及以下程度教育者，也多于受过初中教育者；餐饮服务零售业农民工远多于制造业和建筑业农民工。

"有的意思用家乡话不会说了"者在不同人口特征农民工中的分布

分	组	%		分	组	%
性别	女性	32.46	年		30岁以下	29.32
	男性	24.79	龄		31岁以上	24.62
受教育程度	高中	33.33	行业		餐饮服务零售业	40.30
	初中	28.57			制造业	24.72
	小学及以下	23.40			建筑业	14.29

（三）"讲家乡话时常混入普通话成分"的农民工人口特征

出现此类家乡话退化现象的农民工，女性远多于男性；30岁以下者多于31岁以上者；受过高中教育者远多于受过小学及以下程度教育者，略多于受过初中教育者；餐饮服务零售业农民工远多于建筑业和制造业农民工。

"讲家乡话时混进普通话成分"者在不同人口特征农民工中的分布

分	组	%		分	组	%
性别	女性	55.84	年		30岁以下	42.11
	男性	29.75	龄		31岁以上	35.38
受教育程度	高中	46.15	行业		餐饮服务零售业	65.67
	初中	42.86			制造业	26.97
	小学及以下	27.66			建筑业	26.19

五、家乡话能力退化的影响因素

我们对农民工家乡话能力退化影响因素的研究采用定性研究与定量研究相结合的方法。首先在定性分析的基础上提出若干假设的影响因素，然后进行一定的定量分析，以量化分析的结果对假设加以验证。

根据调查中对农民工进行的家乡话使用及家乡话能力退化等问题的访谈结果，我们提出"打工时间长短"、"家乡话使用频率"及"对家乡话的态度"作为假设的影响农民工家乡话能力退化的因素。接下来，以这几个因素作为自变量，以家乡话能力退化的实际情况作为因变量，进行关联度分析。具体的分析方法是，根据打工时间长短、家乡话使用频率和对家乡话的态度把调查对象分为相应的比较组，各比较组中预判较易出现家乡话能力退化现象的一组为观察组，预判不易出现家乡话能力退化现象的一组为对照组。然后比较各组农民工实际的家乡话能力退化情况，从而验证之前提出的假设。

各组农民工家乡话能力退化的概率由每组农民工中家乡话能力退化者的人数与该组农民工总数之间的比值来计算。各比较组家乡话能力退化的概率值相差越大，说明这个因素与家乡话能力退化之间的相关度越高。

（一）打工时间

打工时间按照农民工首次外出打工的时间到调查时的 2007年 1月所经历的时间来计算。本次调查中，农民工外出打工时间最短的半年，最长的 26 年。根据外出打工时间的长短，将调查对象划分为两个比较组：打工时间在 3 年及 3 年以上（指 2005 年 1月以前外出打工）者预判为较易出现家乡话能力退化现象者，计

165 人；打工时间在 2 年以下（含 2 年，指 2005 年 2 月以后外出打工）者预判为不易出现家乡话能力退化现象者，计 33 人。

从两组农民工家乡话能力退化的实际情况来看，打工时间较长的农民工出现家乡话能力退化的概率明显高于打工时间较短的农民工。打工时间在两年以下的农民工中出现家乡话能力退化现象者有 14 人，占同类农民工总数的 42.42%；打工时间在三年及三年以上的农民工中出现家乡话能力退化现象者有 89 人，占同类农民工总数的 53.94%。

（二）家乡话使用频率

根据家乡话使用频率将调查对象分为三组：根本不使用家乡话的预判为最易出现家乡话能力退化现象者，计 5 人；偶尔使用家乡话的预判为较易出现家乡话能力退化现象者，计 85 人；经常使用家乡话的预判为不易出现家乡话能力退化现象者，计 108 人。

从三组农民工家乡话能力退化的实际情况来看，家乡话使用频率较低的农民工出现家乡话能力退化的概率明显高于家乡话使用频率高的农民工。经常讲家乡话的农民工中出现家乡话能力退化现象者有 53 人，占同类农民工总数的 49.07%；偶尔讲家乡话的农民工中出现家乡话能力退化现象者有 47 人，占同类农民工总数的 55.29%；根本不讲家乡话的农民工中出现家乡话能力退化现象者有 3 人，占同类农民工总数的 60%。疏于使用应该是农民工家乡话能力退化的一个重要原因。有一位农民工告诉调查员："在这边没人跟我讲家乡话，老不说都有点儿忘了，不过回去待一段时间又能想起来了。"

（三）对家乡话的态度

根据对家乡话的情感态度将调查对象分为两组：对家乡话持消极态度（给家乡话的"好听"指标打 1～3 分）的预判为较易出

现家乡话能力退化现象者，计71人；对家乡话持积极态度（给家乡话的"好听"指标打4～5分）的预判为不易出现家乡话能力退化现象者，计126人。

从两组农民工家乡话能力退化的实际情况来看，对家乡话持消极态度的农民工出现家乡话能力退化的概率与对家乡话持积极态度的农民工基本持平。对家乡话持消极态度的农民工中出现家乡话能力退化现象者有37人，占同类农民工总数的52.11%；对家乡话持积极态度的农民工中出现家乡话能力退化现象者有65人，占同类农民工总数的51.59%。

关联分析的结果显示，除根据对家乡话态度分出来的两个比较组差异不明显外，在根据其他自变量分出来的所有比较组中，都是观察组农民工出现家乡话能力退化现象的概率显著高于相应的对照组。可见，打工时间和家乡话使用频率是影响农民工家乡话能力退化的两个主要因素。

打工时间、家乡话使用频率和家乡话态度与家乡话能力退化的关系

分　　组		%	分　　组		%
打工时间	3年及以上	53.94	家乡话使用频率	根本不用	60.00
	2年以下	42.42		偶尔用	55.29
对家乡话的态度	态度消极	52.11		经常用	49.07
	态度积极	51.59			

第三节　对方言的态度与方言保持趋势

一、方言保持的影响因素

目前，学术界关于方言保持的理论研究尚不多见，不过，关于语言保持的研究可以为我们提供借鉴，语言保持与方言保持存

在着相当程度的共性。自从费什曼（Fishman 1964）和克洛斯（Kloss 1966）提出"语言保持"和"语言转用"的术语以来，有许多语言学家进行了许多重要的个案研究，提出了影响语言保持的若干因素，比如经济因素（Thomson 1990）、人口因素（Brenzinger et al. 1991）、语言地位因素（Mukherjee 1996）以及机构支持因素（Giles et al. 1977，Appel and Muysken 1987：32-45）和语言态度因素等等。[①] 上述诸因素都影响到操某一语言或方言的人们是否愿意使用该语言或方言，因而影响着这一语言或方言能否被保持下来。

张东波、李柳（2010）的研究指出，态度因素在少数民族社团语言维护中起着很重要的作用。众多研究结果均表明，父母对民族语言维护的态度对下一代母语能力保持的作用尤为重要（Lao 2004；Luo and Wiseman 2000；Yang 2007）。Luo and Wiseman（2000）在调查美国华人儿童汉语的使用时发现，父母对汉语维护的态度影响着子女对汉语维护的态度，继而影响他们日常生活中汉语使用的频率。

汉语各方言区的经济地位、人口情况各不相同，导致不同方言使用者对维持本地方言的态度和实际行动也存在区别。农民工来自不同的方言区，故难以就这一群体进行经济、人口、语言地位等因素与方言保持之间关系的整体考察。但是，我们可以对农民工整体对汉语方言及方言保持的态度进行考察，再结合农民工使用方言的情况，概括农民工群体保持方言的总体情况，预测农民工未来的方言保持趋势。

[①] 张东波、李柳《社会心理因素与美国华人社团的语言维护和变迁》，载《语言文字应用》2010 年第 1 期，第 47 页。

二、农民工对方言的感情

本书主要从两个方面考察农民工对方言的感情：一是打工前后对家乡话的感情变化；二是对电影、电视剧中使用方言的态度。

（一）打工前后对家乡话的感情变化

家乡话是农民工接触最多的一种方言，对家乡话的感情在很大程度上反映出农民工对方言的情感。农民工打工前对家乡话的感情自不用说。打工后，他们对家乡话的感情有没有发生变化？打工行为是否会对农民工对家乡话的态度产生影响？我们对此进行了调查。结果显示，大部分农民工打工后对家乡话的态度未发生变化，但也有一部分农民工对家乡话的态度发生了一定变化，这样的农民工占调查对象总数的 17.17%。农民工打工后对家乡话态度的变化表现为两个相反的方向：一是更加肯定（"更喜欢了"和"开始喜欢了"），另一个是趋于否定（"不喜欢了"）。比较农民工家乡话态度变化的两个方向来看，以更加肯定家乡话者居多。在家乡话态度发生变化的 34 人中，趋于肯定者占 79.41%；趋于否定者只占 20.59%。

农民工对家乡话的感情变化

选　项	人数	%
原来就喜欢，出来打工后更加喜欢了	26	13.13
一直喜欢，没有什么变化	140	70.71
出来打工后开始喜欢的	1	0.51
无所谓喜欢不喜欢	23	11.62
原来喜欢，出来打工后不喜欢了	7	3.54
一直不喜欢	1	0.51

农民工打工后对家乡话情感的加深不难理解。由于"身在异

乡为异客"的特殊处境，对于农民工来说，听到乡音自然是倍感亲切的。一位湖北籍女工告诉调查员："我以前对老家话没有什么感觉，现在出来打工，听到老家话感觉很亲切。"而个别农民工表示打工后更加不喜欢家乡话了，这可能与他们打工后眼界的开阔及对城市文明的向往有一定关系。陕西籍农民工万某告诉调查员："现在在外面时间长了，觉得老家话很土。"

（二）对电影电视剧中使用方言的态度

对电视、电影中使用方言的态度也在一定程度上反映了态度主体对方言的情感，认可这一现象者往往对方言有较深的感情，对方言感情不深者常常会反对这种现象。为进一步了解农民工对方言的感情，我们设置了"有些在全国范围播放的广播影视剧用的是汉语方言，您是否赞成"一题，共设"赞成"、"无所谓"、"不赞成"三个选项。调查结果显示，40.26%的农民工赞成电影、电视剧中使用方言，28.57%的农民工表示"无所谓"，23.38%的农民工表示"不赞成"。[①]前两项合计达 68.83%，说明农民工对电影电视剧中使用方言还是比较认可的。将农民工对电影电视剧中使用方言的态度与全国总体情况进行对比可以看出，农民工对电影、电视剧中使用方言的认可度高于全国的平均水平。

农民工对电影、电视剧中使用方言的态度与全国情况比较

	赞成	不赞成	无所谓	很难说
全国	20.49	53.25	21.33	4.94
义乌农民工	40.26	23.38	28.57	7.79

综合以上两个方面来看，农民工这个乡土文化蕴育出来的群体，对方言的感情还是比较深厚的，这对于汉语方言的保持而言不能不说是一个有利因素。

---

① 另有 7.79%的人表示无法回答。

三、农民工对方言保持的态度

语言保持有"社会保持"和"个人保持"两层含义。社会保持指语言或方言在一定社会（国家、地区、社区等）范围内得以保持；个人保持指语言使用者个人保持某一语言或方言。农民工对于方言社会保持和个人保持的态度存在显著区别：对方言社会保持态度很积极，对方言个人保持的态度却不太积极。

（一）对方言社会保持的态度

农民工对汉语方言的社会保持普遍持积极态度，这从他们对家乡话和打工地方言社会保持的态度可以看出来。

1. 对家乡话社会保持的态度

农民工普遍希望家乡话能够有所发展。在"您希望家乡话将来有什么样的发展前景"的调查中，有 46.97％的调查对象选择了"在一定范围内发展"，有 17.68％的人选择了"任其自然发展"，有 16.16％的人选择了"有很大的发展"，只有 4.55％的人选择了"在不久的将来不再使用"。[①]

2. 对打工城市方言社会保持的态度

打工城市方言跟农民工关系不太大，但是他们仍普遍希望打工城市方言能够被保持。在"您希望义乌话将来有什么样的发展前景"一题的调查中，有 34.34％的调查对象选择了"在一定范围内发展"，有 19.70％的人选择了"任其自然发展"，有 8.59％的人选择了"有很大的发展"，只有 5.05％的人选择了"在不久的将来不再使用"。[②]

[①] 另有 14.65％的人表示"无法回答"。
[②] 另有 32.32％的人选择了"无法回答"。

（二）对方言个人保持的态度

涉及到个人对方言的保持时，农民工的态度显然不如对方言的社会保持那么积极，这一点可以从他们对家乡话能力退化的态度和对子女保持家乡话的态度来看出。

1. 对家乡话能力退化的态度

一种语言或方言被较好地保持下来，有两个重要标志：一是有相当数量的使用者；二是该语言或方言使用者使用该语言或方言的能力被完好地保持。语言能力退化对于语言保持来说是一种威胁，而语言使用者对语言能力退化的态度可能加重或阻止语言能力退化的进程和速度，因此，语言使用者对语言能力退化的态度对语言保持有一定影响作用。

为了解农民工对家乡话能力退化的态度，我们设置了"如果您说的家乡话和家乡人不一样了，您会有什么感觉"一题。结果46.46％的调查对象选择"希望跟家乡人说得一样"，34.34％的人选择"无所谓"，14.14％的人选择"怕家乡人笑话"，3.03％的人选择了"更愿意表现这种区别"。①

四个选项中，"怕家乡人笑话"反映出调查对象对家乡话能力退化有较高的焦虑感，说明乡土社会语言行为规范对态度主体有较强的约束力。"希望跟老家人说得一样"反映出乡土社会的语言行为规范对态度主体仍然有一定约束力。"无所谓"意味着这种约束力对调查对象已经比较弱。"更愿意表现出这种区别"则说明态度主体对乡土社会言语行为习惯的背叛，是完全不受约束的表现。前两种态度对于家乡话的保持来说是积极有益的，后两种态度则不利于家乡话的保持。选择"希望跟老家人说得一样"的人和选择"怕家乡人笑话"的人加起来占到了样本总量的 60.60％，可见大部分农民工有保持家乡话的意愿，且乡土社会语言行为规范对农民工仍有相当的约束力。调查中不少农民工告诉调查员："跟

---

① 另有 4 人未答此题。

家乡人讲普通话人家会笑话你。"不过，从34.34％的农民工选择"无所谓"，以及 3.03％的农民工选择"更愿意表现这种区别"来看，对于相当一部分农民工来说，乡土社会语言行为规范的约束力已开始减弱，他们很可能不再愿意为保持家乡话付出努力。这些人多为年轻一代的农民工，他们对新鲜、时尚的事物更为敏感，对传统习俗的离心力更大。

2．对子女保持家乡话的态度

众多研究结果均表明，父母对民族语言维护的态度对下一代母语能力保持的作用尤为重要（Lao 2004；Luo and W iseman 2000；Yang 2007）。Luo and W iseman（2000）在调查美国华人儿童汉语的使用时发现，父母对汉语维护的态度影响着子女对汉语维护的态度，继而影响他们日常生活中汉语使用的频率。[①]

（1）对子女家乡话能力的期待

虽然大多数农民工仍希望子女将来能够会说家乡话，在"您希望您的子女将来会说哪些话"的调查中，有81.67％的农民工选择了家乡话。但是，值得注意的是，家乡话的这一比例远低于普通话和英语，选择普通话的农民工占到了98.33％，选择英语的也占到了95.83％。有将近两成的农民工不希望子女将来说家乡话，这对于他们的方言保持不能不说是一种冲击。

（2）对子女家乡话流失的态度

农民工对于下一代乡话失传表现出较高的接受度。在"如果将来您的子女不会说家乡话了，您会有什么感觉？"调查中，在回答此题的162位调查对象（包括部分未婚者）中，35.80％的人选择了"无所谓"，34.57％的人选择了"能接受"，4.94％ 的人选择了"巴不得"，24.69％的人选择了"很可惜"。选择"无所谓"

[①] Lao 2004；Luo and W iseman 2000；Yang 2007 和Luo and W iseman（2000）的研究转引自张东波、李柳《社会心理因素与美国华人社团的语言维护和变迁》，载《语言文字应用》2010 年第1 期，第47 页。

和"能接受"两个接受性选项的农民工合计达 70.37%，另有一定比例农民工表示巴不得子女不会说家乡话，足见农民工对下一步的家乡话流失具有较高的容忍度，这对他们的方言保持来说也是一个不利因素。

四、农民工方言保持的现状及趋势

从农民工家乡话使用情况来看，现阶段农民工家乡话的保持状况总体较好，大多数农民工打工期间在家庭内部和同乡之间交往时都能保持使用家乡话。跟配偶交谈时主要使用家乡话的占 94.12%，跟子女交谈时主要使用家乡话的占 79.41%，跟老乡交谈时主要使用家乡话的占 84.34%。但是，我们也注意到农民工语言行为中出现一些不利于方言保持的"苗头"，有一定数量的农民工在内部交际中弃用家乡话，转用普通话，此外，伴随着家乡话使用量的萎缩，有一定比例的农民工出现家乡话能力退化现象。

众多研究表明，语言态度特别是对语言保持的态度，在很大程度上影响着语言保持的行动，也影响到语言保持的效果。张东波、李柳（2010）对美籍华人保持华语情况的研究指出，对汉语维护态度越强、华族身份认同感越高的华人移民，其汉语使用也就越频繁，汉语能力的维护也就越完好。①结合农民工对方言及方言保持的态度来看，农民工对汉语方言的深厚感情，以及他们对社会范围内方言保持的积极态度，无疑有利于他们对方言的保持。但是，他们对自身及子女方言保持的不太积极的态度，却对汉语方言的保持构成一定冲击。从农民工对个人方言保持的态度来看，我们不能不对农民工的方言保持有了一丝担忧。

从中国的现状来看，跨省流动的农民工多来自经济地位较低

---

① 张东波、李柳：《社会心理因素与美国华人社团的语言维护和变迁》，载《语言文字应用》2010 年第 1 期，第 49 页。

的方言区，来自经济较发达的粤语区和吴语区的农民工非常少。一般认为，语言或方言的经济地位越高越容易保持，反之则越不容易保持。这令我们对农民工群体方言保持的担忧又增加了几分。

第五章 农民工语言使用的内部差异

农民工都是以外来务工者的身份进入陌生的城市，共同的生活际遇使他们的语言使用表现出一定的同质性。然而，农民工毕竟是由各种不同社会特征的成员所组成的一个群体，其语言使用也必然存在一定的内部差异，这些差异之处反映了农民工群体的语言行为分化，并在一定程度上揭示了该群体语言使用的规律和趋势。本章选取农民工语言使用上存在差异的几个主要方面，比较不同社会特征农民工语言使用上的差异。

第一节 测量指标

由于农民工群体总体的受教育程度差异不大，本书不考察不同受教育程度农民工的语言使用差异，主要考察不同性别、年龄和行业农民工的语言使用差异。

对于不同社会特征农民工的语言使用差异，我们分别选取农民工语言行为中比较重要且差异较为明显的一些方面进行了考察，它们是：家乡话使用及态度、普通话使用及态度、语言融入意识。各个方面都包含一定数量的测量指标。

一、家乡话使用及态度的测量指标

家乡话使用情况及态度包括两个方面：(1)家乡话使用情况。

涉及三个指标："跟老乡交谈时是否使用家乡话"、"家乡话的使用频率"和"家乡话能力退化的情况"。(2)对家乡话的态度。涉及三个指标："对家乡话的评价"、"对家乡话能力退化的态度"和"对下一代家乡话流失的态度"。

二、普通话使用及态度的测量指标

普通话使用及态度包括两个方面：(1)普通话使用情况，涉及一个指标："普通话程度"(指"说"的能力)。(2)对普通话的态度，涉及两个指标："对普通话的评价"和"对普通话程度的期望"。

三、语言融入意识的测量指标

这里所谓"语言融入意识"指农民工对自身语言行为进行调整以更好融入城市社会的意愿。对此，我们主要从以下两个方面加以考察：(1)学习打工城市方言的意愿，涉及一个指标："对义乌话程度的期望"。(2)对自己口音与城市里其他人不同的态度，涉及一个指标——"对自身方言口音的态度"。

第二节　农民工语言使用的性别差异

在198位调查对象中，男性121人，占61.11%；女性77人，占38.89%。通过对男、女农民工语言使用情况进行比较可以看出，不同性别农民工无论是在家乡话使用及态度上，还是在普通话的使用及态度以及语言融入意识上都存在一定差异。

一、不同性别农民工家乡话使用及态度差异

（一）家乡话使用情况

1. 跟老乡交谈时女性更倾向于使用普通话，男性则更倾向于使用家乡话

跟老乡交谈时，女性不仅"主要用普通话"的比例高于男性，而且"主要用家乡话，偶尔用普通话"的比例也高于男性，"只用家乡话"的比例则低于男性。总体看来，女性比男性更倾向于用普通话跟老乡交谈，男性则更倾向于用家乡话跟老乡交谈。

男、女农民工跟老乡交谈时使用家乡话情况比较

	主要用普通话	主要用家乡话，偶尔用普通话	只用家乡话
男	14.88	20.66	63.64
女	16.88	29.87	53.24

2. 男性农民工家乡话的总体使用量大于女性

就家乡话的使用频率来看，男性农民工"经常用"家乡话的比例高于女性，女性"偶尔用"和"根本不用"家乡话的比例则高于男性。总体来看，男性农民工家乡话的使用频率高于女性。

男、女农民工家乡话使用频率比较

	经常用	偶尔用	根本不用
男	57.85	39.67	2.48
女	49.35	48.05	2.60

3. 女性农民工更易出现家乡话能力退化现象

就家乡话能力退化情况来看，女性不仅自报出现家乡话能力退化的比例高于男性，且各种退化类型的比例也都高于男性，总体来看，女性农民工更易出现家乡话能力退化现象，男性农民工

家乡话的稳定性程度高于女性。

男、女农民工家乡话能力退化情况比较

	没有变化	口音改变	有的意思用老家话不会表达	讲家乡话时常混进普通话
男	52.89	38.01	24.79	29.75
女	40.25	44.16	32.46	55.84

　　这种情况应该是与前两个方面相关的，即：正是由于女性农民工家乡话相对较低的使用量，导致其相对较高的退化比例。

　　（二）对家乡话的态度
　　比较分析的结果显示，男女农民工对家乡话的评价和对下一代家乡话流失的态度差异不太显著，但男性农民工对家乡话能力退化的焦虑感比女性更重一些。
　　1. 女性农民工对家乡话的评价高于男性农民工
　　在评价家乡话时，女性给出的各指标分值均普遍高于男性。不过，男女农民工对家乡话评价的相对高度是一致的，即：都是情感评价高于认知评价。

男、女农民工对家乡话的评价比较

	好听	亲切	有社会影响	有用
男	3.86	4.13	3.05	3.33
女	3.97	4.41	3.13	3.68

　　2. 男性农民工对家乡话能力退化的焦虑感重于女性
　　对于家乡话能力的退化，虽然男、女农民工都是"希望跟老家人说得一样"者居多，但男性"怕家乡人笑话"的比例比女性高出不少。总体看来，男性农民工更在乎自己能否保持住家乡话，说明乡土社会语言行为规范对他们的约束力更强一些。

男、女农民工对家乡话能力退化的态度比较

	怕家乡人笑话	希望跟老家人说得一样	无所谓	更愿意表现这种区别
男	26.45	50.41	42.98	4.13
女	16.88	58.44	41.56	1.29

3. 男女农民工对下一代家乡话流失的态度差异不显著

男、女农民工对子女不会说家乡话的态度比较[①]

	很可惜	能接受	无所谓	巴不得
男	22.77	33.67	41.58	4.95
女	26.15	43.08	30.77	4.62

对于子女不会讲家乡话，"很可惜"意味着对家乡话的消亡具有较高的焦虑感；"能接受"反映的是一种较为平和的态度；"无所谓"是更为开放一些的态度；"巴不得"则是一种比较极端的态度，持这种态度者对保持家乡话是最缺乏热情的。就男、女农民工的比较来看，在代表较高焦虑感和代表较平和态度的两个选项上，女性的比例略高于男性，而男性在代表较为淡漠和极端态度的两个选项上比例略高于女性。总体来看，男女农民工都是持"能接受"和"无所谓"态度者比例居多，对此问题的态度差异不是很显著。

二、不同性别农民工普通话使用及态度差异

（一）普通话程度

比较分析的结果显示，女性农民工的普通话程度高于男性。普通话"听"的能力方面，男、女农民工均处于较高程度，差异

① 166 人回答此题，男性 20 人未回答此题，女性 12 人未回答此题，统计时已在基数中减去。

主要表现在"说"的能力方面：女性选择两个较高程度选项（"能熟练交谈且发音准确"和"能熟练交谈但个别音不准"）的比例都高于男性，而选择几个较低程度选项的比例则普遍低于男性，总体来看，女性的普通话程度高于男性。[①]

男、女农民工普通话程度比较

	能熟练交谈且发音准确	能熟练交谈但个别音不准	基本能交谈但方音较重	会说一些日常用语	完全不会说
男	1.65	80.17	12.40	1.65	3.31
女	7.79	85.71	3.90	0.00	2.60

（二）对普通话的态度

1. 女性农民工对普通话的评价高于男性农民工

根据调查数据，虽然男女农民工对普通话评价的总体趋势基本一致（评价的相对高低程度一致），都是"有用"指标得分最高，"好听"指标次之，"亲切"指标又次之，"有社会影响"指标得分最低。但是，女性农民工给出的各项指标的分值均普遍高于男性。

男、女农民工对普通话的评价比较

	好听	亲切	有社会影响	有用
男	4.71	4.36	4.17	4.73
女	4.76	4.44	4.30	4.79

2. 女性农民工对普通话程度的期望高于男性农民工

在代表较高程度的选项（"能流利地准确地使用"和"能熟练地使用"）上，女性的比例高于男性，而在代表较低程度的几个选项上则是男性的比例高于女性。总体来看，女性对普通话程度的期望高于男性。

---

① 表格中的数值为选择相应选项的人数与该类农民工总数的百分比，下同。

男、女农民工对普通话程度的期望比较

	能流利准确地使用	能熟练地使用	能进行一般交际	能听懂就行	没有什么要求
男	45.45	19.01	19.01	12.40	4.13
女	58.44	20.78	15.58	5.19	0.00

三、不同性别农民工语言融入意识差异

（一）对义乌话程度的期望

女性农民工选择两个较高程度选项（"能流利地准确地使用"和"能熟练地使用"）的比例高于男性，而选择较低程度选项的比例则低于男性，特别是男性选择"没有什么要求"的比例比女性高出19个百分点。总体来看，女性对义乌方言程度的期望高于男性。

男、女农民工对普通话程度的期望比较[①]

	能流利准确地使用	能熟练地使用	能进行一般交际	能听懂就行	没有什么要求
男	10.89	9.90	25.74	28.71	23.76
女	19.05	11.11	36.51	30.16	4.76

（二）对自身方言口音的态度

对于自己的口音跟城市里其他人不同，女性农民工选择"希望跟别人说话差不多"的比例比男性高出21.72%，而选择"无所谓"的比例则比男性低了12.42%。男性虽然也会觉得跟城里人说话时有些不好意思，如果可能的话，也希望跟城里人说话差不多，但是，男性农民工中还是持"无所谓"态度者人数最多。总体看来，女性对自身方言口音的焦虑感比男性更重一些。

[①] 164人回答了对义乌话程度期望的问题，男性20人未选，女性14人未选，统计时已在基数中减去。

男、女农民工对自身方言口音的态度比较

	跟别人说话 有些不好意思	希望跟别人 说话差不多	无 所谓	更愿意表现 这种区别
男	30.58	38.02	49.59	0.80
女	24.68	59.74	37.17	7.79

另外，女性农民工对方言口音的态度中有个比较复杂的情况：一方面，她们普遍比男性更希望自己的口音能跟城里人差不多；另一方面，却有几位女工表示更愿意表现这种区别。调查中，有3位女性是在反复比较了各个选项后最终确定这个选项的，其中一位贵州籍女工告诉调查员："我就想表现我的普通话说得好"。我们推测，可能是由于义乌人的普通话不像北方人那样标准，有些普通话比较好的女性有些优越感，所以选择了这个选项，调查中选择这一选项的几位女性普通话程度都比较好。

四、农民工语言使用性别差异的社会语言学阐释

从以上几个方面的比较来看，男、女农民工无论在语言能力和语言使用上，还是在语言态度上，都存在一定的差异。总的来看，女性农民工对标准变体（普通话）的态度和使用都比男性农民工更积极；而男性农民工则更倾向于使用家乡话，遵守乡土社会语言行为规范的意识比女性农民工更强一些，语言态度也比女性保守。这与社会语言学中"女性比男性更多使用高威信变体"和"男性更看重非标准变体的隐威信"两个普遍原理相吻合。

"女性比男性更多使用高威信变体"是社会语言学的一个基本认识，法佐尔德称其为"社会语言学的性别模型"，钱伯斯甚至称其为"一个社会语言学真理"。当然，大多数研究者都承认，应该联系社会阶层和性别两方面因素来对女性倾向于使用标准变体

的现象作出解释，因为女性对于有威信形式的高度自觉也视她们在社会中所处的具体地位而定。我们也能够看到一些与"性别/威信"模型相左的例子，比如，在印度和伊朗，由于女性根本不参与或很少参与公众的话语交流，她们使用标准形式的倾向并不比男性强。总之，在语言使用者的社会特征和语言表现形式之间并不存在绝对的对应关系，就单个说话人来看，使用标准形式或非标准形式也不是始终如一的，语言使用规律反映的只是客观存在的概然率。

对于女性更多使用高威信变体的原因，社会语言学通常解释为：女性较低的社会地位导致其具有更强的向上流动的心理。特鲁吉尔对诺里奇市方言的调查显示，女性喜欢把自己的发音说得比实际情况要好，乐意向威望高的标准变体靠拢；而男性则把自己的发音说得比实际情况要差，宁可保留土气。拉波夫在观察马萨葡萄园岛和纽约市的语言使用时也指出，所有阶层和年龄的女性都比相同条件的男性使用更多的标准变式。[①]对于女性"趋标"心理的另一种解释是：由于男女的社会角色和活动领域不同，女性因肩负养育儿女的职责，在教会孩子说话和待人接物的过程中，比男性更加意识到使用礼貌语言和规范语言的必要性。[②]

关于男性更倾向于使用非标准变体，社会语言学一般将其原因归结为非标准变体的"隐威信"。通常情况下，语言的标准变体是社会声望最高的变体，被看成是有文化、社会地位较高的人才使用的语码。语言的非标准变体往往和体力劳动、文化地位较低的人们联系在一起，可是，这种非标准变体却会使人联想到体力劳动者通常所具有的强壮、粗鲁、直率等特征，这些特征又被认为是"男子气概"的表现，所以在一些中下层男性心目中具有"潜

---

① 参见徐大明《语言变异与变化》，上海教育出版社2006年版，第163页。
② 参见祝畹瑾编《社会语言学概论》，湖南教育出版社1992年版，第121—122页。

在的声望"。特鲁吉尔对诺里奇市的调查显示：工人阶级的男性自觉地或不公开地表现出对非标准言语形式的偏爱，他们普遍认为，偏离标准的形式具有隐威信。有些教师观察发现，有的男孩儿会以模仿女子的标准语言形式来互相取笑，这表明男性从儿童时代开始，就把语言的标准形式和"女人气"联系在一起，而认为非标准形式是男子气概的表现。①

米尔罗伊关于社会网络的研究给男女两性在标准变体使用情况上的差异提供了另一种解释视角。她认为，标示社区特征的语言规范不同于普通意义的高地位的规范，它们对那些广泛融入本地社区的人影响更大。男性的网络强度高于女性，因而，男性特别是青年男性，所受到的要求他们讲土语的群体压力要比女性大。本地群体对女性的语言行为更为宽容，因此从某种意义上讲，女性享有更大的语言自由。②

从我们对农民工语言使用的观察来看，用"社会网络压力"和"权势—地位"关系来解释男女农民工语言使用上的差异都是适宜的，而且，就实际情况而言，这两个方面是相关的。在中国农村，"男尊女卑"、"重男轻女"等思想意识的确比城市社区更强一些，那里的女性社会地位要比男性低许多。一些地方，女性甚至不得与男性同桌吃饭。正因为如此，农村女性一旦走出家门，在城市里体验到男女平等所带来的自尊感，必然在她们心底激发出更强的改变命运、向上流动的意识。这种意识表现在语言行为上，就是她们通过更多地使用标准变体来显示自己的社会地位。我们在调查中遇到一位来自贵州某农村的女工梅某，她告诉我们，她是为逃避计划生育罚款而外出打工的。在她们那里，女人如果不能生男孩儿，在家里就很没有地位。她一共有三个孩子，两个大的都是女孩儿。连生了两个女孩儿后，公公婆婆对她很不满意，

---

① 陈松岑：《社会语言学导论》，北京大学出版社 1985 年版，第 127 页。
② 参见徐大明《语言变异与变化》，上海教育出版社 2006 年版，第 166 页。

经常言语奚落她。她不得已又生了第三胎，但因为违反了计划生育政策，只能外出躲避惩罚。她虽然已经年过四十，但宁可在外面吃苦也不愿回老家去受气。现在，她把自己的大女儿也带了出来，一起在义乌打工。调查中，她对普通话的喜爱之情溢于言表，还兴奋地给调查员讲起自己的二女儿因为会说普通话在老家的学校里特别受老师宠爱的故事。

　　与女性相比，男性由于在乡土社会中的社会地位相对较高，自然更倾向于维持和巩固这一地位。同时，也正是因为他们在乡土社会里拥有较高的地位，打工期间，社会地位更高的城市人群的优越感所带给他们的心理冲击也就比女性更为强烈，这种压力把他们进一步推向乡土社会关系网络。维持在乡土社会中的地位的需要，以及对乡土社会关系网的更强依赖，都是导致乡土社会语言行为规范对男性农民工具有更强约束力的原因，也是他们更倾向于使用家乡话的重要原因。调查显示，对于"自己讲的家乡话跟家乡人不一样"，男性的焦虑感明显比女性更重，他们选择"怕家乡人笑话"的比例比女性高出近十个百分点。此外，在调查跟老乡交谈时使用哪种语码时，凡是声称"跟老乡讲普通话人家要笑话的"和"跟老乡讲家乡话人家会讲你的"之类话的，基本上都是男性农民工。

第三节　农民工语言使用的年龄差异

　　为全面、细致地比较不同年龄农民工的语言使用差异，我们在对调查对象的语言使用情况进行分组统计时，分别采取了"二分"和"四分"两种分组方案。在"二分"方案中，将调查对象分为30岁以下（133人）和31岁以上（65人）两个年龄组进行统计。在"四分"方案中，将调查对象分为20岁以下（49人）、21～30

岁（84人）、31～40岁（47人）和41岁以上（18人）四个年龄组来统计。由于"四分"方案中，41岁以上年龄组人数不足20人，未达到概率统计的要求，为避免因统计数据误差而导致结论失真，我们以"二分"统计的数据作为比较的主要依据，但为了更为细致地观察不同年龄组农民工的语言使用情况，也参考了"四分"方式统计出来的数据。两种分组方案的统计数据大体上一致，只是有一些更为具体的情况在"二分"方案的数据里未体现出来，只有在"四分"方案的数据中才能看出来。

通过比较可以看出，不同年龄的农民工无论是在家乡话的使用及态度上，还是在普通话的使用及态度以及语言融入意识上都存在一定差异。

一、不同年龄农民工家乡话使用及态度差异

（一）家乡话使用情况

1. 年龄较小的农民工更倾向于用普通话跟老乡交谈

从调查数据来看，30岁以下组无论是"主要用普通话"的比例，还是"主要用家乡话，偶尔用普通话"的比例，都明显高于31岁以上组。显然，年龄越小的农民工越倾向于用普通话跟老乡交谈，反之，年龄越大的农民工越倾向于跟老乡使用家乡话。来自贵州遵义、今年22岁的农民工罗某告诉调查员：我跟小一点的老乡说普通话，跟年龄大一点的老乡说家乡话。

不同年龄农民工跟老乡交谈时使用家乡话情况比较

	主要用普通话	主要用家乡话，偶尔用普话	只用家乡话
30 以下	17.29	28.57	54.14
31 以上	7.69	16.92	75.38

在细分的四个组中，跟老乡交谈时使用家乡话的比例明显地

呈现出随年龄的降低而逐渐减少的态势。选择"主要用普通话"的比例依次为：20岁以下（26.53%）>21～30岁（13.10%）>41岁以上（11.11%）>31～40岁（10.64%）；选择"主要用家乡话，偶尔用普通话"的比例依次为：20岁以下（28.57%）>21～30岁（28.57%）>31～40岁（19.15%）>41岁以上（5.56%）；选择"只用家乡话"的比例依次为41岁以上（83.33%）>31～40岁（68.09%）>21～30岁（58.33%）>20岁以下（44.90%）。

2. 年龄较大的农民工家乡话使用频率高于年龄较小者

31岁以上组选择高频率选项（"经常用"）的比例明显高于30岁以下组，后者选择低频率选项的比例则高出前者很多。显然，年龄较小的农民工家乡话使用频率低于年龄较大者。

不同年龄农民工家乡话使用频率比较

	经常用	偶尔用	根本不用
30 以下	46.61	51.13	2.26
31 以上	70.77	26.15	3.08

在细分后的四个年龄组中，两个较高年龄组农民工家乡话的使用频率高于两个较低年龄组，选择"经常用"家乡话的比例依次为：31～40岁组（72.34%）>41岁以上组（72.23%）>20岁以下组（51.01%）>21～30岁组（42.85%）。不过，家乡话使用频率最低的并不是20岁以下组，而是21～30岁年龄组，这似乎印证了打工时间对农民工语言行为的影响。

3. 年龄较小的农民工更易出现家乡话能力退化现象

调查数据显示，30岁以下的农民工不仅出现家乡话能力退化的总体比例高于31岁以上者，且三个退化类型中有两种类型的比例都高于后者。可以看出，与年龄较大者相比，年龄较小的农民工更易出现家乡话能力退化现象。

不同年龄农民工家乡话能力退化情况比较

	没有变化	口音改变	有的意思用老家话不会表达	讲家乡话时常混进普通话
30 岁以下	43.61	39.85	29.32	42.11
31 岁以上	56.92	41.54	24.62	35.38

细分后的四个年龄组比较而言，家乡话能力退化比例最高的是21～30岁组，低于此年龄和高于此年龄的农民工，家乡话能力退化的比例都不如该年龄组高。

（二）对家乡话的态度

1.21～30岁的农民工对家乡话的评价高于其他年龄段农民工

比较来看，在对家乡话的评价中，30岁以下的农民工给出的各个指标分值都高于31岁以上组。总体看来，年龄较小农民工对家乡话的评价比年龄较大农民工要高一些。

不同年龄农民工对家乡话的评价比较

	好听	亲切	有社会影响	有用
30 以下	3.97	4.36	3.11	3.51
31 以上	3.78	4.00	3.03	3.37

在细分以后的四个年龄组中，对家乡话"好听"和"亲切"两个情感指标打分最高的是21～30岁年龄组，"有社会影响"和"有用"两个认知方面指标打分最高的是20岁以下组。

2.年龄较大的农民工对家乡话能力退化的焦虑感重于年龄较小的农民工

对于自己的家乡话跟家乡人不一样，31岁以上的农民工选择焦虑感较高的前两个选项（"怕家乡人笑话"和"希望跟家乡人说得一样"）的比例略高于30岁以下组，而30岁以下组选择最低焦虑感选项（"更愿意表现出这种区别"）的比例高于31岁以上组。总体来看，农民工的年龄越大，受到的乡土社会语言行为规范约束越强，对家乡话能力退化的焦虑感也就越重。

不同年龄农民工对家乡话能力退化的态度比较

	怕家乡人笑话	希望跟老家人说得一样	无所谓	更愿意表现这种区别
30 以下	21.05	51.13	41.35	3.76
31 以上	26.15	58.46	44.62	1.54

在细分后的四个年龄组中，各组都是"希望跟老家人说得一样"的选择比例高于其他几个选项，其中，两个较高年龄组选择此选项的比例略高于两个较低年龄组，比例最高的是41岁以上组；选择"怕家乡人笑话"者的比例也随年龄的降低而逐渐下降，比例最高的是41岁以上组；选择"无所谓"的比例以20岁以下组为最低，其他三个年龄组基本持平；选择"更愿意表现这种区别"的集中在20岁以下组，其他几个年龄组都很少。

3.21～30岁的农民工对下一代家乡话流失的焦虑感比其他年龄段农民工更重

对于子女将来不会讲家乡话，30岁以下组表示"很可惜"的比例高于31岁以上组，而后者表示"能接受"和"无所谓"的比例都高于前者。显然，30岁以下组对子女不会说家乡话的焦虑感更重一些，而31岁以上组的态度则更淡漠一些。

不同年龄农民工下一代家乡话流失的态度比较[①]

	很可惜	能接受	无所谓	巴不得
30 以下	25.93	31.48	31.48	5.56
31 以上	18.46	48.28	48.28	3.08

在细分以后的四个年龄组中，对子女不会说家乡话最为焦虑

---

① 166 人回答此题，30 岁以下组 25 人未回答此题，31 岁以上组 7 人未回答此题，统计时已在基数中减去。

的是21～30岁年龄组，该组选择"很可惜"的比例最高，且选择
"很可惜"的比例高于选择"无所谓"的比例，仅低于选择"能
接受"的比例。20岁以下组对此的态度略显消极，该组选择"巴
不得"的比例在四个比较组中最高，选择"无所谓"的比例居第
二位。31～40岁组和41岁以上组农民工既不像21～30岁组那么焦
虑，也不像20岁以下组那么消极。

二、不同年龄农民工普通话使用及态度差异

（一）普通话程度

年龄较小的农民工普通话程度高于年龄较大者。30岁以下组
农民工，无论是选择前两个较高程度选项的比例，还是选择最高
程度选项的比例，都高于31岁以上组，而选择较低程度选项的比
例则低于后者。

不同年龄农民工普通话程度比较

	能熟练交谈且发音准确	能熟练交谈但个别音不准	基本能交谈但方音较重	会说一些日常用语	完全不会说
30 以下	4.51	86.47	6.77	0.00	1.50
31 以上	1.54	73.85	15.38	3.08	6.15

当把调查对象细分为四个年龄组进行比较时，可以看出农民
工的普通话程度呈现出明显的随年龄降低而逐渐上升的"层化"
态势，换句话说，农民工的年龄与普通话程度之间构成反比关系：
年龄越大，普通话程度越低；年龄越小，普通话程度越高。上述
四个年龄组选择两个较高程度选项的比例依次为：20岁以下组
（95.92%）＞21～30岁组（89.28%）＞31～40岁组（76.60%）＞
41岁以上组（72.22%）。不过，选择最高程度选项（"能熟练交谈
且发音准确"）的最高比例出现在21～30岁组而不是20岁以下组，
这似乎反映出打工时间长短与农民工普通话程度之间的关系，即：

20岁以下组农民工刚离开家乡不久，普通话变化还不明显；而21～30岁组农民工中不少人已经有了几年的打工经历，在外面待的时间久，普通话程度的变化也更为显著。

（二）对普通话的态度

1. 不同年龄农民工对普通话的评价差异不显著

调查数据显示，两个年龄组农民工对普通话的评价基本持平，只是30岁以下组略高一点。

不同年龄农民工对普通话的评价比较

	好听	亲切	有社会影响	有用
30 以下	4.73	4.37	4.23	4.76
31 以上	4.74	4.06	4.22	4.75

在细分以后的四个年龄组中，对普通话的评价中，20岁以下组给所有指标打出的分值均为最高。

2. 年龄较小的农民工对普通话程度的期望高于年龄较大者

30岁以下组选择两个较高程度选项的比例明显高于31岁以上组，而选择较低程度选项和无要求选项的比例则低于31岁以上组。总体来看，年龄较小的农民工对自身普通话程度的期望高于年龄较大的农民工。

不同年龄农民工对普通话程度的期望比较

	能流利准确地使用	能熟练地使用	能进行一般交际	听懂就行	没有要求
30 以下	57.89	20.30	16.54	3.76	1.50
31 以上	35.38	18.46	20.00	21.54	4.62

在细分的四个组中，选择"能流利准确地使用"和"能熟练地使用"两个较高程度选项的比例排序为：20岁以下组（87.76%）＞21～30岁组（72.62%）＞41岁以上组（61.11%）＞

31~40岁组（51.06%）。

三、不同年龄农民工语言融入意识差异

（一）对义乌话程度的期望

30 岁以下组选择两个较高程度选项的比例明显高于 31 岁以上组，而选择较低程度选项和无要求选项的比例则低于后者。总体来看，年龄较小的农民工对自身义乌话程度的期望高于年龄较大者。

不同年龄农民工对义乌话程度的期望比较[①]

	流利准确地使用	熟练使用	能进行一般交际	听懂就行	没有要求
30 以下	18.18	10.00	30.91	30.00	10.91
31 以上	5.56	1.85	27.78	27.78	27.78

在细分以后的四个年龄组中，选择两个较高程度选项的比例排序为：20岁以下组（32.56%）＞21~30岁组（25.38%）＞41岁以上组（14.29）＞31~40岁组（7.50%）。

（二）对自身方言口音的态度

对于自己的口音与其他人不同，不同年龄农民工的态度未表现出显著的差异。30岁以下组选择"希望跟他们说得差不多"的比例高于31岁以上组，31岁以上组选择"无所谓"的比例高于30岁以下组，31岁以上组选择"跟别人说话有些不好意思"的比例高于30岁以下组，而30岁以下组选择"更愿意表现出这种区别"的比例则高于31岁以上组。

---

① 164 人回答了对义乌话程度的期望，30 岁以下组 23 人未选，31 岁以上组 11 人未选，统计时已在基数中减去。

不同年龄农民工对自身方言口音的态度比较

	跟别人说话 有些不好意思	希望跟别人 说话差不多	无 所谓	更愿意表现 这种区别
30 岁以下	22.56	50.38	38.35	5.26
31 岁以上	35.38	44.62	50.77	1.54

四、农民工语言使用年龄差异的社会语言学阐释

　　从以上分析可以看出，农民工语言使用的年龄差异主要体现为随着年龄的递增或递减而在语言使用的相关方面出现有规律的递升或递降这样一种"层化"态势。在四个年龄组中，20岁以下组农民工，对普通话的评价、对自身普通话和当地方言程度的期望、实际的普通话水平和家乡话能力退化等几个方面的比例都是最高的，而跟老乡交谈时使用家乡话的比例最低，对语言融入的态度最为积极，对保持家乡话的态度最为消极。21～30岁农民工的语言使用，总体上符合农民工语言使用的年龄"层化"态势，其对普通话的评价、实际的普通话水平、对自身普通话和当地方言程度的期望等几个方面的比例都低于20岁以下组，高于31岁以上组。但是，这一年龄组语言使用的某些方面表现出一定的特殊性，突破了年龄"层化"规律。比如，其出现家乡话能力退化的比例最高，对子女不会说家乡话表现得最为焦虑。31～40岁和41岁以上的农民工，对普通话的评价、实际的普通话水平、对普通话和当地方言程度的期望以及家乡话能力退化等几个方面的比例都低于两个较低年龄组，而跟老乡交谈时使用家乡话的比例和家乡话的使用频率则高于两个较低年龄组，这些都与农民工语言使用的年龄"层化"态势相吻合。总体看来，年龄越小的农民工越倾向于使用普通话，语言态度越开放，语言融入意识越强，家乡

话能力退化的可能性越大；年龄越大的农民工越倾向于使用家乡话，语言态度越保守，语言融入的意识越淡泊，家乡话的稳定性程度越高。

年龄也是社会语言学中非常重要的一个社会变量，语言使用随年龄的不同而产生某些差异，这几乎是语言运用的一种通例。但是，要想真正揭示年龄与语言使用差异之间的关系并不是一件容易的事情，年龄差异的背后隐藏着许多复杂的社会心理原因。

（一）守旧与求新之别

社会语言学在解释年龄差异时最常使用的一对词语是"守旧"与"求新"，它们可以用来概括老年人和年轻人的普遍性心理特征。一般来说，老年人基于生理等原因，对自身发展的期望不是很高。客观上，他们发展的空间也比较有限。所以，他们往往更加认同那些在以往的生活中早已习惯了东西。年轻人则对未来充满希望，旺盛的精力和充裕的时间也允许他们对自身发展抱有一定的期望，他们更容易接受新鲜的、时尚的东西。

我们上面提到的农民工语言使用中的年龄"层化"现象，在很大程度上可以通过不同年龄段农民工的这种社会心理差异得到解释。

（二）不同年龄人群特定的生活经历

不同年龄段的人们所经历的生活内容不同，面对的生活问题也往往会有一定差异，这也是导致语言使用或语言态度出现年龄差异的一个原因，农民工语言使用上的部分年龄差异可以由此得到解释。

如上所述，21～30岁的农民工在语言使用和语言态度上有一些比较特别的地方。比如，按照农民工语言使用年龄层化的一般规律，家乡话发生变化的比例应该是20岁以下组最高，可实际上是21～30岁组农民工的这一比例最高。此外，按一般规律，年龄越小的农民工语言态度越开放，对子女不会讲家乡话的焦虑感也应该越轻，但调查显示，21～30岁年龄组农民工对子女不会讲家乡话的焦虑感高于其他任何一个年龄组。如果我们联系21～30岁年龄组农民工特定的生活经历，就容易理解该年龄段农民工语言使用上的这些特殊性了。

首先，21～30岁的农民工大多有了几年的打工经历，其家乡话跟普通话或其他汉语方言接触的时间较久，此外，与更高年龄段农民工相比，他们处在语言状态比较容易变化的时期，再加上打工期间家乡话的疏于使用，导致其出现家乡话能力退化的比例比较高；而20岁以下的农民工可能因为离开家乡的时间不太长，家乡话的变化尚不显著；至于31岁以上的农民工，一方面因为经常使用家乡话，另一方面因其语言状态已经趋于稳定，所以家乡话发生变化的比例也低于21～30岁组。

其次，21～30岁年龄组是生育高峰群体，他们或者即将为人父母，或者刚刚成为父母，是最为直接、现实地面对"要不要子女学家乡话"这一问题的一个群体，所以他们对此问题的忧虑也最重。20岁以下组尚未真正面对这一问题，年龄更大一些的农民工已过了考虑这一问题的时期，所以都表现得比较淡漠和消极。

第四节　农民工语言使用的行业差异

农民工虽然都属于农村进城务工人员，但毕竟所从事的行业各不相同。不同行业的工作环境存在一定差异，这对农民工的语言使用造成了一定影响，使农民工的语言使用具有一定的行业差异。影响不同行业农民工语言使用的一个重要因素是该行业的开放性程度，它决定着农民工工作中的交往对象是复杂还是单一，是内部交往多还是外部交往多。因此，本书根据开放性程度将农民工就业的行业重新划分为三类进行比较：（1）建筑业，计42人，占21.21％；（2）制造业，计89人，占44.95％；（3）餐饮业、社会服务业、零售业和交通运输业（为了表述的方便简称"餐饮服务零售业"），计67人，占33.84％。

上述三类行业中，建筑业的开放性程度最低。在义乌，建筑业农民工往往是一帮乡亲合伙包下一个项目，做完后一起离开，到下一个工地。他们基本上是在一个相对封闭的环境里工作和生活，白天在工地做工，晚上回工棚或宿舍睡觉，来往的基本上都是老乡，与其他人群的互动较少，平时也较少有娱乐活动。制造业的开放性程度高于建筑业。义乌的制造业农民工又分两种情况：一种是在规模型工厂务工，一种是在家庭作坊式小工厂里做工。不论哪种情况，制造业农民工在工作和生活中经常会接触到来自不同省份的打工者，与当地人（同事和管理者中都有本地人）以及其他人群的互动相对较多，参与社会活动的愿望也比较强。餐饮服务业和零售业的开放性程度最高，工作性质决定了这一行业的农民工每天要与各种各样的人群打交道，其中不仅有本地人和外省人，还可能有外国人。

一、不同行业农民工家乡话使用及态度差异

（一）家乡话使用情况

1. 餐饮服务零售业农民工更倾向于用普通话跟老乡交谈，而建筑业农民工更倾向于用家乡话跟老乡交谈

比较三类行业来看，餐饮服务零售业跟老乡交谈时"主要用普通话"和"主要用家乡话，偶尔用普通话"的比例均为最高，制造业居中，建筑业远远低于前两者，而"主要用家乡话"跟老乡交谈的比例则属建筑业最高。总体来看，越是在开放程度较低

的行业务工的农民工越倾向于用家乡话跟老乡交谈。

不同行业农民工跟老乡交谈时使用家乡话情况比较

	主要用 普通话	主要用家乡话， 偶尔用普通话	只用 家乡话
建筑业	2.38	14.29	83.33
制造业	15.73	25.84	58.42
餐饮服务零售业	23.88	28.36	46.27

　　这和我们访谈中获得的印象是一致的：住宿餐饮业、社会服务业和零售业的农民工平时接触的是来自四面八方的客人，行业需要其使用普通话，不会普通话的农民工较难进入这些行业。加之这些行业的农民工年龄普遍较小，更容易养成使用普通话的习惯，所以他们跟老乡交谈时也往往使用普通话。

　　2. 建筑业农民工家乡话使用得最多，餐饮服务零售业农民工最家乡话使用得最少

　　关于家乡话的使用频率，建筑业农民工选择"经常用"这一高频率选项的比例最高，制造业居中，餐饮服务零售业最低。餐饮服务零售业农民工选择"偶尔用"和"根本不用"两个较低频率的比例最高。总体来看，建筑业农民工日常生活中家乡话的使用量最大，制造业居中，餐饮服务零售业农民工家乡话的使用量相对较小。

不同行业农民工家乡话使用频率比较

	经常用	偶尔用	根本不用
建筑业	73.81	23.81	2.38
制造业	62.92	35.96	1.12
餐饮服务零售业	31.35	64.18	4.47

　　3. 餐饮服务零售业农民工出现家乡话能力退化的概率高于制造业和建筑业农民工

比较三类行业，无论是家乡话发生能力退化的整体比例，还是各种能力退化类型的比例，均以餐饮服务零售业为最高，制造业次之，建筑业最低。总体来看，建筑业农民工家乡话的稳固性相对较高，而餐饮服务零售业农民工家乡话的稳定性相对较低。

不同行业农民工家乡话能力退化情况比较

	没有变化	口音改变	有的意思用家乡话不会表达	讲家乡话时常混进普通话
建筑业	71.43	26.19	14.29	26.19
制造业	55.06	35.96	24.72	26.97
餐饮服务业和零售业	23.89	55.22	40.30	65.67

结合前面两个问题，对这种差异也容易理解：正是由于餐饮服务零售业农民工平时家乡话使用得较少，久而久之出现程度弱化现象。

（二）对家乡话的态度

1. 建筑业农民工对家乡话的评价略高于制造业和餐饮服务零售业农民工

三个比较组中，对家乡话情感和认知两个方面评价最高的是建筑业农民工，最低的是制造业农民工。餐饮服务零售业农民工对家乡话的评价有些复杂：情感评价高于制造业，但认知评价在三类行业中是最低的。总体来看，建筑业农民工对家乡话的评价略高，制造业和餐饮服务零售业农民工对家乡话的评价相对较低。

不同行业农民工对家乡话的评价比较

	好听	亲切	有社会影响	有用
建筑业	4.12	4.36	3.36	3.67
制造业	3.81	3.97	3.04	3.47
餐饮服务零售业	4.00	4.39	2.97	3.33

2. 制造业农民工对家乡话能力退化的焦虑感最重

对于自己说的家乡话跟家乡人不一样，制造业农民工的焦虑感最重，该组农民工选择"希望跟老家人说得一样"的比例最高，达60.67％，远远超过"无所谓"选项的比例。而建筑业和餐饮服务零售业农民工则都是持"无所谓"态度者比例最高。

不同行业农民工对家乡话能力退化的态度比较

	怕家乡人笑话	希望跟老家人说得一样	无所谓	更愿意表现这种区别
建筑业	23.81	42.86	47.62	7.14
制造业	26.97	60.67	32.58	1.12
餐饮服务零售业	16.42	50.75	52.24	2.99

3. 不同行业农民工对下一代家乡话流失的态度差异不显著

比较分析的结果显示，在对子女不会讲家乡话的态度上，不同行业的农民工未表现出明显的差异性。

不同行业农民工对下一代家乡话流失的态度比较

	很可惜	能接受	无所谓	巴不得
建筑业	20.00	27.50	40.00	5.00
制造业	22.86	37.14	40.00	5.71
餐饮服务零售业	28.57	44.64	32.14	3.57

二、不同行业农民工普通话使用及态度差异

（一）普通话程度

餐饮服务零售业和制造业农民工选择两个较高程度选项的比例明显高于建筑业，而选择几个较低程度选项的比例则低于建筑业，总体来看，餐饮服务零售业农民工和制造业农民工的普通话程度高于建筑业农民工，农民工的普通话程度与务工行业的开放

程度之间存在较为显著的相关性。

不同行业农民工普通话程度比较

	能熟练交谈且发音准确	能熟练交谈但个别音不准	基本能交谈但方音较重	会说一些日常用语	完全不会说
建筑业	0.00	71.43	14.29	4.76	9.52
制造业	1.12	88.76	8.99	0.00	1.12
餐饮服务零售业	10.45	80.60	7.46	0.00	1.49

　　餐饮服务零售业农民工较高的普通话水平可以从其行业特点和从业人员的结构特点得到解释：一方面，职业需要他们每天都要使用普通话，并且对其普通话程度有一定要求；另一方面，在这些行业打工的农民工年龄普遍较低，语言态度开放，容易接受新鲜事物，语言能力提升的空间比较大。

　　（二）对普通话的态度

　　1. 餐饮服务零售业农民工对普通话的评价最高

　　对普通话的评价中，餐饮服务零售业农民工无论情感评价还是认知评价都是最高的，制造业居中，建筑业农民工对普通话的评价在三类行业中最低。可见，越是在开放程度较高的行业务工的农民工对普通话的评价越高。

不同行业农民工对普通话的评价比较

	好听	亲切	有社会影响	有用
建筑业	4.69	4.33	3.88	4.67
制造业	4.73	4.33	4.29	4.78
餐饮服务零售业	4.67	4.51	4.34	4.79

2. 餐饮服务零售业农民工对自身普通话程度的期望最高

餐饮服务零售业农民工选择最高程度选项（能流利准确地使用）的比例遥遥领先，高出建筑业26.68个百分点，高出制造业24.26个百分点；制造业农民工选择较高程度选项（能熟练地使用）上比例最高；建筑业农民工选择几个较低程度选项的比例高于其他两个行业的农民工。总体来看，餐饮服务零售业农民工对自身普通话程度的期望最高，制造业次之，建筑业最低，农民工对普通话程度的期望与务工行业的开放性程度之间也存在较为显著的相关性。

不同行业农民工对普通话程度的期望比较

	能流利准确地使用	能熟练地使用	能进行一般交际	能听懂就行	没有什么要求
建筑业	40.48	11.90	28.57	14.29	4.76
制造业	42.70	24.72	17.98	13.46	1.12
餐饮服务零售业	67.16	17.91	10.45	1.49	2.99

三、不同行业农民工语言融入意识差异

（一）对义乌话程度的期望

根据调查数据，建筑业农民工对义乌话程度的期望最低，餐饮服务零售业农民工期望最高，制造业居中。可见，越是在开放程度较高的行业务工的农民工，对义乌话程度的期望也就越高，农民工对义乌话程度的期望与务工行业的开放性程度之间也存在较为显著的相关性。

不同行业农民工对义乌话程度的期望比较[①]

	能流利准确地使用	能熟练地使用	能进行一般交际	能听懂就行	没有什么要求
建筑业	6.25	6.25	34.38	28.13	25.00
制造业	10.53	6.58	31.58	30.26	21.05
餐饮服务零售业	23.21	17.86	25.00	28.57	5.36

（二）对自身方言口音的态度

对于自己的口音与城市里其他人不同，餐饮服务零售业和制造业农民工选择较高语言融入意识选项（"希望跟他们说话差不多"）的比例高于建筑业，可见餐饮服务零售业和制造业农民工的语言融入意识更强一些。

不同行业农民工对自身方言口音的态度比较

	跟别人说话有些不好意思	希望跟别人说话差不多	无所谓	更愿意表现出这种区别
建筑业	35.71	35.71	52.38	0.00
制造业	28.09	51.69	38.20	1.12
餐饮服务零售业	19.40	52.24	41.79	10.45

由于制造业和餐饮服务零售业的务工者以年轻人为主体，这种差异与此问题在年龄方面表现出来的差异正好吻合：即：越是年轻的农民工，语言融入的意识越强。另外，建筑业农民工表示"跟别人说话不太好意思"的比例最高，餐饮服务零售业农民工表示"更愿意表现出这种区别"的比例在三个比较组中较高。

[①] 164人回答此题，建筑业中10人未回答此题，制造业中13人未回答此题，餐饮服务零售业中11人未回答此题，统计时已在基数中减去。

四、农民工语言使用行业差异的社会语言学阐释

总体来看，餐饮服务零售业和制造业农民工对普通话的使用和态度更为积极，而建筑业农民工更习惯使用家乡话，家乡话的稳定性更强，对家乡话的态度也更为积极。

（一）农民工语言使用上的行业差异主要是由不同行业农民工工作中交往对象的差异性所决定的

交际对象是影响语言使用的一个重要因素。农民工打工期间，除了睡觉和极少的娱乐外，大部分时间都在工作中，工作场所的语言行为在农民工的语言生活中占重要地位。而在不同行业打工的农民工，工作场所里的交往对象有着较大区别，这对他们的语言使用造成一定影响。建筑业农民工工作中的交往对象主要是同乡，家乡话用起来又方便、又亲切，他们自然更多使用家乡话，也就更为习惯于使用家乡话。餐饮服务零售业农民工工作场所的交往对象来源复杂，不仅可能有来自各个汉语方言区的人，还可能有外国人，他们自然更多地使用普通话，久而久之，容易养成使用普通话的习惯，普通话程度也容易得到提升。

（二）农民工语言使用上的这些行业差异还是行业性质与从业人员的性别、年龄特征叠加作用的结果

对农民工语言使用的行业差异，不能仅仅从行业的性质和特点来解读，它们实际上是行业性质与农民工的性别、年龄等因素叠加作用的结果。在某一行业务工的农民工，往往在性别或年龄方面具有一定的集中性，三者关系见下面表格。

调查对象行业与性别的关系

	男性		女性	
	人数	比例	人数	比例
建筑业	38	31.40	4	5.19
制造业	54	44.63	35	45.45
餐饮服务零售业	29	23.97	38	49.35
合计	121	100	77	100

调查对象行业与年龄的关系

	30岁以下		31岁以上	
	人数	比例	人数	比例
建筑业	15	11.28	27	41.54
制造业	64	48.12	25	38.46
餐饮服务零售业	54	40.60	13	20.00
合计	133	100	65	100

从行业与性别的关系来看，建筑业中男性占绝大多数；制造业中男性也多于女性；餐饮服务零售业中女性多于男性。餐饮服务零售业中，零售业以女性为主，餐饮业的男女比例差不多，女性略多，社会服务业（主要是保安人员）中男性多于女性。[1]

从行业与年龄的关系来看，建筑业农民工以31岁以上者居多，这些农民工往往缺乏劳动技能，只能从事简单的体力劳动。制造业农民工以30岁以下者居多，31岁以上者也占一定的比例。餐饮服务零售业的打工者年龄层次最低，不少人都是刚刚离开学校不久，有的从未有过务农经历，对城市生活的渴望较强。

如上所述，在某一行业务工的农民工，往往在性别或年龄方

---

[1] 一般情况下，餐饮服务零售业从业人员的年龄较小，但社会服务业中从事保姆和保洁工作的年龄偏大，41岁以上的6人中，有2位保洁员，2位保姆。

面具有一定的集中性，比如在建筑业打工的多为年龄偏大的男性农民工，而在餐饮服务零售业打工的农民工年龄普遍较小。由于建筑业农民工男性多、年龄偏大，加之这一行业的开放性程度较低，该行业农民工生活在较为封闭的环境当中，造成其家乡话使用量较大，普通话程度偏低，语言融入意识也较淡薄。而餐饮服务零售业农民工本身年龄较小，处在人生的上升期，融入社会的愿望本来就强，更容易接受新鲜事物，再加上行业的开放性程度高，平时使用普通话的机会多，造成他们语言融入意识强、普通话程度高、对普通话认同高、对保持家乡话比较消极等语言行为特点。制造业农民工无论是行业的开放性程度，还是从业人员的性别、年龄结构都居于建筑业和餐饮服务零售业之间，其语言使用的各种相关数据基本上都居二者之间。

第六章 农民工语言使用的相关因素

上一章分析了农民工语言使用的性别、年龄及行业差异，实际上，这些分析也揭示了农民工语言使用的一些影响因素，即：语言使用者和交际对象的社会特征。社会语言学一般将与语言使用有关的使用者特征概括为性别、年龄、受教育程度、职业等几个主要方面。就农民工的情况来看，受教育程度差异不大，他们基本上都接受过一定程度的教育，但又都没有受过高等教育，所以本书未考察不同受教育程度与农民工语言使用之间的关系，只考察了性别、年龄、职业几个因素与农民工语言使用之间的关系。从上文的分析来看，这几个因素对农民工的语言使用都有一定的影响，在这几方面具有不同特征的农民工，语言使用上呈现出一定的差异。性别和年龄对农民工语言使用的影响，实际上是由不同性别、年龄的农民工特定的社会心理和生活经历所决定的，而职业对农民工语言使用的影响，主要由不同行业打工者工作场合交往对象的不同性质所决定。所以，这几个因素实际上反映了语言使用的社会特征及交际对象的情况对农民工语言使用的影响。

除使用者的社会特征和交际对象的情况外，特定社群特有的社会生活内容中的某些因素也可能影响到社群成员的语言使用。对于农民工社群来说，打工时间、居住方式和留城意愿就可能对农民工的语言行为具有一定影响作用。本章对这几个因素对农民工语言使用的影响分别进行考察和分析，考察的方面及采用的测量指标同上一章。此外，本章还对农民工语言态度与语言使用之间的关系进行了考察。

第一节　留在城市生活的意愿

　　根据农民工留城意愿方面的不同情况，本书将调查对象分成以下几个比较组：（1）希望留城组（"希望留在城市生活，并愿意为之付出努力"）计68人，占34.34%；（2）不希望留城组（"不希望留在城市生活，打工挣上钱就回老家"）计73人，占36.87%；（3）持观望态度组（"看情况，将来条件允许就留在城市生活，否则就回老家"）计57人，占28.79%。持观望态度的农民工实际上也有留城倾向，只是看起来不如希望留城者态度坚决，但其实这些人对这一问题的思考更为现实和理性，他们对城市的认同并不一定比希望留城者低。希望留城的农民工和持观望态度的农民工都可以算作有留城倾向者。

　　通过比较上述三组农民工语言使用上的差异可以看出，留城意愿对农民工语言使用有一定影响作用，留城意愿不同的农民工在家乡话使用及态度、普通话使用及态度和语言融入意识等方面都存在一定差异。

一、留城意愿与家乡话使用及态度的关系

（一）留城意愿与家乡话使用情况

1. 无留城意愿农民工更倾向于用家乡话跟老乡交谈

　　比较而言，希望留城组跟老乡交谈时"主要用家乡话"的比例最低，而"主要用普通话"和"偶尔用普通话"的比例都是最高的，可以看出，该组农民工更倾向于用普通话跟老乡交谈。不希望留城组跟老乡交谈时"主要用普通话"的比例与持观望态度者差不多，而选择"只用家乡话"的比例最高，总的来看他们更

倾向于用家乡话跟老乡交谈。持观望态度组的情况基本上居于前两者之间。总体看来，留城意愿与农民工在老乡间使用家乡话的情况存在一定的相关关系。

留城意愿与跟老乡交谈时是否使用家乡话的关系

	主要用普通话	主要用家乡话，偶尔用普通话	只用家乡话
不希望留城	13.70	17.81	67.12
看情况	12.28	22.81	64.91
希望留城	20.59	32.35	47.06

2. 无留城意愿的农民工家乡话使用频率略高于有留城意愿的农民工

各比较组选择高频率选项（"经常用"）的比例依次为：不希望留城组＞希望留城组＞持观望态度组；选择两个低频率选项（"偶尔用"和"根本不用"）的比例合计依次为：持观望态度组＞希望留城组＞不希望留城组。总体来看，虽然不希望留城组农民工的家乡话使用频率略高于两个有留城倾向组，但各比较组选择相关选项的比例相差不大，留城意愿与家乡话使用频率之间的相关关系不太显著。

留城意愿与家乡话使用频率的关系

	经常用	偶尔用	根本不用
不希望留城	56.17	41.10	2.73
看情况	52.63	47.37	0.00
希望留城	54.42	41.18	4.41

3. 无留城意愿农民工出现家乡话能力退化的比例最低

两个有留城倾向组选择各种能力退化类型的比例也都高于不希望留城组，不希望留城组农民工家乡话未出现退化的比例明显高于两个有留城倾向组。总体来看，不希望留城者家乡话的稳定性更高，留城意愿与农民工家乡话能力退化的情况之间存在一定的相关关系。

留城意愿与家乡话能力退化的关系

	没有变化	口音改变了	有的意思用老家话不会表达	讲家乡话时常混进普通话
不希望留城	60.27	31.51	19.18	31.51
看情况	38.60	52.63	29.82	40.35
希望留城	42.65	39.71	35.29	48.53

（二）留城意愿与农民工对家乡话的态度

1. 留城意愿与农民工家乡话态度之间的相关性不显著

对于家乡话的社会地位和功用，希望留城组的评价最高，不希望留城组评价最低，持观望态度组居于二者之间；至于情感方面的两个指标，不希望留城组对"好听"评价最高，希望留城组对"亲切"评价最高，持观望态度组与不希望留城组基本持平。总体看来，留城意愿与农民工对家乡话的评价之间未表现出明显的规律性，二者的相关关系不显著。

留城意愿与农民工对家乡话的评价的关系

	好听	亲切	有社会影响	有用
不希望留城	4.01	4.15	3.01	3.37
看情况	3.95	4.12	3.00	3.44
希望留城	3.76	4.44	3.24	3.59

2. 无留城意愿农民工对家乡话能力退化的焦虑感更重

对于自己讲的家乡话跟老家人不太一样，三个比较组存在比较一致的地方，比如三者选择"希望跟老家人说得一样"的比例基本持平，且都是这一选项的比例高于其他选项。不过，不希望留城组选择"怕家乡人笑话"的比例高于两个有留城倾向组，希望留城组选择"更愿意表现这种区别"的比例更高。似乎乡土社会语言行为规范对不希望留城者的约束力更强一些，对希望留城者的约束相对较低。

留城意愿与农民工家乡话退化态度的关系

	怕家乡人笑话	希望跟老家人说得一样	无所谓	更愿意表现这种区别
不希望留城	27.40	53.42	45.21	1.37
看情况	15.79	52.63	45.61	0.00
希望留城	23.53	54.41	36.76	7.35

3. 有留城意愿农民工对下一代家乡话流失的焦虑感更重

对于子女将来不会讲家乡话，不希望留城组和有留城倾向组选择"能接受"的比例基本持平，但两个有留城倾向组选择"很可惜"这一较高焦虑感选项的比例明显高于不希望留城组，而选择"无所谓"选项的比例又明显低于后者。总体来看，不希望留城的农民工对家乡话失传的态度比较淡漠，反而是希望留在城市生活的农民工对此的担忧更重一些，但这种态度分化与留城意愿之间的相关关系并不十分明朗。

留城意愿与农民工对下一代家乡话流失的态度的关系[①]

	很可惜	能接受	无所谓	巴不得
不希望留城	18.18	36.36	46.97	4.55
看情况	29.79	36.17	34.04	2.13
希望留城	26.42	39.62	28.30	7.55

[①] 166人回答此题。不希望留城者7人未回答此题，看情况者10人未回答此题，希望留城者15人未回答此题，统计时已在基数中减去。

二、留城意愿与普通话使用及态度的关系

（一）留城意愿与普通话程度

就各比较组的普通话程度看，有留城倾向的农民工普通话程度高于不希望留城者。两个有留城倾向组不仅选择最高程度选项（"能熟练交谈且发音准确"）的比例高于不希望留城组，其选择前两个较高程度选项（"能熟练交谈且发音准确"和"能熟练交谈但个别音不准"）的比例也高于不希望留城组。①不希望留城组选择几个较低程度选项的比例基本上都高于有留城倾向的两个组。总体来看，留城意愿与农民工的普通话程度之间存在一定的相关关系。

留城意愿与农民工普通话程度的关系

	能熟练交谈且发音准确	能熟练交谈但个别音不准	基本能交谈但方音较重	会说一些日常用语	完全不会说
不希望留城	0.00	79.45	13.70	0.00	6.85
看情况	10.53	84.21	3.51	1.75	0.00
希望留城	2.94	83.82	10.29	1.47	1.47

（二）留城意愿与农民工对普通话的态度

1. 有留城意愿农民工对普通话的评价更高

两个有留城倾向组对普通话功能和地位的评价高于不希望留城者；情感方面，两个有留城倾向组的评价也明显高于不希望留城者。总体来看，留城意愿与农民工对普通话的评价之间存在一定的相关关系。

---

① 各比较组选择两个较高程度选项的比例依次为：持观望态度组（94.74%）＞希望留城组（86.76%）＞不希望留城组（79.45%）。

留城意愿与农民工对普通话主观评价的关系

	好听	亲切	有社会影响	有用
不希望留城	4.67	4.26	4.22	4.64
看情况	4.79	4.42	4.14	4.70
希望留城	4.75	4.50	4.29	4.96

2. 有留城意愿农民工对普通话程度的期望更高

各比较组选择两个较高程度选项的比例合计依次为：希望留城组（80.89% ＞ 持观望态度组（68.42%） ＞ 不希望留城组（61.65%）。此外，选择最高程度选项的比例也随留城意愿的强烈而逐渐上升。总体看来，留城意愿与农民工对自身普通话程度的期望之间存在较显著的相关关系。

留城意愿与农民工对普通话程度期望的关系

	能流利准确地使用	能熟练地使用	能进行一般交际	能听懂就行	没有什么要求
不希望留城	38.36	23.29	20.55	16.44	1.37
看情况	50.88	17.54	22.81	3.51	5.26
希望留城	63.24	17.65	10.29	7.35	1.47

三、留城意愿与语言融入意识的关系

（一）对义乌话程度的期望

各比较组选择两个较高程度选项的比例合计依次为：希望留城组（29.50%）＞ 持观望态度组（23.40%）＞ 不希望留城组（19.64%）。此外，选择最高程度选项的比例也随留城意愿的增强而逐渐上升。总体看来，留城意愿与农民工对自身义乌话程度的期望之间存在较显著的相关关系。

留城意愿与农民工对义乌话程度期望的关系①

	能流利准 确地使用	能熟练 地使用	能进行 一般交际	能听懂 就行	没有什 么要求
不希望留城	10.71	8.93	30.36	26.79	23.21
看情况	17.02	6.38	27.66	31.91	17.02
希望留城	14.75	14.75	31.15	29.51	9.84

（二）对自身方言口音的态度

对于自己的口音与城市里其他人不太一样，希望留城组选择"希望跟他们说得差不多"的比例远高出其他两个比较组，而选择"无所谓"和"更愿意表现出这种区别"的比例最低。可以看出，有留城意愿的农民工语言融入的意识更强一些，留城意愿与农民工语言融入意识之间存在较强的相关性。

留城意愿与农民工对自身方言口音态度的关系

	跟别人说话 有些不好意思	希望跟他们 说话差不多	无所谓	更愿意表现 这种区别
不希望留城	27.40	42.47	52.05	4.11
看情况	26.32	43.86	38.60	5.26
希望留城	26.47	58.82	35.29	2.94

四、留城意愿与农民工语言使用的相关度

在本书考察的农民工语言使用诸方面表现中，除"对家乡话的评价"与留城意愿的关系不显著以外，其他方面都与农民工的留城意愿之间存在较为显著的相关关系，可见留城意愿是影响农

---

① 164 人回答此题，不希望留城者 17 人未回答此题，看情况者 10 人未回答此题，希望留城者 7 人未回答此题，统计时已在基数中减去。

民工语言使用的因素之一。^①

民工语言使用的因素之一。[①]

留城意愿与农民工语言使用的关系

农民工语言使用的有关方面			与留城意愿的相关度
家乡话使用及态度	家乡话使用情况	跟老乡交谈时是否使用家乡话	＋＋
		家乡话的使用频率	＋（？）
		家乡话能力退化	＋＋
	对家乡话的态度	对家乡话的评价	－
		对家乡话退化的态度	＋
		对子女不会家乡话的态度	＋（？）
普通话使用及态度		普通话程度	＋＋
	对普通话的态度	对普通话的评价	＋
		对普通话程度的期望	＋＋
语言融入意识		对义乌话程度的期望	＋＋
		对方言口音的焦虑程度	＋

第二节　居住方式

居住方式之所以会对农民工的语言使用产生影响，主要是因为不同居住环境里的农民工在工作以外的交往对象有所不同，实际上属于交往对象对语言使用的影响。根据居住环境里交往对象的不同情况，本书将农民工的居住方式分为三种类型进行比较：（1）跟家人或同乡一起住，计105人；（2）和来自不同省份的同事（非同乡的同事）一起住，计69人；（3）自己单住，计24人。跟家人或同乡一起住者，居住环境中讲家乡话的人较多；跟不同

---

① "＋"表示相关，"＋＋"表示相关度较高，"－"表示不相关，"＋（？）"表示有一定相关度，但不很显著。下同。

省份同事一起住者，居住环境中讲家乡话的人较少，讲普通话或其他汉语方言的人较多；自己单住者一般都是租住在本地人的房屋里，他们跟本地人打交道的机会较多。

对上述三组农民工语言使用情况的比较显示，居住方式对农民工的语言使用和语言态度也有一定影响作用，不同居住方式的农民工在绝大多数测量指标上都表现出了不同程度的差异性。

一、居住方式与家乡话使用及态度的关系

（一）居住方式与家乡话的使用

1. 跟家人或同乡住的农民工更倾向于用家乡话跟老乡交谈

三个组比较来看，跟非同乡同事一起住的农民工更倾向于跟老乡之间使用普通话；而跟家人和同乡一起住的农民工则更倾向于跟老乡使用家乡话；自己单住的农民工跟老乡交谈时，无论是使用家乡话的比例还是使用普通话的比例都居于前两者之间。这可能是因为，跟非同乡同事一起住的农民工，日常生活中使用普通话的比例较高，容易形成使用普通话的习惯，这种习惯也可能被带入到老乡之间。跟家人和同乡一起住的农民工，日常生活中使用家乡话的机会更多，更容易养成讲家乡话的习惯，所以他们跟老乡之间更倾向于讲家乡话。自己单住的农民工，与老乡的联系有的紧密，有的松散，他们跟老乡之间使用家乡话的情况就不像前两组人群那样具有明显的倾向性。总体来看，居住方式与农民工跟老乡交谈时是否使用家乡话存在一定的相关关系。

居住方式与农民工跟老乡交谈时是否使用家乡话的关系

	主要用普通话	主要用家乡话，偶尔用普通话	只用家乡话
跟家人或同乡住	8.57	21.90	69.52
跟非同乡同事住	26.09	27.54	44.93
自己单住	16.67	25.00	58.33

2. 跟家人或同乡住的农民工家乡话使用得最多

各比较组选择高频率选项的比例依次为：跟家人和同乡住＞跟非同乡同事住＞自己单住。跟家人和同乡一起住者选择高频率选项的比例明显高于另外两组，跟非同乡同事一起住的农民工选择根本不用家乡话的比例最高。总体看来，居住方式与农民工家乡话的使用频率之间存在较显著的相关关系。

居住方式与农民工家乡话使用频率的关系

	经常用	偶尔用	根本不用
跟家人或同乡住	66. 67	32. 38	0. 95
跟非同乡同事住	42. 02	53. 62	4. 34
自己单住	37. 50	58. 33	4. 17

3. 跟家人或同乡住的农民工家乡话能力退化比例相对较低

比较来看，跟家人或同乡一起住的农民工由于平时家乡话使用得比较多，其家乡话的稳定性也相对较强，选择家乡话"没有什么变化"的比例也相对较高。总体来看，居住方式与农民工家乡话变化之间存在一定的相关关系，不过，三个比较组在这一选项上的比值相差不大。

居住方式与农民工家乡话能力退化的关系

	没有变化	口音改变了	有的意思用家乡话不会表达	讲家乡话时常混进普通话
跟家人或同乡住	50. 47	42. 85	26. 67	36. 19
跟非同乡同事住	44. 93	42. 03	27. 54	43. 48
自己单住	45. 83	25. 00	33. 33	45. 83

（二）居住方式与农民工对家乡话的态度

1. 不同居住方式农民工对家乡话的评价差异不显著

对于家乡话的两个情感指标，自己单住者的评价最高，跟非同乡同事一起住者次之，跟家人或同乡一起住者评价最低；认知评价方面，三个比较组之间未表现出明显的倾向性。似乎，越是居住环境中缺少使用家乡话机会的人，对家乡话的感情反而越深。

居住方式与农民工对家乡话主观评价的关系

	好听	亲切	有社会影响	有用
跟家人或同乡住	3.78	4.18	3.00	3.55
跟非同乡同事住	4.03	4.31	3.16	3.64
自己单住	4.29	4.50	3.38	3.25

2. 跟非同乡同事住的农民工对家乡话能力退化焦虑感最轻

对于自己讲的家乡话跟老家人不太一样，跟非同乡同事一起住的农民工选择"怕家乡人笑话"的比例最低，选择"希望跟老家人说得一样"的比例居中，选择"无所谓"和"更愿意表现这种区别"的比例最高，可见该组农民工对此问题的态度最为开放，这可能与其平时交往的外省人多，普通话使用较多有一定关系。自己单住的农民工，选择"怕家乡人笑话"和"希望跟老家人说得一样"的比例都在三个比较组中位居最高，而选择"无所谓"和"更愿意表现这种区别"的比例则最低，可见其在此问题上的焦虑感最强。跟家人或同乡一起住者的各种比例均居于前两者之间。总体来看，居住方式与农民工对家乡话能力退化的态度之间存在一定的相关关系。

居住方式与农民工对家乡话能力退化态度的关系

	怕家乡人笑话	希望跟老家人说得一样	无所谓	更愿意表现这种区别
跟家人或同乡住	23.81	48.57	45.71	2.86
跟非同乡同事住	18.84	53.62	46.38	4.35
自己单住	29.17	75.00	16.67	0.00

3. 不同居住方式的农民工对下一代家乡话流失的态度差异不显著

各比较组选择各选项的比例基本持平，居住方式与农民工对子女不会讲家乡话的态度之间的相关关系也不显著。

居住方式与农民工对下一代家乡话流失的态度的关系[1]

	很可惜	能接受	无所谓	巴不得
跟家人或同乡住	25.00	39.58	38.54	4.17
跟非同乡同事住	22.92	33.33	35.42	6.25
自己单住	22.73	36.36	36.36	4.55

二、居住方式与普通话使用及态度的关系

（一）居住方式与普通话程度

居住方式与农民工普通话程度的关系

	能熟练交谈且发音准确	能熟练交谈但个别音不准	基本能交谈但方音较重	会说一些日常用语	完全不会说
跟家人或同乡住	1.90	81.90	10.48	1.90	3.81
跟非同乡同事住	5.80	85.51	5.80	0.00	2.90
自己单住	8.33	75.00	16.67	0.00	0.00

比较而言，跟非同乡同事一起住的农民工，不仅选择两个较高程度选项的比例合计最高，[2]且选择最高程度选项的比例也比较高，而选择几个较低程度选项的比例则相对较低，可见该组农民工的普通话程度整体上高于其他两个比较组，这应该与其接触

---

[1] 166人回答此题。跟家人和同乡一起住者9人未回答此题，跟非同乡同事一起住者21人未回答此题，自己单住者2人未回答此题，统计时已在基数中减去。

[2] 各比较组选择两个较高程度选项的比例依次为：跟非同乡同事住（91.31%）＞跟家人或同乡住（83.80%）＞自己单住（83.33%）。

的外省人较多，因而使用普通话的机会较多有一定关系。总体来看，居住方式与农民工普通话程度之间存在一定的关系。

（二）居住方式与农民工对普通话的态度

1. 不同居住方式的农民工对普通话评价的差异不显著

居住方式与农民工对普通话主观评价的关系

	好听	亲切	有社会影响	有用
跟家人或同乡住	4.79	4.33	4.08	4.80
跟非同乡同事住	4.67	4.46	4.49	4.71
自己单住	4.88	4.54	4.29	4.88

2. 自己单住的农民工对普通话程度的期望最高

居住方式与农民工对普通话程度期望的关系

	能流利准确地使用	能熟练地使用	能进行一般交际	能听懂就行	没有什么要求
跟家人或同乡住	44.76	17.14	20.95	13.33	3.81
跟非同乡同事住	53.62	26.09	8.57	3.81	0.95
自己单住	66.67	12.50	15.38	4.17	0.00

各比较组选择两个较高程度选项的比例合计依次为：跟非同乡同事住（79.71%）＞自己单住（79.17%）＞跟家人或同乡住（61.90%）。自己单住者和跟非同乡同事一起住者无论是选择两个较高程度选项的比例，还是选择最高程度选项的比例，都明显高于跟家人或同乡一起住者。自己单住者选择最高程度选项的比例最高，选择前两个选项的比例也与跟非同乡同事居住者差不多，可见该组农民工对普通话程度的期望最高。跟非同乡同事一起住的农民工对普通话程度的期望居第二位。这种差别可以从居住环

境对普通话的不同要求得到解释：跟非同乡同事住和自己单住的农民工，生活中与同乡之外的人群打交道的机会更多，客观上对其普通话程度提出了一定要求。总体来看，居住方式与农民工对普通话程度的期望之间存在较为显著的相关关系。

三、居住方式与语言融入意识的关系

（一）居住方式与农民工对义乌话程度的期望

各比较组选择前两个选项的比例合计依次为：自己单住（40.00％）＞跟非同乡同事住（28.85％）＞跟家人或同乡住（18.48％）。自己单住者选择最高程度选项的比例和选择前两个选项的比例均最高，可见他们对义乌话程度的期望最高；跟非同乡同事住的农民工次之；跟家人或同乡一起住的农民工对义乌话程度的期望明显低于前两者。这也可以从居住环境对使用义乌话的需要得到解释。自己单住实际上就是租住在当地人的房子里，这些农民工生活中免不了与当地人打交道，由于其接触当地人的机会更多，自然对当地话程度的期望更高一些。总体来看，居住方式与农民工对自身义乌话程度的期望之间也存在较显著的相关关系。

居住方式与农民工对义乌话程度期望的关系[①]

	能流利准确地使用	能熟练地使用	能进行一般交际	能听懂就行	没有什么要求
跟家人或同乡住	7.61	10.87	33.70	30.43	17.39
跟非同乡同事住	19.23	9.62	23.08	28.85	19.23
自己单住	30.00	10.00	30.00	25.00	5.00

[①] 164 人回答此题，跟家人和同乡一起住者 13 人未回答此题，跟非同乡同事一起住者 17 人未回答此题，自己单住者 4 人未回答此题，统计时已在基数中减去。

（二）居住方式与农民工对自身方言口音的态度

对于自己的口音与城市里其他人不一样，自己单住农民工的焦虑感显得比较突出，他们选择"希望跟他们说话差不多"的比例最高，选择"跟别人说话有些不好意思"的比例略低于跟家人或同乡一起住的农民工，选择"无所谓"的比例最低，可见他们的语言融入意识相对较强，这可能与他们与当地人交往较多有一定关系。总体来看，居住方式与农民工对自己口音与其他人不同的态度之间存在一定的相关关系。

居住方式与农民工对自身方言口音的态度的关系

	跟别人说话 有些不好意思	希望跟别人 说话差不多	无 所谓	更愿意表现 这种区别
跟家人或 同乡住	31.43	46.67	43.81	0.95
跟非同乡 同事住	20.29	47.83	42.03	8.70
自己单住	25.00	58.33	37.50	4.17

四、居住方式与农民工语言使用的相关度

在本书考察的农民工语言使用的诸方面表现中，除"对子女不会说家乡话的态度"与"对普通话的评价"与居住方式不存在显著的相关关系外，其他方面均与居住方式之间存在较为显著的相关关系，可见居住方式也是影响农民工语言使用的一个因素。详见下表：

居住方式与农民工对义乌话程度期望的关系

农民工语言使用的有关方面			与居住方式的相关度
家乡话使用及态度	家乡话使用情况	跟老乡交谈时是否使用家乡话	+ +
		家乡话的使用频率	+ +
	家乡话能力退化		+
	对家乡话的态度	对家乡话的评价	+（？）
		对家乡话退化的态度	+
		对子女不会家乡话的态度	—
普通话使用及态度	普通话程度		+
	对普通话的态度	对普通话的评价	—
		对普通话程度的期望	+ +
语言融入意识	对义乌话程度的期望		+ +
	对方言口音的焦虑程度		+

第三节　打工时间

　　当我们把总样本按打工时间长短分为人数基本相当的三个组：1～3年（57人）、4～8年（68人）、9年以上（73人），再观察每个组的年龄分布时，发现打工时间与年龄两个变量构成正比关系，即：打工时间较长的农民工，往往年龄也偏大，如下表所示。

农民工打工时间与年龄的关系

	1～3年	4～8年	9年以上
20岁以下	56.14	23.53	0.00
21～30岁	28.07	57.35	39.73
31～40岁	8.77	13.24	41.10
41岁以上	3.51	2.94	4.11

　　两个粗线框清晰地显示出，某一打工时间段的农民工往往集中于某一年龄段。具体来说，打工时间在1～3年的农民工年龄最小，超过半数的人年龄在20岁以下；打工时间在4～8年的农民工年龄略高于前一组，超过半数的人年龄在21～30岁之间；打工时间在9年以上的农民工年龄相对较大，所占比例最高的是31～40岁年龄组，其次是21～30岁年龄组，41岁以上的农民工也主要分布在该组。总体看来，年龄越大的农民工，打工时间也越长。

　　鉴于此，为排除打工时间和年龄共同起作用的可能性，以便更清晰地看出打工时间这个单一因素与农民工语言使用之间的关系，我们选择21～30岁这一个年龄组的样本做打工时间长短与语言使用的相关分析。该年龄段共有84个样本，是样本量最大的一个年龄组，几乎占了总样本的一半。

　　年龄在21～30岁之间的84个样本中，打工时间最短的不到1年，最长的达15年。①我们将这些样本划分为人数基本相当的两个组：（1）打工时间在1～6年，计43人；（2）打工时间在7～15年，计41人。

　　通过比较这两组农民工的语言使用情况，可以看出，不同打工时间的农民工在大多数测量指标上都表现出了一定的差异性，可见打工时间长短对农民工的语言使用及语言态度也有一定的影响。

一、打工时间与家乡话使用及态度的关系

（一）打工时间长短与家乡话的使用
1. 不同打工时间农民工跟老乡交谈时使用家乡话的情况差异不显著
　　打工时间较短的一组农民工选择"主要用普通话"的比例更

---

① 按首次外出打工的年月和调查时间（2007年1月）之间的时间跨度计算。

高，但打工时间较长的一组农民工选择"主要用家乡话，偶尔用普通话"的比例更高，两者选择"只用家乡话"的比例基本持平。总体来看，打工时间长短与农民工跟老乡交谈时是否使用家乡话的关系不显著。

打工时间与农民工跟老乡交谈时是否使用家乡话的关系

	主要用 普通话	主要用家乡话， 偶尔用普通话	只用 家乡话
1～6年	18.60	23.26	58.14
7～15年	4.88	34.15	60.98

2. 不同打工时间农民工家乡话使用频率差异不显著

两个比较组选择各选项的比例基本持平，可见打工时间长短与家乡话使用频率的相关关系也不显著。

打工时间与农民工家乡话使用频率的关系

	经常用	偶尔用	根本不用
1～6年	41.86	55.81	2.33
7～15年	46.35	53.66	0.00

3. 打工时间较短的农民工出现家乡话能力退化的比例更高

比较来看，打工时间较长者不仅出现家乡话能力退化的比例高于打工时间较短者，而且各种退化类型的比例也都高于后者。总体而言，打工时间与农民工的家乡话能力之间存在一定的相关关系，即打工时间越长，家乡话能力退化的可能性越大。

打工时间与农民工家乡话能力退化的关系

	没有 变化	口音 改变了	有的意思用老 家话不会表达	讲家乡话时常 混进普通话
1～6年	48.84	34.88	30.23	41.86
7～15年	34.15	46.34	34.15	43.90

（二）打工时间长短与农民工对家乡话的态度

1.打工时间较短的农民工对家乡话的评价高于打工时间较长的农民工

打工时间较短的农民工对家乡话两个情感指标（"好听"、"亲切"）和"有用"指标的评价均高于打工时间较长的一组，似乎随着打工时间的延长，农民工对家乡话的感情也会逐渐淡化。

打工时间与农民工对家乡话主观评价的关系

	好听	亲切	有社会影响	有用
1～6年	4.12	4.40	3.00	3.49
7～15年	4.07	4.34	3.12	3.34

2.打工时间较短的农民工对家乡话能力退化的焦虑感重于打工时间较长的农民工

对于自己的家乡话说得与家乡人不太一样，打工时间较短的农民工选择"怕家乡人笑话"和"希望跟老家人说得差不多"的比例都明显高于打工时间较长者，后者选择"无所谓"和"更愿意表现这种区别"的比例则明显高于前者。可以看出，打工时间与农民工受乡土社会语言行为规范约束的情况存在一定的相关关系：打工时间越长，受到的乡土社会语言行为规范约束越小。

打工时间与农民工对家乡话能力退化的态度的关系

	怕家乡人笑话	希望跟老家人说得一样	无所谓	更愿意表现这种区别
1～6年	27.91	53.49	39.53	0.00
7～15年	19.51	43.90	51.22	2.44

3.不同打工时间农民工对子女不会讲家乡话的态度差异不显著

在"很可惜"和"无所谓"两个选项上，两个比较组基本持平，打工时间较短的一组农民工选择"能接受"的比例明显高于打工时间较长的一组，但后者选择"巴不得"的比例也明显高于前者。总体看来，打工时间长短与农民工对子女不会讲家乡话的态度之间的相关关系不显著。

打工时间与农民工对子女不会说家乡话态度的关系[①]

	很可惜	能接受	无所谓	巴不得
1～6年	56.00	60.00	2.86	16.00
7～15年	60.00	20.00	2.86	45.71

二、打工时间与普通话使用及态度的关系

（一）打工时间长短与农民工的普通话程度

打工时间较长的一组农民工无论是最高程度选项的比例还是前两个较高程度选项的比例合计都比打工时间较短的一组要高，相反，打工时间较短的一组选择"基本不会说"的有一定比例，打工时间长的一组无人选此项。总体来看，打工时间与农民工的普通话程度之间存在一定的相关关系：打工时间越长，普通话程度越高。

打工时间与农民工普通话程度的关系

	能熟练交谈且发音准确	能熟练交谈但个别音不准	基本能交谈但方音较重	会说一些日常用语	完全不会说
1～6年	9.30	79.07	6.98	0.00	4.65
7～15年	2.44	87.80	9.76	0.00	0.00

（二）打工时间长短与农民工对普通话的态度

1. 打工时间越长的农民工对普通话的评价越高

　　打工时间较长的一组农民工对普通话"好听"、"有社会影响"和"有用"指标的评价都高于打工时间较短的一组，只有"亲切"指标的评价略低于后者。总体来看，打工时间与农民工对普通话的评价存在一定相关关系。

打工时间与农民工对普通话主观评价的关系

	好听	亲切	有社会影响	有用
1～6年	4.63	4.37	3.81	4.56
7～15年	4.78	4.32	4.59	4.83

　　2. 打工时间较短的农民工对普通话程度的期望更高

　　比较而言，打工时间较短的一组农民工选择两个较高程度选项的比例略高于打工时间较长的一组农民工，并且，打工时间较短的一组选择最高程度选项（能流利准确地使用）的比例也明显高于打工时间较长的一组，后者选择"能听懂就行"的比例也显著高于前者。总体来看，越是刚开始打工的农民工，对自身普通话程度的要求越高，而随着打工时间的延长，对普通话程度的期望逐渐下降。

打工时间与农民工对普通话程度期望的关系

	能流利准确地使用	能熟练地使用	能进行一般交际	能听懂就行	没有什么要求
1～6年	60.47	13.95	20.93	0.00	4.65
7～15年	48.78	21.95	19.51	9.76	0.00

三、打工时间与语言融入意识的关系

（一）打工时间与对农民工义乌话程度的期望

打工时间较短的农民工选择两个较高程度选项（"能流利准确

地使用"和"能熟练地使用")的比例明显高于打工时间较长者，在几个较低程度选项上，则是后者明显高于前者。似乎刚开始打工的农民工对自身当地方言程度的期望更高，随着打工时间的延长，这种期望逐渐降低。总体看来，打工时间长短与农民工对义乌话程度的期望之间存在一定的相关关系。

打工时间与农民工对义乌话程度期望的关系[①]

	能流利准确地使用	能熟练地使用	能进行一般交际	能听懂就行	没有要求
1~6年	28.13	12.50	28.13	21.88	9.38
7~15年	5.71	5.71	40.00	40.00	8.57

（二）打工时间与农民工对自身方言口音的态度

打工时间较短者选择前两个较高焦虑程度选项（"跟别人说话时有些不好意思"和"希望跟他们说话差不多"）的比例高于打工时间较长者，后者选择"无所谓"的比例则高于前者。可见，打工时间较短的农民工语言融入的意识比较强，随着打工时间的延长，这种意识反而淡化了。

打工时间与农民工对自身方言口音的态度的关系

	跟别人说话有些不好意思	希望跟他们说话差不多	无所谓	更愿意表现这种区别
1~6年	27.91	53.49	34.88	4.65
7~15年	17.07	46.34	51.22	4.88

总体来看，打工时间与农民工对这一问题的态度之间存在一定的相关关系。

[①] 67 人回答此题，打工 1~6 年者 11 人未回答此题，打工 7~15 年者 6 人未回答此题，统计时已在基数中减去。

四、打工时间与农民工语言使用情况的相关度

在本书考察的农民工语言使用的诸方面表现中，除"跟老乡交谈时是否使用家乡话"、"家乡话的使用频率"及"对子女不会说家乡话的态度"与打工时间长短的关系不太明显外，大部分都与农民工打工时间长短存在较为显著的相关关系，可见打工时间长短也是影响农民工语言使用的一个因素。

打工时间长短与农民工语言使用及语言态度的关系

农民工语言使用的有关方面			与打工时间的相关度
家乡话使用及态度	家乡话使用情况	跟老乡交谈时是否使用家乡话	－
		家乡话的使用频率	－
	家乡话能力退化		＋　＋
	对家乡话的态度	对家乡话的评价	＋
		对家乡话退化的态度	＋
		对子女不会家乡话的态度	－
普通话使用及态度	普通话程度		＋
	对普通话的态度	对普通话的评价	＋
		对普通话程度的期望	＋
语言融入意识	对义乌话程度的期望		＋　＋
	对方言口音的焦虑程度		＋

第四节　语言使用与语言态度的关系

为了解农民工语言态度与语言使用之间的关系，我们分别选取农民工语言态度和语言使用的一些方面进行了相关度考察。主要考察农民工对普通话、家乡话和义乌话三种语码的态度与这三种语码使用情况之间的关系。由于上述各语码在社会生活中的地位及农民工使用该语码的情况均有所不同，故在考察农民工对不同语码的态度与相关语码使用情况的关系时，选取的测量指标不尽相同。

农民工语言态度与语言使用之间关系的测量指标

	语言态度	语言使用
对普通话的态度与普通话使用的关系	对普通话的评价	实际的普通话程度
	对普通话的评价	跟老乡交谈时使用普通话的情况
	对普通话的评价	跟配偶交谈时使用普通话的情况
	对普通话程度的期望	实际的普通话程度
	对普通话程度的期望	跟老乡交谈时使用普通话的情况
	对普通话程度的期望	跟配偶交谈时使用普通话的情况
对家乡话的态度与家乡话使用的关系	对家乡话的评价	跟老乡交谈时使用家乡话的情况
	对家乡话能力退化的态度	跟老乡交谈时使用家乡话的情况
对义乌话的态度与义乌话使用的关系	对义乌话程度的期望	实际的义乌话程度
	对义乌话的评价	实际的义乌话程度

由于农民工对普通话"好听"和"有用"指标的评价同质性较高，绝大多数人都打出了4分以上的高分，打3分以下者未超过10人，所以在考察农民工对普通话的印象及其普通话使用之间的关系时，只以"亲切"和"有社会影响"作为测量指标。而对家

乡话和义乌话的评价中，四个指标均存在明显差异，都被用作测量指标。考察时分为打1—3分者和打4—5分者两种情况进行比较。

一、对普通话的态度与普通话使用的关系

从本书对农民工普通话态度与其普通话使用之间关系所做的几方面测量来看，农民工对普通话的态度及其普通话使用之间存在着明显的正相关关系，即：对普通话评价越高的农民工，对普通话的使用也越积极。

（一）对普通话评价越高者普通话程度也越高

对普通话"亲切"和"有社会影响"两个指标评价较高的农民工，选择两个较高程度选项的比例高于评价较低者，而选择较低程度选项的比例则低于后者。总体来看，对普通话的评价越高，普通话程度也越高。

对普通话"亲切"指标持不同评价者的普通话程度比较

	能熟练交谈且发音准确	能熟练交谈但个别音不准	基本能交谈但方音较重	会说一些日常用语	基本或完全不会说
1—3分	37.84	21.62	21.62	13.51	5.41
4—5分	53.42	19.25	16.77	8.70	1.86

对普通话"社会影响"指标持不同评价者的普通话程度比较

	能熟练交谈且发音准确	能熟练交谈但个别音不准	基本能交谈但方音较重	会说一些日常用语	基本或完全不会说
1—3分	40.00	15.56	26.67	13.33	4.44
4—5分	53.90	20.78	14.94	8.44	1.95

（二）对普通话评价较高的农民工更多用普通话跟老乡交谈

对普通话"亲切"和"有社会影响"两个指标评价较高的农民工，跟老乡交谈时"主要使用普通话"的比例与评价较低者基本持平，但"偶尔使用普通话"的比例则明显高出后者，且他们"只使用家乡话"的比例也低于后者。总体来看，对普通话评价较高的农民工更倾向于跟老乡交谈时使用普通话。

对普通话"亲切"指标持不同评价者跟老乡交谈时的语码选择比较

	主要使用普通话	偶尔使用普通话	只使用家乡话
1—3分	18.92	13.51	67.57
4—5分	14.91	27.95	57.14

对普通话"社会影响"指标持不同评价者跟老乡交谈时的语码选择比较

	主要使用普通话	偶尔使用普通话	只使用家乡话
1—3分	17.78	17.78	64.44
4—5分	15.03	27.45	56.86

（三）对普通话评价较高的农民工更倾向于跟配偶交谈时使用普通话

对普通话"亲切"和"有社会影响"两个指标评价较高的农民工，跟配偶交谈时"主要使用普通话"的比例与评价较低者基本持平，但"偶尔使用普通话"的比例则高于后者，且"只使用家乡话"的比例也低于后者。总体来看，对普通话评价较高的农民工更倾向于跟配偶交谈时使用普通话。

对普通话"亲切"指标持不同评价者跟配偶交谈时的语码选择比较

	主要使用普通话	偶尔使用普通话	只使用家乡话
1—3分	9.52	23.81	66.67
4—5分	8.75	27.50	63.75

对普通话"社会影响"指标持不同评价者跟配偶交谈时的语码选择比较

	主要使用普通话	偶尔使用普通话	只使用家乡话
1—3分	9.09	18.18	72.73
4—5分	9.09	27.27	63.63

（四）对普通话程度期望越高者实际的普通话程度也越高

对普通话程度"没有要求"者的情况比较特殊，他们只有5人，分为两种情况：一种是认为自己的普通话已经说得挺好，所以没有进一步的要求；另一种则认为自己已经不可能再学好了。将这种特殊情况排除在外，就其他四种情况比较来看，只有对普通话程度期望最高的一组农民工中出现了普通话实际程度最高（能熟练交谈且发音准确）者，普通话程度次高（能熟练交谈但个别音不准）者的比例随着对普通话程度期望的降低而降低，普通话程度较低（"基本能交谈但方音较重"、"会说一些日常用语"、"基本或完全不会说"）者的比例则随着对普通话程度期望的降低而逐渐上升。总体看来，农民工对对普通话程度的期望越高，实际的普通话程度也就越高。

对普通话程度有不同期望者普通话的实际程度比较

	能熟练交谈且发音准确	能熟练交谈但个别音不准	基本能交谈但方音较重	会说一些日常用语	基本或完全不会说
流利准确地使用	6.00	83.00	9.00	1.00	1.00
熟练使用	0.00	100.00	0.00	0.00	0.00
能进行一般交际	0.00	77.14	11.43	2.86	8.57
能听懂就行	0.00	63.16	26.32	0.00	10.53
没有要求	40.00	40.00	20.00	0.00	0.00

（五）对普通话程度期望较高者跟老乡交谈时更倾向于使用普通话

对普通话程度期望较高（"能流利准确地使用"和"能熟练地使用"）的农民工，跟老乡交谈时"主要使用普通话"和"偶尔使用普通话"的比例总体上高于对普通话程度期望较低者，而后者跟老乡交谈时"只使用家乡话"的比例则高于前者。

对普通话程度有不同期望者跟老乡交谈时的语码选择比较

	主要使用普通话	偶尔使用普通话	只使用家乡话
流利准确地使用	19.00	27.00	54.00
能熟练地使用	10.26	35.90	51.28
能进行一般交际	11.43	20.00	68.57
能听懂就行	15.79	10.53	73.68
没有要求	20.00	0.00	80.00

（六）对普通话程度期望较高者更多用普通话跟配偶交谈

对普通话程度期望较高（"能流利准确地使用"和"能熟练地使用"）的农民工，跟配偶交谈时"主要使用普通话"和"偶尔使用普通话"的比例总体上高于对普通话程度期望较低者，而后者跟老乡交谈时"只使用家乡话"的比例则高于前者。

对普通话程度有不同期望者跟配偶交谈时的语码选择比较

	主要使用普通话	偶尔使用普通话	只使用家乡话
流利准确地使用	7.14	28.57	61.90
熟练使用	10.53	36.84	52.63
能进行一般交际	9.09	18.18	72.73
听懂就行	5.56	22.22	72.22
没有要求	50.00	0.00	50.00

二、对家乡话的态度与家乡话使用的关系

关于农民工对家乡话的态度与其家乡话使用之间关系的几方面测量结果显示，农民工对家乡话的态度与其家乡话使用之间总体上呈现正相关的关系，但其家乡话态度中的一部分内容与农民工家乡话使用之间的关系比较离散。

（一）对家乡话"好听"和"有用"指标评价越高的农民工跟老乡交谈时越倾向于使用家乡话

对家乡话"好听"和"有用"指标评价越高的农民工，跟老乡交谈时越倾向于使用家乡话，而对这两个指标评价越低的农民工则越倾向于用普通话跟老乡交谈。

对家乡话"好听"指标持不同评价者跟老乡交谈时的语码选择比较

	主要使用普通话	偶尔使用普通话	只使用家乡话
1—3分	22.54	21.13	56.34
4—5分	11.90	27.78	60.32

对家乡话"有用"指标持不同评价者跟老乡交谈时的语码选择比较

	主要使用普通话	偶尔使用普通话	只使用家乡话
1—3分	22.22	25.25	52.53
4—5分	9.18	25.51	65.31

（二）对家乡话"亲切"和"有社会影响"等指标的评价与跟老乡交谈时使用家乡话情况之间的关系不显著

数据比较显示，并不是对家乡话以上两个指标评价越高者越倾向于用家乡话跟老乡交谈，也不是评价越低者越倾向于用普通

话跟老乡交谈。

对家乡话"亲切"指标持不同评价者跟老乡交谈时的语码选择比较

	主要使用普通话	偶尔使用普通话	只使用家乡话
1－3分	18.60	9.30	72.09
4－5分	14.94	29.87	55.19

对家乡话"社会影响"指标持不同评价者跟老乡交谈时的语码选择比较

	主要使用普通话	偶尔使用普通话	只使用家乡话
1－3分	14.84	27.34	57.81
4－5分	17.39	21.74	60.87

（三）对自己的家乡话跟老家人不同的态度与跟老乡交谈时使用家乡话情况之间的关系不显著

并非对自己的家乡话跟老家人不同表现得越焦虑者，跟老乡交谈时越倾向于使用家乡话，同样，也不是对此态度越漠然者跟老乡交谈时越倾向于使用普通话。[1]

对"自己的家乡话跟老家人不同"持不同态度者跟老乡交谈时语码选择

	主要使用普通话	偶尔使用普通话	只使用家乡话
怕家乡人笑话、希望说得跟家乡人一样	16.80	28.00	55.20
无所谓、更愿意表现这种区别	13.89	20.83	65.28

---

[1] 对自己的家乡话跟老家人不同的态度为多选题，统计时只要选择了正面态度选项者，即使兼选了负面态度选项，一律归入前一种。

三、对义乌话的态度与义乌话使用的关系

从我们对农民工对义乌话的态度与其义乌话使用之间的关系所做的几方面测量来看，其义乌话态度中的部分内容与其义乌话使用之间存在相关关系，但语言态度中的部分内容与义乌话使用之间的关系比较离散。

（一）对义乌话程度期望越高者实际的义乌话程度也越高

希望义乌话程度为"能熟练地使用"的农民工实际的义乌话程度最高，具体表现为该类对象中具有"会说一些日常用语"以上程度的比例最高，而"基本或完全不会说"的比例则最低。对义乌话程度"没有要求"的农民工义乌话实际程度则全部为"基本或完全不会说"。总体来看，农民工对义乌话程度期望越高，实际的义乌话程度也就越高。

对义乌话程度有不同期望者义乌话的实际程度比较

	能熟练交谈且发音准确	能熟练交谈但个别音不准	基本能交谈但方音较重	会说一些日常用语	基本或完全不会说
流利准确地使用	0.00	0.00	0.00	17.39	82.61
熟练使用	0.00	5.88	5.88	29.41	58.82
能进行一般交际	0.00	0.00	0.00	14.29	85.71
能听懂	0.00	0.00	4.17	18.75	77.08
没有要求	0.00	0.00	0.00	0.00	100.00

（二）对义乌话的评价与义乌话程度之间的关系不显著

对农民工义乌话评价与其义乌话程度之间关系的考察结果显示，对义乌话评价较高的农民工义乌话程度不一定就高。

对义乌话"好听"指标持不同评价者的义乌话程度比较

	能熟练交谈且发音准确	能熟练交谈但个别音不准	基本能交谈但方音较重	会说一些日常用语	基本或完全不会说
1－3分	0.00	0.00	2.22	13.33	84.44
4－5分	0.00	1.59	0.00	12.70	85.71

对义乌话"亲切"指标持不同评价者的义乌话程度比较

	能熟练交谈且发音准确	能熟练交谈但个别音不准	基本能交谈但方音较重	会说一些日常用语	基本或完全不会说
1－3分	0.00	0.00	2.24	13.43	84.33
4－5分	0.00	1.56	0.00	14.06	84.38

对义乌话"有社会影响"指标持不同评价者的义乌话程度比较

	能熟练交谈且发音准确	能熟练交谈但个别音不准	基本能交谈但方音较重	会说一些日常用语	基本或完全不会说
1－3分	0.00	0.68	2.03	13.51	83.78
4－5分	0.00	0.00	2.00	12.00	88.00

对义乌话"有用"指标持不同评价者的义乌话程度比较

	能熟练交谈且发音准确	能熟练交谈但个别音不准	基本能交谈但方音较重	会说一些日常用语	基本或完全不会说
1－3分	0.00	0.00	0.81	13.01	86.18
4－5分	0.00	1.33	2.67	13.33	82.67

四、小结

从本书对农民工语言态度与语言使用之间关系的分析来看，其语言态度与语言使用之间存在较高的相关度。除"对义乌话的评价"与"实际的义乌话程度"、"对家乡话能力退化的态度"与"跟老乡交谈时使用家乡话的情况"这两对测量指标之间的相关关系不显著以外，其他各组测量指标之间都存在较为显著的相关关系。

农民工语言态度与语言使用之间的关系

	语言态度	语言使用	相关性
对普通话的态度与普通话使用的关系	对普通话的评价	实际的普通话程度	＋
	对普通话的评价	跟老乡交谈时使用普通话	＋
	对普通话的评价	跟配偶交谈时使用普通话	＋
	对普通话程度的期望	实际的普通话程度	＋
	对普通话程度的期望	跟老乡交谈时使用普通话	＋
	对普通话程度的期望	跟配偶交谈时使用普通话	＋
对家乡话的态度与家乡话使用的关系	对家乡话的评价	跟配偶交谈时使用家乡话	＋（？）
	对家乡话能力退化的态度	跟老乡交谈时使用家乡话	－
对义乌话的态度与义乌话使用的关系	对义乌话程度的期望	实际的义乌话程度	＋
	对义乌话的评价	实际的义乌话程度	－

第七章　农民工称谓策略的城市趋同倾向

——农民工言语交际策略调整情况个案考察

"我感觉有些称呼在老家用合适，在这边不合适。有时在老家不称呼，在这边必须要称呼一下，否则人家不理你，转头就走了。"

——农民工话语（男，25岁，河南籍）

第一节　研究思路和田野调查

一、研究思路

（一）研究目的

言语交际是人与人之间以语言为工具而进行的彼此间的联系和交往，是人际间相互交往的一种最主要的形式。①农村和城市的社会文化特质完全不同，导致这两个社会的言语交际策略也存在一定差异。农民工从乡村社会进入城市社会，社会交往的对象、范围和模式都发生了很大变化，迫使他们对自身的言语交际策略进行调整，以更好地适应城市的生活环境。称呼是言语交往过程

---

① 孙维张、吕明臣：《社会交际语言学》，吉林大学出版社 1996 年版，第 22 页。

的重要组成部分，在许多情况下，称呼是传递给对方的第一个信息。言语交际中，用不用称谓语，用什么样的称谓语，也是一种交际策略。称谓策略是言语交际策略的一个重要方面，并且是一个较易观察的方面。为此，本章选择称谓语使用作为观察农民工言语交际策略调整的一个窗口，旨在通过对农民工使用几类称谓语情况的考察，了解农民工打工期间言语交际策略调整的有关情况。

称谓语是一个敏感、开放的词汇系统，社会生活的变迁，价值观念的更新，都会引起称谓语语义及功能的变化，导致个人乃至社会称谓语使用的变化。称谓语的使用往往是多变的，并且有一定的地区性和集团性。不同的方言区，不同的社会集团或阶层，往往有自己的一套称呼系统。[①]农民工进城务工以后，原先在农村生活中积累起来的称谓语汇和称谓策略不一定都能适应城市生活的需要，他们势必对自身的称谓策略进行调整，放弃使用与城市话语习俗不相适应的称谓语，学习使用那些城市流行的称谓语。这些变化和调整，既体现了城市语言生活对农民工的影响，也反映了农民工对城市生活的主动适应。

（二）研究途径

本书对农民工称谓策略调整情况的考察，主要通过两个方面的比较来进行。一是农民工打工前后称谓语使用情况的历时比较；二是农民工打工后的称谓语使用情况与义乌居民称谓语使用情况之间的共时比较。调查中，对于各调查条目分别获取"打工前"、"打工后"和"义乌居民"三方面数据，并对三者进行横（共时）、纵（历时）两个角度的比较，探究农民工打工后称谓语使用上所发生的变化，寻找这些变化与城市居民称谓习惯之间关系的线索，

[①] 卫志强：《称呼的类型及其语用特点》，载《世界汉语教学》1994年第2期，第10页。

从而了解农民工为适应城市生活而做出的言语交际策略调整的有关情况。

二、调查条目

称谓语的类型有很多。崔希亮（1996）的研究指出，现代汉语称谓系统首先可以分为面称和背称。面称就是称呼性称谓，背称就是指称性称谓，如亲属称谓的"爸爸、妈妈"是面称，"父亲、母亲"是背称。有些称谓面称和背称同形，如"舅舅、老王"等。[1]本书旨在观察农民工打工前后称谓语使用的变化，更倾向于选取那些易于发生使用变化的称谓语作为调查条目。由于"面称"和"背称"中都可能包括这样的称谓语，故作为本书调查条目的称谓语既包括当面称呼对方时使用的称呼性称谓（面称），也包括向他人介绍时使用的指称性称谓（背称）。

此外，还可以根据交际功能和适用范围的不同，将称谓语分为不同的类型。崔希亮（1996）认为，现代汉语的称谓系统主要包括9个层次：代词称谓、亲属称谓、社交称谓、关系称谓、职衔称谓、谦敬称谓、姓名称谓、亲昵称谓和戏谑称谓。这些称谓语类型中，与农民工语言生活关系较为密切的主要是两类称谓语：亲属称谓和社交称谓，本书主要从这两类称谓语中选取一部分词语作为调查条目。

根据上述原则，本书共选取了以下7种称谓语作为调查条目：（1）向别人介绍配偶时使用的配偶称谓语2种，包括男性配偶称谓语和女性配偶称谓语，属于背称、亲属称谓语。（2）问路时使用的陌生人称谓语4种，包括陌生年轻陌生年轻男性称谓语、陌生年轻女性称谓语、陌生中年男性称谓语和陌生中年女性称谓语，

---

[1] 崔希亮：《现代汉语称谓系统与对外汉语教学》，载《语言教学与研究》1996年第2期，第36页。

属于面称、社交称谓语。（3）向雇主提及其妻子时对雇主妻子的
称呼，属于背称、社交称谓语。这几种称谓语普遍运用于农民工
之间和农民工与当地居民之间，便于观察城市称谓习惯对农民工
群体称谓语使用的影响。

三、样本的构成

本次调查于 2007 年 1 月进行，采用问卷调查的方式，为期半
个月。本次调查的抽样原则与"农民工语言使用情况调查"相一
致，共调查农民工 200 人，剔除 6 份不合格问卷，获得有效样本
194 个，详见下表。

"称谓语使用情况调查"样本基本信息（n=194）

	分类	样本	%		分类	样本	%
年龄	16~20 岁	48	24.74	性别	男	118	60.82
	21~30 岁	81	41.75		女	76	39.18
	31~40 岁	47	24.23	职业	建筑业	39	20.10
	41~50 岁	14	7.22		制造业	88	45.36
	51 岁以上	4	2.06		住宿餐饮	23	11.86
受教育程度	未上学	4	2.06		社会服务	17	8.76
	小学	41	21.14		零售业	22	11.34
	初中	110	56.70		交通运输	2	1.03
	高中	39	20.10		其他	3	1.55

为了对比的需要，我们还在义乌市本地居民中抽取了 57 个样
本，剔除不合格问卷 2 份，获得有效样本 55 份。其中男性 22 人，
女性 33 人；16~20 岁 23 人，21~30 岁 15 人，31~40 岁 5 人，
41~50 岁 4 人，50 岁以上 8 人；小学 6 人，初中 13 人，高中（含
中专）20 人，大专及以上 16 人；公务员 2 人，工人 5 人，企、

事业单位工作人员 2 人，教师及教师以外的专业技术人员 8 人，学生 14 人，商业、服务业人员 15 人，不在业人员 3 人，其他人员 6 人。

第二节 农民工使用称谓语的总体情况

一、配偶称谓语使用情况

（一）男性配偶称谓语[①]

男性已婚者 67 人回答了此题，其中 30 岁以下 21 人，31 岁以上 46 人。[②]

1. 选用的称谓语种类

农民工选用的该类称谓语共有 7 种："老婆"、"爱人"、"媳妇"、"那口子"、"屋里的"类（包括"家里的"、"家人"）、"对象"和"称姓名"类（包括"我家×××"）。

2. 各称谓语使用情况

（1）30 岁以下男性

按各称谓语选用人数排序为：老婆（19 人）＞媳妇（2 人）＞那口子（1 人）、对象（1 人）、称姓名（1 人）。

（2）31 岁以上男性

按各称谓语选用人数排序为：老婆（34 人）＞爱人（10 人）＞媳妇（5 人）＞屋里的（3 人）＞称姓名（1 人）、那口子（1 人）＞对象（1 人）。

各称谓语选用人数合计依次为：老婆（53 人）＞对象（10

[①] 各调查项目均可多选，各称谓语选用人数相加可能超过总人数，下同。

[②] 1 位 51 岁以上的农民工表示不知道怎么称呼，没向别人介绍过。

人）＞媳妇（7 人）＞屋里的（3 人）＞那口子（2 人）、对象（2
人）、称姓名（2 人）。各称谓语在不同年龄调查对象中的使用情
况见下表。[①]

农民工使用男性配偶称谓语的情况（%）

	老婆	媳妇	屋里的	那口子	对象	爱人	称姓名
30 岁以下	90.48	9.52	—	4.76	4.76	—	4.76
31 岁以上	73.91	10.87	6.52	2.17	2.17	21.74	2.17

　　从调查数据来看，"老婆"的使用率在两个年龄组都遥遥领先，
可见它是农民工群体中最为常用的男性配偶称谓语，尤其是在 30
岁以下的农民工中更为流行，选用率超过了 90%。"爱人"多为
31 岁以上的农民工使用，在 30 岁以下年龄组中未见使用者。"媳
妇"在两个年龄组中都有分布，不过较大年龄组用得更多一些。
"屋里的"因带有一定的女性歧视色彩，主要为 41 岁以上的农民
工使用，在 30 岁以下年龄组中未见使用者。"那口子"、"称姓名"
和"对象"几种比较"中性"的称谓语在两个年龄组中都有一定
分布。[②]以"对象"称呼配偶是特殊用法，带有一定的地域色彩，
调查中选择此称谓语者有 3 人，其中 2 人来自安徽省的阜阳和霍
丘，1 人来自河南省的泌阳。

（二）女性配偶称谓语
　　女性已婚者 35 人回答了此题，其中 30 岁以下 19 人，31 岁
以上 16 人。
　1. 选用的称谓语种类
　　农民工选用的该类称谓语共有 5 种："老公"、"丈夫"、"爱人"、

[①] 指选用者人数占同类农民工总数的百分比，下同。
[②] 所谓"中性"是指这些称谓语既不很"俗"，又不很"雅"；既无明显的尊
崇性，又无明显的贬抑性；既可用于男性，又可用于女性。

"对象"和"称姓名"类（包括"我家×××"）。

　　2．各称谓语使用情况

　　（1）30岁以下女性

　　按各称谓语选用人数排序为：老公（18人）＞称姓名（2人）＞爱人（1人）、丈夫（1人）、对象（1人）。

　　（2）31岁以上女性

　　按各称谓语选用人数排序为：老公（13人）＞丈夫（2人）＞称姓名（1人）。

　　各称谓语选用人数合计依次为：老公（31人）＞丈夫（3人）、称姓名（3人）＞爱人（1人）、对象（1人）。各称谓语在不同调查对象中的选用率见下表。

农民工使用女性配偶称谓语的情况（%）

	老公	爱人	丈夫	对象	称姓名
30岁以下	94.74	5.26	5.26	5.26	10.53
31岁以上	81.25	—	12.5	—	6.25

　　从调查数据来看，"老公"在各年龄组中都是居首位的女性配偶称谓语，比较而言，30岁以下年龄组更为偏爱此称谓。"爱人"、"丈夫"、"称姓名"和"对象"为部分农民工所使用，在"老公"的强大优势挤压下，这些称谓语的选用率都不高。

二、陌生人称谓语使用情况

　　调查对象194人全部回答了此题，其中30岁以下女性60人，31岁以上女性16人，30岁以下男性69人，31岁以上男性49人。

（一）陌生年轻女性称谓语

1．选用的称谓语种类

农民工选用的该类称谓语共 11 种："小妹大姐"类（包括"小妹"、"大姐"、"小妹妹"、"妹妹"、"妹子"、"姐"、"姐姐"、"大姐姐"、"小大姐"等）、"小姐"、"美女"类（包括"靓女"、"靓妹"）、"同志"、"师傅"、"女士"、"姑娘"类（包括"小姑娘"、"女孩子"、"小女孩"）、"大嫂"类（包括"嫂子"）、"朋友"、"阿姨"和"零称谓"。

2．各称谓语使用情况

（1）30 岁以下男性

按各称谓语选用人数排序为：小姐（35 人）＞零称谓（33 人）＞小妹大姐类（29 人）＞同志（5 人）、美女（5 人）＞姑娘（2 人）＞阿姨（1 人）、女士（1 人）、大嫂（1 人）。

（2）30 岁以下女性

按各称谓语选用人数排序为：小妹大姐类（40 人）＞小姐（18 人）＞美女（11 人）、零称谓（11 人）＞同志（1 人）。

（3）31 岁以上男性

按各称谓语选用人数排序为：小姐（23 人）＞小妹大姐类（22 人）＞零称谓（10 人）＞同志（3 人）＞姑娘（2 人）＞师傅（1 人）。

（4）31 岁以上女性

按各称谓语选用人数排序为：小妹大姐类（10 人）＞小姐（5 人）＞零称谓（3 人）＞同志（2 人）＞姑娘（1 人）、朋友（1 人）。

各称谓语选用人数合计依次为：小妹大姐类（88 人）＞小姐类（82 人）＞零称谓（70 人）＞美女（16 人）＞同志（11 人）＞姑娘（5 人）＞师傅（1 人）、朋友（1 人）、大嫂（1 人）、阿姨（1

人）、女士（1 人）。各称谓语在不同调查对象中的选用率见下表。

农民工使用陌生年轻女性称谓语的情况（%）

		小妹大姐	小姐	美女	同志	姑娘	朋友
30 岁以下	男	42.03	50.72	7.25	7.25	2.90	—
	女	66.67	30.00	18.33	1.67	—	—
31 岁以上	男	44.00	46.00	—	6.00	4.00	—
	女	62.50	31.25	—	12.50	6.25	6.25

		师傅	女士	大嫂	阿姨	零称谓	
30 岁以下	男	—	1.45	1.45	1.45	47.83	
	女	—	—	—	—	18.33	
31 岁以上	男	2.00	—	—	—	20.00	
	女	—	—	—	—	18.75	

　　从调查数据来看，"小妹大姐"类和"小姐"是选用率最高的两个称谓语。在不同年龄和性别的农民工中，这两个称谓语的选用情况有一定差别：30 岁以下组的男性农民工选用"小姐"的比例高于"小妹大姐"类，特别是 20 岁以下组的男性选用"小姐"的比率高出"小妹大姐"类二十几个百分点；相应年龄组的女性农民工则选用"小妹大姐"类的比例高于"小姐"。31 岁以上组男性农民工选用"小姐"的比例也略高于"小妹大姐"类，31 岁以上组女性农民工则是"小妹大姐"类的选用率明显高于"小姐"。总体看来，在称呼陌生年轻女性时，男性农民工更倾向于使用"小姐"，女性则更倾向于使用"小妹大姐"类。

　　时尚称谓"美女"在 30 岁以下的年轻农民工中有一定的选用率，且女性使用率远高于男性，选用率最高的是 20 岁以下的女性农民工，这似乎是年轻女性更喜欢使用的一个称谓。"同志"在各个年龄组中都有分布，但选用率都不太高。另一个曾经风行的泛尊称"师傅"则很少被用来称呼陌生年轻女性，只有个别 31 岁以上的男性农民工使用。"姑娘"类称谓主要为年龄稍大的农民工使用，且已婚者多于未婚者，20 岁以下组中未见使用者。"朋友"、"女士"、"大嫂"、"阿姨"等称谓语的选用率都较低，选用者年纪也较小，"阿姨"只见于 20 岁以下组。用"女士"称呼陌生年轻女性属于称谓语的"拔高"使用。这个称谓通常用来在较正式的场合称呼有身份的女性，强调平等意识的城市居民一般不会用它来称呼陌生年轻女性，农民工对它的使用似乎透露出这个边缘化群体特有的称谓心理。

"零称谓"分布在各类陌生人称谓中，且各年龄、性别的农民工中都有一定的选用率，下不赘述。

（二）陌生中年女性称谓语

1. 选用的称谓语种类

农民工选用的该类称谓语共 11 种："大姐"类[①]（包括"姐姐"、"姐"、"妹妹"和"小妹"）、"大嫂"类（包括"嫂嫂"）、"大婶"类（包括"婶娘"）、"阿姨"、"同志"、"师傅"、"老板娘"、"老乡"、"小姐"、"美女"和"零称谓"。

2. 各称谓语使用情况

（1）30 岁以下男性

按各称谓语选用人数排序为：阿姨（37 人）＞大姐（34 人）＞零称谓（13 人）＞大婶（7 人）＞大嫂（5 人）＞同志（3 人）、老板娘（3 人）＞小姐（1 人）、美女（1 人）。

（2）30 岁以下女性

按各称谓语选用人数排序为：阿姨（37 人）＞大姐（19 人）＞

[①] 这里用"大姐"来概括，别于陌生年轻女性称谓"小妹大姐"类。虽然二者都包括"大姐"和"小妹"两类称呼，但陌生年轻女性称谓语中"小妹"和"大姐"的选用人数难分上下，而陌生中年女性称谓语则以"大姐"类为主，偶见"小妹"类，本次调查中只有 5 人选用"小妹"类，主要是年龄较大的农民工。

零称谓（14人）＞大婶（6人）＞大嫂（2人）＞同志（1人）、小姐（1人）、老板娘（1人）。

（3）31岁以上男性

按各称谓语选用人数排序为：大姐（22人）＞阿姨（13人）＞大嫂（10人）＞零称谓（9人）＞老板娘（4人）、同志（4人）＞师傅（1人）、老乡（1人）、大婶（1人）、小姐（1人）。

（4）31岁以上女性

按各称谓语选用人数排序为：大姐（11人）＞阿姨（5人）＞零称谓（4人）、大嫂（4人）＞老板娘（3人）＞大婶（1人）。

各称谓语选用人数合计依次为：阿姨（92人）＞大姐（86人）＞零称谓（40人）＞大嫂（21人）＞大婶（15人）＞老板娘（14人）＞同志（8人）＞小姐（3人）＞师傅（1人）、老乡（1人）、美女（1人）。各称谓语在不同调查对象中的选用率见下表。

农民工使用陌生中年女性称谓语的情况（%）

		大姐	阿姨	大嫂	大婶	同志	老板娘
30岁以下	男	49.28	53.62	7.25	10.14	4.35	4.35
	女	31.67	61.67	3.33	10.00	1.67	1.67
31岁以上	男	44.00	26.00	20.00	2.00	8.00	8.00
	女	68.75	31.25	25.00	6.25	—	18.75

		师傅	老乡	小姐	美女	零称谓	
30岁以下	男	—	—	1.45	1.45	18.84	
	女	—	—	1.67		23.33	
31岁以上	男	2.00	2.00	2.00		18.00	
	女	—	—	—		25.00	

根据调查数据，"大姐"类和"阿姨"是选用率最高的两个陌

生中年女性称谓，它们的使用情况存在年龄分化：年龄越小，选用"阿姨"的比例越高；年龄越大，选用"大姐"类的比例越高。"阿姨"选用率最高的人群是 20 岁以下女性，"大姐"类选用率最高的人群是 31 岁以上女性。这两个称谓语的应用范围具有互补性，"大姐"类用于平辈，"阿姨"用于长辈，正好满足不同年龄段人群的使用需求。

　　"大嫂"和"大婶"是另一对使用范围上具有互补性的陌生中年女性称谓，"大婶"主要为 30 岁以下年龄组选用，"大嫂"主要为 31 岁以上年龄组选用，但是，这两个称谓语的选用率却明显低于"大姐"和"阿姨"这一组。可以看出，虽然它们和"大姐"、"阿姨"一样，都由亲属称谓泛化而来，却没能像后者那样普及开来。究其原因，一方面可能是因为这两个称谓都带有一定的"乡土气息"，在时下追求"现代性"的社会潮流中难以流行；另一方面可能是因为这两个称谓语包含着对称呼对象婚姻状况（已婚）的暗示，使用时需要对称呼对象的婚姻状况做出推测，如果猜错可能带来不良后果，用来称呼陌生人不太适宜。

　　"同志"和"师傅"是两个曾经非常流行的泛尊称，近些年使用情况存在萎缩趋势，用它们来称呼陌生中年女性的不是很多。"同志"因无明显的性别倾向，使用率略高于"师傅"。

　　带有当地特色的称谓语"老板娘"在各年龄组都有一定的使用者，主要为年龄较大的农民工选用。"老乡"是农村社会称谓习惯的沿用，只有一位农民工选用，他告诉调查员，这样称呼感觉比较亲切，显然是为了拉近与称呼对象的距离。

　　用"小姐"和"美女"称呼中年女性表面看来不太合乎情理，实际上反映了称呼对象年龄的模糊性。"中年人"是个模糊概念，所指年龄跨度有较大弹性。选用这两个称谓语的都是年龄较小（20岁以下）的农民工，可能在他们眼里，30 岁左右的人也可被视为中年人，所以选用了"小姐"和"美女"这样的称谓。

（三）陌生年轻男性称谓语

1．选用的称谓语种类

农民工选用的该类称谓语共有 10 种："大哥小弟"类（包括"大哥"、"哥"、"哥哥"、"大哥哥"、"小弟"、"弟弟"、"小弟弟"、"老兄"、"兄弟"和"哥们"）、"小伙子"类（包括"年轻人"）、"朋友"、"先生"、"同志"、"师傅"、"帅哥"类（包括"靓仔"）、"老板"、"老乡"和"零称谓"。

2．各称谓语使用情况

（1）30 岁以下男性

按各称谓语选用人数排序为：大哥小弟类（43 人）＞零称谓（18 人）＞先生（13 人）＞朋友（12 人）＞师傅（11 人）＞同志（7 人）＞小伙子（5 人）＞帅哥（4 人）＞老板（2 人）＞老乡（1 人）。

（2）30 岁以下女性

按各称谓语选用人数排序为：零称谓（24 人）＞先生（15 人）＞大哥小弟类（12 人）＞帅哥（10 人）＞朋友（7 人）＞小伙子（5 人）＞老板（4 人）＞师傅（3 人）＞同志（2 人）。

（3）31 岁以上男性

按各称谓语选用人数排序为：大哥小弟类（21 人）＞同志（11 人）＞师傅（10 人）＞先生（9 人）、朋友（9 人）、小伙子（9 人）＞零称谓（7 人）＞老板（6 人）＞老乡（1 人）。

（4）31 岁以上女性

按各称谓语选用人数排序为：大哥小弟类（6 人）＞小伙子（5 人）＞先生（4 人）、同志（4 人）、零称谓（4 人）＞师傅（3 人）＞老板（1 人）、朋友（1 人）。

各称谓语选用人数合计依次为：大哥小弟类（82 人）＞零称谓（54 人）＞先生（41 人）＞朋友（29 人）＞师傅（27 人）＞

同志（24人）、小伙子（24人）＞帅哥（14人）＞老板（13人）＞
老乡（2人）。各称谓语在不同调查对象中的选用率见下表。

农民工使用陌生年轻男性称谓语的情况（%）

		大哥小弟	小伙子	朋友	先生	同志
30岁以下	男	62.32	7.25	17.39	18.84	10.14
	女	20.00	8.33	11.67	25.00	3.33
31岁以上	男	42.00	18.00	18.00	18.00	22.00
	女	37.50	31.25	6.25	25.00	25.00

		师傅	帅哥	老板	老乡	零称谓
30岁以下	男	14.49	5.80	2.89	1.45	26.09
	女	5.00	16.67	6.67	—	40.00
31岁以上	男	20.00	—	12.00	2.00	14.00
	女	18.75	—	6.25	—	25.00

　　从调查数据来看，"大哥小弟"类是农民工使用最多的陌生年轻男性称谓语，各年龄组男性和31岁以上的女性都以该称谓语的选用率为最高。不过，在30岁以下的女性中，"大哥小弟类"的优势不如上述几个人群明显，其中，20岁以下女性选用最多的称谓语是"帅哥"，21～30岁女性选用最多的是"先生"。

　　"先生"、"同志"、"朋友"、"师傅"几个称谓语在各年龄、性别农民工中选用率比较平均。其中，"朋友"在31～40岁男性中选用率相对较高，"先生"在21～30岁年龄组和31～40岁年龄组的选用率相对较高，"同志"选用率最高的是31～40岁年龄组，"师傅"也多为较高年龄组选用。此外，用"朋友"称呼陌生人显然更合适于相同性别的交际者，所以，在各年龄组中，男性选用"朋友"的比例都明显高于女性。

　　"小伙子"多为年龄较大的农民工使用，在20岁以下年龄组中选用率较低。"帅哥"只出现在 30 岁以下年龄组，且女性选用率明显高于男性，选用率最高的是 20 岁以下的女性农民工。

带有本地特色的"老板"称谓在各年龄、性别的农民工中都有分布，选用率最高的是 31～40 岁的男性农民工。

"老乡"只有 2 人选用，此 2 人均为 30 岁以上的男性，打工前 2 人都选用"大哥小弟"类，打工后选用"老乡"。

总的来看，与前几种称谓相比，陌生年轻男性称谓中各称谓语的分布比较分散，除"大哥小弟"类相对集中外，其他称谓语的选用率都比较平均。

（四）陌生中年男性称谓语

1. 选用的称谓语种类

农民工选用的该类称谓语共 9 种："大叔"类（包括"叔叔"、"大伯"、"伯伯"和"大爷"）、"大哥"类（包括"老哥"、"哥"、"哥哥"和"老兄"和"兄弟"）、"师傅"、"同志"、"老板"、"老乡"、"先生"、"帅哥"和"零称谓"。

2. 各称谓语使用情况

（1）30 岁以下男性

按各称谓语选用人数排序为：大叔（39 人）＞大哥（23 人）＞零称谓（20 人）＞师傅（17 人）＞同志（9 人）、老板（9 人）＞先生（7 人）＞帅哥（1 人）。

（2）30 岁以下女性

按各称谓语选用人数排序为：大叔（30 人）＞零称谓（16人）＞大哥（11 人）＞师傅（7 人）＞老板（6 人）＞同志（3人）＞先生（2 人）。

（3）31 岁以上男性

按各称谓语选用人数排序为：大哥（20 人）＞师傅（16 人）＞老板（9 人）＞大叔（8 人）＞同志（6 人）、零称谓（6 人）＞先生（3 人）＞老乡（1 人）。

(4) 31 岁以上女性

按各称谓语选用人数排序为：大哥（7 人）＞零称谓（5 人）、大叔（5 人）＞师傅（4 人）＞同志（3 人）、老板（3 人）＞先生（1 人）。

各称谓语选用人数合计依次为：大叔（86 人）＞大哥（62 人）＞零称谓（48 人）＞师傅（44 人）＞老板（27 人）＞同志（21 人）＞先生（13 人）＞老乡（1 人）、帅哥（1 人）。各称谓在不同调查对象中的选用率见下表。

农民工使用陌生中年男性称谓语的情况（%）

		大叔	大哥	师傅	同志	老板
30 岁以下	男	56.52	33.33	24.64	13.04	13.04
	女	50.00	18.33	11.67	5.00	10.00
31 岁以上	男	16.00	40.00	32.00	12.00	18.00
	女	31.25	43.75	25.00	18.75	18.75
		先生	老乡	帅哥	零称谓	
30 岁以下	男	10.14	—	1.45	28.99	
	女	3.33	—	—	26.67	
31 岁以上	男	6.00	2.00	—	12.00	
	女	6.25	—	—	31.25	

从调查数据来看，与陌生中年女性称谓中"大姐"类和"阿姨"的使用分化相类似，陌生中年男性称谓中"大哥"类和"大叔"类也因适用范围的互补性而出现年龄分化：年龄越小，选用"大叔"类的比例越高；年龄越大，选用"大哥"类的比例越高。不过，由于"中年"含义的模糊性，在低年龄组中也有使用"大哥"类的，在高年龄组中也有使用"大叔"类的。

　　"师傅"在各年龄组中都有一定的选用率，但总体看来年纪较大的农民工选用率高一些，男性的选用率高于女性。"同志"和"先生"在各年龄、性别农民工中都有一定的选用者，且选用率比较平均，未表现出明显的倾向性。当地特色称谓"老板"在各年龄组都有分布，但在 20 岁以下组选用率相对较低。"帅哥"只出现在 20 岁以下组，"老乡"只出现在 41 岁以上的农民工中。

三、雇主妻子称谓语使用情况

　　全部 194 人回答了此题，年龄及性别分组同上。

　　（一）选用的称谓语种类
　　农民工选用的此类称谓语共 6 种："老板娘"、"你（您）夫人"类（包括"您太太"）、"你（您）老婆"、"你（您）家大姐"（包括"大姐"）、"你（您）爱人"和"阿姨"。

　　（二）各称谓语使用情况
　　1. 30 岁以下男性
　　按各称谓语选用人数排序为：老板娘（63 人）＞你（您）夫人（3 人）＞你（您）家大姐（1 人）、你（您）爱人（1 人）、阿姨（1 人）。
　　2. 30 岁以下女性
　　按各称谓语选用人数排序为：老板娘（53 人）＞你（您）老婆（3 人）＞你（您）家大姐（2 人）＞阿姨（1 人）、你（您）夫人（1 人）。
　　3. 31 岁以上男性
　　只有一个称谓：老板娘（49 人）。
　　4. 31 岁以上女性

只有一个称谓：老板娘（16 人）。

各称谓语选用人数合计依次为：老板娘（181 人）＞你（您）夫人（4 人）＞你（您）老婆（3 人）、你（您）家大姐（3 人）＞阿姨（2 人）＞你（您）爱人（1 人）。各称谓语在不同调查对象中的选用率见下表。

农民工使用雇主妻子称谓语的情况（%）

		老板娘	夫人	老婆	大姐	爱人	阿姨
30 岁以下	男	91.30	4.34	—	1.45	1.45	1.45
	女	88.33	1.67	5.00	3.33	—	1.67
31 岁以上	男	98.00	—	—	—	—	—
	女	100.00	—	—	—	—	—

从调查数据来看，本类称谓语的使用呈现明显的"一边倒"态势：义乌当地流行的"老板娘"称谓具有压倒性优势，其他称谓语的选用率都很低。有意思的是，调查时"老板娘"并未出现在问卷给出的选项当中，但绝大多数调查对象都自报了这个称谓语。

四、农民工称谓语使用的一些规律

（一）"老公"和"老婆"在配偶称谓语中的使用优势

一般认为"老公"与"老婆"是改革开放以来受港台剧影响在国内传播开来的一对配偶称谓语，其传播途径是由城市向农村扩散。从农民工调查来看，这种扩散目前已达到相当的程度，"老公"和"老婆"已成为我国城乡范围内普遍通用的配偶称谓语。

（二）拟亲属称谓语在陌生人称谓语中的使用优势

"拟亲属称谓语"指的是用来称呼非亲属的亲属称谓语词，比如"大姐、小妹、大哥、大叔、大婶、阿姨"等。与"先生、小姐、老板"等尊称不同，拟亲属称谓语原本属于亲属称谓，使用范围被扩展到了非亲属领域。这种用亲属称谓语来称呼非亲属的现象也称为"亲属称谓外化"或"亲属称谓泛化"，是近年来较受研究者关注的一种称谓现象。

从我们的调查来看，农民工在称呼陌生人时较多使用拟亲属称谓语，各称谓语的使用都是拟亲属称谓的选用率高于甚至远远高于泛尊称。在陌生年轻女性称谓中，"小妹大姐"类（88 人）高于"小姐"（82 人）；在陌生中年女性称谓中，"阿姨"（92 人）和"大姐"类（86 人）远高于"老板娘"（14 人）和"同志"（8人）；在陌生年轻男性称谓中，"大哥小弟"类（82 人）远高于"先生"（41 人）、"朋友"（29 人）和"师傅"（27 人）；在陌生中年男性称谓中，"大叔"类（86 人）和"大哥"类（62 人）远高于"师傅"（44 人）、"老板"（27 人）和"同志"（21 人）。

（三）称谓语使用存在一定性别差异

就我们调查的农民工而言，称谓语使用上存在一定的性别差异。比如，在称呼陌生年轻女性时，男性更倾向于使用"小姐"，女性则更倾向于使用"小妹大姐"类。此外，"美女"和"帅哥"两个时尚称谓主要为年轻女性所使用，其在年轻女性中的选用率比年轻男性高出不少。

"美女"和"帅哥"多为年轻农民工所使用，这符合我们调查前的预判，但其在男女农民工中的这种分布差异却是我们事先没有想到的。究其原因，或许是由于男性用"美女"来称呼陌生女性有可能被误会为轻薄对方，加之交际活动发生在城市社区，对方可能是城市女性，来自农村的男青年们在使用这个称谓语时多了一层顾虑。而女性称呼"美女"，至少没有前面的那种顾虑，而女性对男性称呼"帅哥"，也没有男性使用"美女"时的那种顾虑，所以年轻女性比男性更愿意采用这两个的称呼。

（四）"老板"和"老板娘"两个当地特色称谓语在农民工中具有相当的影响力

在义乌，"老板"和"老板娘"是两个非常流行的泛尊称，这与当地社会经济状况有很大关系。当地流传着一种说法：义乌有三多，人多、车多、老板多。无论是否有生意关系，也无论身份如何、地位高低、年龄大小，男性可以一律称"老板"，女性可以一律称"老板娘"。特别是对于来前消费的顾客，更常用这两个称谓语来称呼。不少农民工告诉调查员，他们买东西时曾有过被称为"老板"、"老板娘"的经历。不少农民工向当地人学会了使用这两个称谓语。

从称呼对象来看，"老板"既可称呼年轻男性，又可称呼中年男性，不过还是中年男性更易成为该称谓语的称呼对象；"老板娘"只用来称呼陌生中年女性。从称呼主体来看，较高年龄组使用"老板"、"老板娘"称谓的比例高于较低年龄组。总体来看，年纪较大的农民工更倾向于使用这两个称谓语。

这两个称谓语在农民工中的称谓主体和客体见下表：

"老板"的称呼主体和称呼客体（%）[①]

客体　　主体	20 岁以下	21～30 岁	31～40 岁	41 岁以上
陌生年轻男性	4.17	4.94	12.77	7.14
陌生中年男性	6.25	14.81	19.15	21.43

---

① 横行为称呼主体，竖列为称呼客体，数值为某一年龄组农民工选用该称谓语的人数与该组农民工总人数的比值，下同。

"老板娘"的称呼主体和称呼客体（%）

客体＼主体	20 岁以下	21～30 岁	31～40 岁	41 岁以上
陌生年轻女性	—	—	—	—
陌生中年女性	2.08	3.70	12.77	28.57

（五）零称谓的使用比较普遍

"零称谓"是近年来越来越受人关注的一种特殊称谓现象，指社会交往中发话人对受话人不采用任何称谓语，而是用"你好"、"不好意思"、"请问"或"打扰一下"等作为发语词。零称谓的兴起与我国现阶段社会生活的急剧变化有密切关系。改革开放以来，中国的社会生活发生了巨大变化，社会变迁给原有的称谓习惯带来很大冲击。当原有的社会关系被打破，现有的称谓系统尚不能充分满足定位人际关系的需要的情况下，采用"零称谓"不失为一种方便、实用的称谓方法。另外，也有人从"自我意识的觉醒"和"国外文化影响"的角度对零称谓现象的产生原因作出解释。[①]不管零称谓兴起的原因是什么，一个不容忽视的事实是，近年来零称谓的使用已经出现上升势头。

我们对农民工的调查显示，在农民工对各种陌生人的称谓中，零称谓都占有不低的比例：在称呼陌生年轻女性时达 36.08%，称呼陌生中年女性时达 20.62%，称呼陌生年轻男性时达 27.84%，称呼陌生中年男性时达 24.74%。

（六）"同志"、"师傅"的称谓主体和称谓客体均存在差异

"同志"和"师傅"这两个曾经风行的泛尊称在农民工使用

---

① 王祥林：《零称谓现象的辨析》，载《哈尔滨学院学报》2002 年第 4 期，第 135 页。

的陌生人称谓中占有一定的比例，不过，就不同调查对象的情况
来看，这两个称谓语的称呼对象和称呼主体都存在一定差异。

农民工使用"同志"、"师傅"称谓语时的称谓对象比较（单位：人）

	陌生年轻女性	陌生中年女性	陌生年轻男性	陌生中年男性
同志	11	8	24	21
师傅	1	1	27	44

从上表可以看出，在农民工的称谓习惯中，"同志"既可用来
称呼男性，亦可用来称呼女性，不过还是男性更易被称为"同志"；
"师傅"则主要用来称呼男性，用于女性的极少。此外，"同志"
和"师傅"在称呼陌生年轻男性时，选用比例相差不多，而用于
称呼陌生中年男性时，"师傅"的选用率明显高于"同志"，可见
"师傅"更多地被用来称呼陌生中年男性。

不同性别、年龄农民工"同志"称谓语选用率比较（单位：人）

	30岁以下女性	31岁以上女性	30岁以下男性	31岁以上男性
称呼陌生年轻男性	3.33	25.00	10.14	22.45
称呼陌生中年男性	5.00	18.75	13.04	12.24

不同性别、年龄农民工"师傅"称谓语选用率比较（单位：人）

	30岁以下女性	31岁以上女性	30岁以下男性	31岁以上男性
称呼陌生年轻男性	5.00	12.50	17.39	20.41
称呼陌生中年男性	11.67	25.00	24.64	32.65

根据上面两个表格的数据，就"同志"称谓语的使用情况来
看，年纪较小的男性农民工比年纪较小的女性农民工更倾向于使
用"同志"称谓语，但年纪较大的女性农民工比年纪较大的男性

农民工更多使用"同志"称谓语。而就"师傅"称谓语的使用情况来看,年纪较大的农民工比年纪较小的农民工更倾向于使用"师傅"称谓语,男性农民工比女性农民工更倾向于使用"师傅"称谓语。

当然,我们这里所概括的农民工称谓语使用的规律,有的可能为农民工所独有,有的则可能是各类人群的共同特点,进一步的结论只有在对更多人群进行调查以后方可得出,由此也可以看出分人群语言生活调查的重要性和紧迫性。

第三节　打工前后称谓语使用的变化

本书在考察农民工打工前后称谓语使用的变化时,不再考虑不同称呼主体的使用差异,只比较打工前后各称谓语选用总人数之间的关系。

一、配偶称谓语的使用变化

（一）男性配偶称谓语的使用变化

1. 选用的称谓语种类

农民工打工前选用的该类称谓语有 10 种："老婆"、"爱人"、"媳妇"、"妻子"、"那口子"、"屋里的"类（包括"家里的"、"家人"）、"对象"、"女人"、"称姓名"类（包括"我家×××"）和"以子女称呼"。

打工后选用的该类称谓语有 7 种,除"妻子"、"女人"和"以子女称呼"无人选用外,其他称谓语均保持使用。

2. 各称谓语使用情况

农民工打工前后使用男性配偶称谓语情况比较（单位：人）

	老婆	媳妇	爱人	屋里的	妻子
打工前	44	8	8	5	2
打工后	53	7	10	3	0

	那口子	对象	女人	称姓名	以子女称
打工前	2	2	1	2	1
打工后	2	2	0	2	0

比较"打工前"和"打工后"的称谓语使用情况可以看出，农民工打工后使用男性配偶称谓语的情况发生了一些变化，具体体现在以下几个方面：

第一，"老婆"在打工前就是男性配偶称谓中居首位的称谓语，打工后选用者人数进一步增加，一些年龄较大的农民工原来不习惯用这一称谓，打工后逐渐改用此称谓。

第二，"媳妇"和"爱人"打工前选用情况基本持平，打工后更显文雅的"爱人"称谓选用率有所上升，"媳妇"略有下降。

第三，"我屋里的"、"我女人"和"以子女称呼"等称谓语带有较浓的乡土气息，有的还带有女性歧视意味，打工后选用人数有所下降。

第四，"妻子"称谓打工后无人选用。

（二）女性配偶称谓语的使用变化

1. 选用的称谓语种类

农民工打工前选用的该类称谓语有 6 种："老公"、"丈夫"、"爱人"、"我家那口子"类（包括"那位"）、"对象"和"称姓名"类（包括"我家×××"）。

打工后选用的该类称谓语有 5 种，除"那口子"无人选用外，其他均保持使用。

2. 各称谓语使用情况

农民工打工前后使用女性配偶称谓语情况比较（单位：人）

	老公	称姓名	丈夫	对象	爱人	那口子
打工前	25	8	3	3	1	1
打工后	32	3	3	2	1	0

农民工使用女性配偶称谓的变化主要体现为"老公"称谓选用人数上升，一些农民工原先使用其他称谓，打工后改用此称谓。

二、陌生人称谓语的使用变化

（一）陌生年轻女性称谓语使用变化

1. 选用的称谓语种类

农民工打工前选用的该类称谓语有 10 种："小妹大姐"类（包括"小妹"、"大姐"、"小妹妹"、"妹妹"、"妹子"、"姐"、"姐姐"、"大姐姐"、"小大姐"等）、"小姐"、"美女"类（包括"靓女"、"靓妹"）、"同志"、"师傅"、"女士"、"姑娘"类（包括"小姑娘"、"女孩子"、"小女孩"）、"大嫂"类（包括"嫂子"）、"同学"和"零称谓"。

打工后选用的该类称谓语有 11 种，与打工前相比，"同学"称谓不再有人选用，增加"朋友"和"阿姨"两个称谓语。

2. 各称谓语使用情况

打工前后农民工使用陌生年轻女性称谓语的情况也发生了一定变化，主要体现在以下几个方面：

第一，表亲近关系的"小妹大姐"类选用人数明显下降，而泛尊称"小姐"则有较大幅度上升，几乎与"小妹大姐"类持平。

第二，时尚称谓"美女"打工后选用率明显上升，排名由打工前的第五位升至第三位。

第三，"零称谓"选用比例有较大幅度上升。

第四，"姑娘"类称谓语选用率有所下降。"姑娘"类称谓也带有一定的乡土色彩，主要为30岁以上的农民工选用，已婚者多于未婚者。打工后该称谓选用人数有所减少。

农民工打工前后使用陌生年轻女性称谓语情况比较（单位：人）

	小妹 大姐	小姐	美女	同志	姑娘	师傅
打工前	114	41	5	12	10	1
打工后	89	82	16	11	5	1

	女士	朋友	同学	大嫂	阿姨	零称谓
打工前	1	0	1	1	0	58
打工后	1	1	0	1	1	70

（二）陌生中轻女性称谓语使用变化

1. 选用的称谓语种类

农民工打工前选用的该类称谓语有10种："大姐"类（包括"姐姐"、"姐"、"妹妹"和"小妹"）、"大嫂"类（包括"嫂嫂"）、"大婶"类（包括"婶娘"）、"大妈"类（包括"大娘"、"伯母"、"娘娘"等）、"阿姨"、"同志"、"师傅"、"老板娘"、"老人家"和"零称谓"。

打工后选用的称谓语有13种，增加"老乡"、"小姐"和"美女"三种称谓。使用"小姐"的3人中，30岁以下男性、30岁以下女性和31岁以上男性各1人。使用"美女"的1人为30岁以下男性。

2. 各称谓语使用情况

农民工陌生中年女性称谓语使用变化主要体现在：

第一，表示亲近关系的"大姐"、"大嫂"、"大婶"、"大妈"等几种拟亲属称谓语选用率有所下降，而带有城市色彩的"阿姨"

称谓则有明显上升。

第二，带有当地色彩的"老板娘"称谓选用率显著上升。

第三，零称谓选用率明显上升。

农民工打工前后使用陌生中年女性称谓语情况比较（单位：人）

	大姐	阿姨	大嫂	大婶	同志	老板娘	大妈
打工前	92	73	28	29	11	4	11
打工后	87	92	21	14	8	14	1

	师傅	老人家	老乡	小姐	美女	零称谓
打工前	2	1	0	0	0	24
打工后	2	1	1	3	1	40

（三）陌生年轻男性称谓语使用变化

1. 选用的称谓语种类

农民工打工前选用的该类称谓语有9种："大哥小弟"类（包括"大哥"、"哥"、"哥哥"、"大哥哥"、"小弟"、"弟弟"、"小弟弟"、"老兄"、"兄弟"和"哥们"）、"小伙子"类（包括"年轻人"）、"朋友"、"先生"、"同志"、"师傅"、"帅哥"类（包括"靓仔"）、"老板"和"零称谓"。

打工后选用的该类称谓语有10种，除上述称谓语外，增加"老乡"称谓。

2. 各称谓语使用情况

陌生年轻男性使用变化主要体现在以下几个方面：

第一，表亲近关系的"大哥小弟"类选用人数下降，而多在城市使用的泛尊称"先生"和带有本地特色的"老板"称谓选用率则有显著上升。

第二，时尚称谓"帅哥"选用人数有明显增加。

第三，"同志"和"师傅"两个泛尊称的选用人数也有所增加。

第四，零称谓选用率有所上升。

农民工打工前后使用陌生年轻男性称谓语情况比较（单位：人）

	大哥小弟	小伙子	朋友	先生	同志
打工前	101	31	22	22	20
打工后	82	24	29	41	24

	师傅	帅哥	老板	老乡	零称谓
打工前	20	5	1	0	48
打工后	27	14	13	2	54

（四）陌生中年男性称谓语使用变化

1. 选用的称谓语种类

农民工打工前农民工选用的该类称谓语有8种："大叔"类（包括"叔叔"、"大伯"、"伯伯"和"大爷"）、"大哥"类（包括"老哥"、"哥"、"哥哥"和"老兄"、"兄弟"和"同年哥"）、"师傅"、"同志"、"老板"、"老乡"、"老人家"和"零称谓"。

打工后选用的此类称谓语有9种，与打工前相比，"老人家"不再选用，增加"先生"和"帅哥"两个称谓语。使用"帅哥"的2人均为30岁以下的男性。

2. 各称谓语使用情况

农民工使用陌生中年男性称谓语情况的变化主要体现在以下几个方面：

第一，表示亲近关系的拟亲属称谓语"大哥"和"大叔"选用人数有所下降，而带有城市色彩的泛尊称"先生"和带有当地特色的"老板"称谓选用率则有明显上升。

第二，泛尊称"同志"的选用人数也有一定上升。

第三，零称谓使用增加。

农民工打工前后使用陌生中年男性称谓语情况比较（单位：人）

	大叔	大哥	师傅	同志	老人家
打工前	99	70	42	12	1
打工后	85	62	44	21	0

	先生	老板	老乡	帅哥	零称谓
打工前	0	5	1	0	42
打工后	22	27	1	2	48

三、小结

农民工打工前后使用这几类称谓语的情况的确发生了一定变化，主要表现为称谓语数量的增减和某一称谓语使用人数的增减。

（一）称谓语数量的增减

农民工打工后新增的称谓语

陌生年轻 女性称谓语	陌生中年 女性称谓语	陌生年轻 男性称谓语	陌生中年 男性称谓语
朋友、阿姨	老乡、小姐、美女	老乡	先生、帅哥

农民工打工后不再使用的称谓语

男性配偶 称谓语	女性配偶 称谓语	陌生年轻 女性称谓语	陌生中年 男性称谓语
妻子、女人、 以子女称	那口子	同学	老人家

（二）称谓语使用人数的增减

打工后使用人数增长较显著的称谓语

男性配偶称谓语	女性配偶称谓语	陌生年轻女性称谓语
老婆（44→53）、爱人（8→10）	老公（25→32）	小姐（41→82）、美女（5→16）、朋友（0→1）、阿姨（0→1）
陌生中年女性称谓语	陌生年轻男性称谓语	陌生中年男性称谓语
阿姨（73→92）、老板娘（4→14）、小姐（0→3）	先生（22→41）、帅哥（5→15）、老板（1→13）、师傅（20→27）、朋友（22→29）、同志（20→24）、	同志（12→21）、老板（5→27）、先生（0→22）、师傅（42→44）、帅哥（0→2）

打工后使用人数减少较为显著的称谓语

男性配偶称谓语	女性配偶称谓语	陌生年轻女性称谓语
屋里的（5→3）、妻子（2→0）、媳妇（8→7）、女人（1→0）、以子女称（1→0）	称姓名（8→3）、对象（1→0）、那口子（1→0）	小妹、大姐类（114→89）、姑娘（10→5）、同志（12→11）、同学（1→0）
陌生中年女性称谓语	陌生年轻男性称谓语	陌生中年男性称谓语
大姐（92→87）、大嫂（28→21）、大婶（29→14）、大妈（11→1）、"同志"（11→8）	大哥小弟类（101→82）、小伙子（31→24）	大叔（99→85）、大哥（70→62）、老人家（1→0）

（三）陌生人称谓中零称谓使用人数的增长

农民工打工后，各种陌生人称谓语中零称谓语的使用人数都有较大幅度的增加。零称谓语使用的增加反映了进城后的农民工在称谓语使用上的困惑。其中，陌生年轻男性称谓和陌生年轻女性称谓中零称谓使用者增长的幅度远大于陌生中年男性称谓和陌生中年女性称谓，可以看出农民工对陌生人中年纪较轻的称呼对象的称谓困惑程度更高一些。

零称谓语使用人数增长情况

	打工前	打工后	增加人数
陌生年轻女性称谓	58	70	12
陌生中年女性称谓	24	40	16
陌生年轻男性称谓	48	54	6
陌生中年男性称谓	42	48	6

第四节 称谓语使用的城市趋同倾向

比较农民工和义乌居民使用几类称谓语情况可以看出，农民工在称谓语使用上发生的变化与城市称谓习惯的影响有一定关系，农民工打工以后的称谓语使用呈现出一定的城市趋同倾向。

一、义乌居民使用称谓语的情况

（一）配偶称谓语

1. 男性配偶称谓语

义乌居民选用的此类称谓语有5个："老婆"、"爱人"、"媳妇"、"妻子"和"称姓名"。

各称谓语选用人数排序依次为：老婆（10人）>爱人（4人）>

媳妇（2人）、称姓名（2人）＞妻子（1人）。

2. 女性配偶称谓语

义乌居民选用的该类称谓语有5种："老公"、"丈夫"、"爱人"、"那口子"类和"称姓名"。

各称谓语选用人数排序依次为：老公（10人）＞称姓名（5人）＞丈夫（3人）＞爱人（1人）、那口子（1人）。

（二）陌生人称谓语

1. 陌生年轻女性称谓语

义乌居民选用的该类称谓语有8种："小妹大姐"类、"美女"类、"小姐"、"同志"、"姑娘"类、"大嫂"类、"老板娘"和"零称谓"。

各称谓语选用人数排序依次为：零称谓（37人）＞小姐（35人）＞小妹大姐（24人）＞同志（8人）＞美女（2人）、同学（2人）＞姑娘（1人）、老板娘（1人）。

2. 陌生中轻女性称谓

义乌居民选用的称谓语有8种："大姐"类、"大婶"类、"大妈"类、"阿姨"、"同志"、"师傅"、"老板娘"和"零称谓"。

各称谓语选用人数排序依次为：阿姨（32人）＞零称谓（27人）＞大姐（15人）＞老板娘（11人）＞大婶（8人）＞大嫂（7人）＞同志（5人）＞大妈（2人）。

3. 陌生年轻男性称谓语

义乌居民选用的该类称谓语有10种："大哥小弟"类、"同志"、"先生、"师傅"、"朋友"、"小伙子"、"帅哥"类、"同学"、"老板"和"零称谓"，另有一种当地方言说法——"同年哥"、"同年弟"，统计时归入"大哥小弟"类。

各称谓语选用人数排序依次为：零称谓（33人）＞先生（21人）＞老板（16人）＞大哥小弟（13人）＞师傅（11人）＞小

伙子（10 人）＞同志（6 人）、朋友（6 人）＞帅哥（1 人）、同学（1 人）。

4．陌生中轻男性称谓

义乌居民选用的该类称谓语有 7 种："大哥"类、"大叔"类、"同志"、"师傅"、"先生"、"老板"和"零称谓"。

各称谓语选用人数排序依次为：老板（32 人）＞零称谓（31 人）＞师傅（25 人）＞大叔（16 人）＞先生（15 人）＞大哥（14 人）＞同志（7 人）。

（三）雇主妻子称谓

义乌居民未就此问题进行调查，但访谈中了解到本地人称呼老板的妻子时几乎全部使用"老板娘"称谓。

二、农民工与义乌居民称谓语使用比较

将农民工打工后使用称谓语的变化与义乌居民使用称谓语的情况进行比较可以发现，农民工打工后使用人数上升幅度较大的称谓语，基本上都是在义乌居民中使用者较多的称谓语；而农民工打工后使用人数下降幅度较大的称谓语，则基本上是在义乌居民中使用者较少的称谓语。

（一）农民工与义乌居民配偶称谓语使用比较

1．男性配偶称谓语

（1）在义乌居民中，"老婆"在男性配偶称谓语中使用人数排第一位。农民工打工后选用"老婆"的人数有显著增加，使用率上升了 20%。一些年龄较大的农民工原来不习惯用这一称谓，打工后逐渐改用此称谓。一位来自重庆的 43 岁农民工孙某告诉调查员："我们在外面叫老婆，如果回去家里这样叫，人家就说你不

知道自己有老婆似的。"他打工前选"我们家里的"，打工后选用"老婆"。另一位46岁、来自云南的农民工王某告诉调查员："我们家不叫老婆，叫女人。"他打工前选"女人"，打工后选用"老婆"。

　　（2）在义乌居民中，"爱人"的选用率高于"媳妇"。农民工打工前"媳妇"和"爱人"的选用情况基本持平，打工后"爱人"的选用率有所上升，"媳妇"略有下降。

　　（3）在义乌居民中，没有人选用"屋里的"、"女人"和"以子女称呼"等称谓语。农民工打工后选用"屋里的"和"以子女称呼"的人数有所下降，"女人"则无人使用。

　　（4）"妻子"称谓在义乌居民中较少有人使用，农民工打工后无人选用。

　　2. 女性配偶称谓语

　　在义乌居民中，"老公"称谓占绝对优势，使用者人数位居第一。农民工打工前就有不少人选用"老公"称谓，打工后此称谓选用人数有明显上升，使用率上升了13.43%，不少原先使用其他称谓的农民工改用此称谓。一位21岁的云南籍女工段某告诉调查员："我们那里不叫'老公'"。她打工前选用"称姓名"，打工后选用"老公"。

　　（二）农民工与义乌居民陌生人称谓语使用比较

　　1. 陌生年轻女性称谓语

　　（1）在义乌居民中，泛尊称"小姐"的选用人数列第二位，表亲近关系的"小妹大姐"类虽位列第三，但选用率比"小姐"低了不少。农民工打工后"小妹大姐"类选用人数明显下降，而"小姐"则有较大幅度上升，几乎与"小妹大姐"类持平。

　　（2）在义乌居民中，用"零称谓"称呼陌生年轻女性的人数居第一位。农民工打工后选用此称谓语人数显著上升。打工前选用此称谓者有 58 人，打工后增至 70 人。

（3）在义乌居民中，选用"姑娘"称谓的人数比较少。农民工打工后选用此称谓语的人数有所下降，主要为 30 岁以上的农民工，已婚者多于未婚者。

2．陌生中年女性称谓语

（1）在义乌居民中，"阿姨"的使用人数位列第一，"大姐"、"大婶"、"大嫂"、"大妈"等拟亲属称谓的选用率都远低于"阿姨"。农民工打工后"阿姨"的选用人数则有明显上升，"大姐"、"大嫂"、"大婶"、"大妈"等几种称谓语选用率均有所下降。许多农民工都意识到了"阿姨"称谓语在当地的影响，一位 43 岁的重庆籍农民工蒋某告诉调查员："在这边，对老一点的都喊阿姨。"他在打工前选用"大姐"和"同志"，打工后则选用"阿姨"、"老板娘"和"零称谓"。

（2）在义乌居民中，用"老板娘"称呼陌生中年女性的人数比较多。农民工打工后选用"老板娘"称谓的人数显著上升。

（3）在义乌居民中，零称谓使用人数位列第二。农民工打工后零称谓选用率明显上升。

3．陌生年轻男性称谓语

（1）在义乌居民中，"先生"和"老板"是选用率很高的两个陌生年轻男性称谓语，使用人数仅次于零称谓。农民工打工后使用"先生"和"老板"称谓语的人数显著上升，而选用表亲近关系的"大哥小弟"类称谓语的人数明显下降。"大哥小弟"类在农民工中的选用率虽然打工后仍居第一，但选用人数却下降了不少。一些原本选用该称谓的农民工打工后改用"先生"、"老板"等称谓。"先生"在东南沿海一带的城市中比较流行，不少农民工经常在珠江三角洲和长江三角洲之间流动，对此称谓比较熟悉。"老板"是当地非常流行的一个泛尊称，在农民工中也有较大影响。一位 43 岁的重庆籍农民工告诉调查员："这边兴叫'老板'、

'老板娘'，对年轻的我们也叫他老板，抬举他嘛。"他打工前使用"小兄弟"，打工后使用"先生"、"老板"、"朋友"。曾经在广东打过工、现在已经做到管理层的李某告诉调查员："我在广东叫先生，在义乌就叫老板。"

（2）在义乌居民中，零称谓使用人数位列第一。农民工打工后零称谓选用率有所上升。

4. 陌生中年男性称谓语

（1）在义乌居民中，"老板"称谓的选用人数列第一位。农民工打工后选用"老板"的人数明显上升，而选用表亲近关系的"大哥"和"大叔"称谓语的人数则有所下降。

（2）在义乌居民组中，零称谓的选用人数仅次于"老板"，列第二位。农民工打工后使用零称谓的人数有一定增加。

农民工与义乌居民使用陌生人称谓语情况比较（单位：人）

	称谓语	打工前	打工后	义乌居民使用率排序
使用人数上升的陌生人称谓语	先生（称年轻男性）	22	41	1
	老板（称中年男性）	5	27	1
	小姐（称年轻女性）	41	82	1
	老板娘（称中年女性）	4	14	2
使用人数下降的陌生人称谓语	大姐、小妹（称年轻女性）	114	89	2
	大哥、小弟（称年轻男性）	101	82	3
	大叔（称中轻男性）	99	85	3
	大婶（称中年女性）	29	14	4

（三）农民工与义乌居民雇主妻子称谓语使用比较

义乌居民称呼老板的妻子时几乎全部使用"老板娘"称谓。

农民工绝大多数人都使用"老板娘"称谓，他们完全接受了当地人的这一称谓习惯。

三、农民工称谓习惯的城市趋同倾向

农民工和义乌居民称谓语使用情况比较分析的结果显示，农民工称谓语使用变化的方向，与义乌居民使用称谓语的倾向性之间存在较强的一致性：在义乌居民中使用人数较多的称谓语，往往就是农民工打工后使用人数有所上升的称谓语；而那些在义乌居民中使用人数较少的称谓语，往往就是农民工打工后使用人数有所下降的称谓语。这一事实说明，农民工称谓语使用上所发生的变化，在相当大程度上是因为受到了打工城市居民称谓习惯的影响。由此我们可以看出，农民工打工期间，以当地居民为参照，对自身称谓习惯做出了一定调整。

称谓策略的调整是农民工打工期间所做出的言语交际策略调整的一个重要方面。农民工对称谓策略所进行的调整，使得其称谓习惯在一定程度上偏离了农村社会，呈现出一定的城市趋同倾向。这种城市趋同倾向有利于他们与打工城市居民的沟通，可以帮助农民工更好地适应城市的生活环境。正如本章开头引用的那位农民工所说："我感觉有些称呼在老家用合适，在这边不合适。有时在老家不称呼，在这边必须要称呼一下，否则人家不理你，转头就走了。"

第八章 农民工援用义乌方言成分的情况

——农民工语言受打工地方言影响情况考察

调查员：你出来打工以后普通话有没有说得更好了？
农民工：说得更差了，这里的人说得都不标准。

第一节 研究思路和样本

一、研究思路

（一）方言接触过程中的相互影响

与同质性较强的乡村社会比较起来，多元化的城市是方言接触更易发生的地方。而且，由于城市社区人口结构复杂，方言种类众多，城市范围内的方言接触现象显得更为复杂，常常是几种不同方言（也包括普通话）同时在与某一种方言（常常是较为强势的方言）发生接触。当农民工在打工城市里与其他人群交往时，他们的语言也在不知不觉中与其他方言或普通话接触着，在这一过程中，农民工语言难免受到其他方言或普通话的一些影响。农民工打工期间的交往对象主要包括以下几种：（1）亲属和亲戚；（2）同乡；（3）来自其他省份的工友；（4）当地人。后两种交往对象所使用的语言都有可能对农民工语言产生一定影响，其中，打工城市方言对农民工语言的影响显得尤为突出，这也是农民工打工期间语言生活的一个重要方面。

这里所说的农民工语言受打工城市方言影响，不是指农民工习得并使用打工城市的方言，而是指在语言表达中夹杂使用打工城市方言中的某些结构成分。

（二）方言影响的实证研究途径

以往的语言接触或方言接触研究，多围绕语言或方言接触以后的结果进行。方言接触研究还可以有另一条途径——对正在进行中的方言接触现象进行观察。方言接触以操一定方言的人群之间的接触为前提，也就是说，总是某一方言在操该方言的人群与操另一方言的人群接触过程中逐渐受到另一方言的影响，或者是两种方言互相影响。操一种方言的人群使用另一方言的成分，就意味着这两种方言在发生接触。通过观察某一共时阶段内，操某一方言的人群使用另一方言成分的情况，可以对进行中的方言接触现象进行考察，发现"正在进行中的方言接触"的有关规律。采用这一研究方法，还可以对操不同方言的人群共同使用某一方言成分的情况进行观察，这有助于发现城市范围内错综复杂的方言接触现象的某些规律。

本书尝试运用这样的实证方法来研究农民工语言受打工城市方言影响的情况。农民工虽然各自的方言背景（家乡话）不同，但可能都受到打工城市里强势方言的影响，共同使用该方言的成分。通过对农民工使用义乌方言成分的情况进行观察，可以了解打工城市方言影响农民工语言的某些特点和规律，比如，农民工中大致有多少人因受到打工城市方言的影响而使用当地方言中的某些结构成分？哪些农民工更容易使用当地方言成分？哪些结构成分较易为农民工所使用？影响农民工使用当地方言成分的因素有哪些？当地方言成分影响农民工语言的途径有哪些？等等。

（三）研究方案

首先，通过对农民工语言和义乌居民语言的观察，确定若干已经为部分农民工使用的当地语言成分作为调查条目。然后，从农民工中抽取一定数量的样本，就这些结构成分的使用情况进行调查，并对所收集的数据进行量化处理。在此基础上，比较农民工使用各调查条目的情况，并联系使用者的社会特征，概括农民工语言受当地语言影响的特点和规律。

二、田野调查

（一）调查问卷

本次调查主要采用问卷调查的方式进行，问卷的内容主要包括以下几个部分：

1. 调查对象的背景信息

包括性别、年龄、受教育程度、务工行业等。

2. 与农民工使用义乌方言成分相关的一些情况

包括初次来义乌打工的时间、除打工以外在义乌居住的时间及原因、与义乌居民接触的方式及频度、收看义乌方言电视节目的情况、掌握各种语码的情况、义乌方言程度、对义乌方言的态度、对义乌方言程度的期望，等等。

3. 知晓及使用调查条目的情况

包括农民工对调查条目知晓、使用及习得等方面的情况。习得情况主要涉及农民工习得调查条目的时间是打工前还是打工后、习得调查条目的地方是家乡还是在打工城市，目的是核实调查对象使用调查条目确实是因为受到了义乌方言的影响，以帮助确定受影响样本。

由于不同调查条目的不同特点，问卷在收集不同调查条目的使用情况数据时采用了不同的方法。词汇和语法条目采用直接询

问的方法，征求调查对象关于知晓、使用和习得调查条目情况有
关问题的回答。为保证所有调查对象对调查条目语义和语法功能
的理解能够具有同一性，问卷中给出了若干例句，并设法使各例
句中出现的调查条目在读音和语义上保持一致。语音条目比较特
殊，调查对象知道了调查目的后可能刻意控制自己的发音，因而
影响调查的信度。为获取农民工使用语音条目的真实情况，我们
采用了诱导式调查法。因为调查目的是了解农民工是否使用义乌
居民特有的"没有"读音，我们在问卷中设计了一些令调查对象
只能用"没有"来回答一些问题，比如"你当过老板吗"、"你 5
岁以前来过义乌吗"等。调查员通过观察调查对象回答问题时的
发音情况，在问卷上填写出其使用情况。为避免把调查对象因偶
然因素使用调查条目的情况也统计在内，影响了调查的信度，我
们特意在问卷中安排了三组问题，每一组都包含两个问题，假如
调查对象对第一个问题给出了肯定回答（未出现"没有"的读音），
就用第二个备用问题再次提问。三组中需要有至少两组问题的答
案使用了这一读音，才能被确定为受影响样本。

（二）调查的实施

本次调查于 2007 年 6 月在义乌市进行，为期半个月。调查员
全部为绍兴文理学院中文系的义乌籍大学生，他们都从小就会说
义乌方言，且具备良好的语音学功底。本次调查的抽样方案仍以
农民工的职业类型作为抽样的主要依据，按照各种职业类型农民
工在农民工总体中的比例，分别抽取一定数量的样本，同时兼顾
调查对象在性别、年龄、流入地等方面的适当比例。

三、样本的构成

考虑到语言（方言）影响的发生需要一定时间，而对于来自

吴语区的农民工来说，难以对其使用义乌方言成分的情况进行观察，本次调查对调查对象进行了两个方面的限定：（1）在义乌打工半年以上；（2）来自非吴语区。共获取农民工有效问卷 208 份。

农民工"义乌方言成分使用情况调查"样本信息（N＝208）

分组		样本	%	分组		样本	%
性别	男	121	58.17	年龄	17～24 岁	107	51.44
	女	87	41.83		25 岁以上	101	48.56
受教育程度	未上学	2	0.96	行业	建筑业	63	30.29
	小学	24	11.54		制造业	76	36.54
	初中	130	62.50		住宿餐饮业	37	17.79
	高中	47	22.60		零售业	32	15.38
	大专	5	2.40	总计		208	100

为检验调查条目来源的可靠性及其在义乌方言中的活跃程度，我们还从义乌居民中抽取了 101 个样本。

义乌居民"义乌方言成分使用情况调查"样本信息（N＝101）

分类		样本	%	分类		样本	%
性别	女	59	58.42	职业	公务员	10	9.91
	男	42	41.58		企事业工作人员	30	29.70
年龄	25 岁以下	37	36.64		教师	4	3.96
	26～40 岁	33	32.67		教师以外专业人员	4	3.96
	41 岁以上	31	30.69		商业、服务业人员	26	25.74
教育程度	小学	9	8.92		学生	17	16.83
	初中	14	13.86		工人	5	4.95
	高中	30	29.70		不在业	3	2.97
	大专以上	48	47.52		其他人员	2	1.98

调查对象的流出地分别为：安徽（不包括属于吴语区的郎溪、

广德、铜陵、泾县、太平、高淳等地①）39 人，河南 38 人，江西（不包括属于吴语区的上饶、玉山、广丰等地）36 人，湖北 30 人，四川 19 人，湖南 9 人，贵州 8 人，重庆 6 人，广东 5 人，云南 4 人，江苏（徐州）4 人，福建 3 人，陕西 3 人，山东 1 人，海南 1 人，甘肃 1 人，黑龙江 1 人。

第二节　调查条目及义乌居民的使用情况

一、选取调查条目的原则

为保证调查条目的代表性，同时便于观察方言成分的社会分布，在选取调查条目时，主要遵循以下原则：第一，调查条目应为义乌方言中固有的成分，且目前正活跃在义乌居民口语当中，即"正在使用着"的方言成分。第二，调查条目应该是义乌方言成分中分布较为广泛、使用频率较高的成分，因为这样的成分最有可能对农民工的语言使用产生影响。第三，调查条目应该是在初步观察中发现的为较多农民工使用的义乌方言成分，以便于对使用者的社会特征进行比较分析。第四，分别从语音、词汇、语法各要素中选取若干成分，以便进行比较研究。对调查条目的初步观察主要指第一阶段的语言使用及语言态度调查，对该项调查中获取的农民工谈话录音进行整理，帮助我们发现了一些为较多农民工使用的义乌方言成分。为确认调查条目在义乌方言中的活跃程度，我们从义乌居民中抽取一定数量的样本，进行了调查条目使用情况问卷调查。

按照上述原则，最终确定了如下 13 个调查条目：（1）数词

---

① 参见郑张尚芳（1986）对皖南方言分区的讨论。郑张尚芳：《皖南方言的分区（稿）》，载《方言》1986 年第 1 期。

"两"；（2）语气词"哇₁"；（3）语气词"哇₂"；（4）语气词"嘞"；（5）语气词"好了"；（6）语气词"的"；（7）STV结构；（8）动词重叠带补语结构；（9）"没有"一词的读音；（10）惯用语"老虎价"；（11）惯用语"老面皮"；（12）惯用语"食生米"；（13）惯用语"背大刀"。

二、调查条目

（一）语音条目

语音条目只选择了一个——"没有"的读音。

严格说起来，这是一个义乌普通话成分，是由义乌方言和普通话混合而成的成分。在义乌方言中，表示普通话"没"、"没有"之意的词读为双音节的[m̩ mai]（书面上写作"呒没"或"无没"）。方松熹《义乌方言研究》第三章"义乌方言词汇"第二十六"副词"中收有"无没"一词：

无没 $m̩_{213}|_{211}mai_{311}|^{55}$没有

另外，该书第五章"义乌方言语法例句"第36条记录了一个带有"无没"一词的例句：

36. $a_{53}|k'ɔ_{22}|^{55}zə_{311}|_2 m̩_{213}|_{211}mai_{311}|^{55}ɕy_{33}|a_{33}|$！ 我确实没有书啊！

在义乌方言中"没"的后面是不会出现像普通话的"有"这样的音节，也就是说，义乌方言不存在"没有[$mai^{35}iou^{214}$]"这样的成分。比如，在陈述句里，像"我没有英语书"这句话，其中表示否定意思的词在义乌话里只能读为[m̩ mai^{311}]。在疑问句里，像"你有没有英语书"这句话，其中的"有没有"如果用义乌话说，一定是说成"有没"[$ɦiə ω^{33}mai^{55}$]。

但是，一些义乌人受义乌方言影响，讲普通话时将"没有"

一词中的"没"读为[mai]，"有"仍用普通话的读音，整个词读为[mai^{35}iou^{214}]。这是义乌方言和普通话混合的结果，是将普通话的"没有[mei^{35}iou^{214}]"和义乌方言中的"无没"[m̩ mai]糅合而成的一个新成分。这是一个义乌普通话成分，义乌人讲义乌方言时不使用此成分。

根据我们的观察，通常那些普通话说得比较好的义乌人口头不会出现这样的读音，这种读音主要出现于普通话程度不是很好的义乌人口头，使用者中女性较多。我们曾在一家面馆听到一位农村妇女模样的顾客对服务员说："怎么没[mai]有香菜？"又如，一位公交车上的女性售票员报站名时说："××站有没[mai]有下的？没[mai]有下的走了。"另外，访谈中有些义乌居民告诉我们，他们曾听到有些小孩子在刚开始学普通话时也会说"没[mai]有"。

在实地观察中，我们还发现，义乌人讲普通话时，"没有"一词中"没"的主要元音开口度大小存在过渡现象，有的人读这个音时开口度大一些，有的则小一些。根据主要元音开口度的大小，可以将义乌普通话"没有"一词中"没"的读音分为三档：（1）[mei]；（2）介于[mei]和[mai]之间，可以记为[mɛ]；（3）[mai]。这可能是从义乌话向普通话过渡过程中产生的一种特有现象。总之，"没[mai]有"是义乌普通话中特有的结构成分，最初可能是出现在初学普通话者的口头表达中，但在一些普通话已说得较好的人口头也会出现，它是否会固化在一部分义乌人的口语中尚待进一步的观察。

在第一阶段语言使用情况调查的录音中，我们搜索到一些使用"没[mai]有"读音的义乌居民样本。

样本一：女，20岁，出生于义乌市北苑街道游览亭，初中文化，商店营业员。会说义乌土话和普通话，普通话流利，但个别音不标准。"没"有[mei]、[mɛ]和[mai]三种读法。

例1　调 查 员：什么时候会用"门关关好"这样的说法？

义乌居民：第一种，第二种。

调 查 员：还有没有了？

义乌居民：没[mei]有了。

例2　调 查 员：什么情况下用"把门关关好"？

义乌居民：第一种。

调 查 员：跟外地人讲话时有没有？

义乌居民：没[mɛ]有。

调 查 员：开玩笑的时候？

义乌居民：没[mɜ]有。

例3　调 查 员："拆烂污"这个词听说过吗？

义乌居民：没[mai]有。

样本二：女，20岁，出生于义乌市北苑街道万村，大学文化，肯德基快餐店营业员。会说义乌话和普通话，普通话流利，但个别音不标准。"没"有[mei]、[m ɛ]和[mai]三种读法。

例1　调 查 员：不喜欢看？那就是没看过啦？

义乌居民：没[mei]看过。

例2　调 查 员：《杭州佬》有没有看过？

义乌居民：没[mɛ]有。

例3　调 查 员：还有没有其他场合用"等一下"？

义乌居民：没[mai]有。

例4　调 查 员：有没有用过"拆烂污"？

义乌居民：没[mei]。

样本三：女，36岁，出生于义乌市城西镇先塘村，小学文化，工人，会说义乌话和普通话，普通话能比较熟练地交谈，但方音较重。将"没有"中的"没"读为[mai]。

例1：调 查 员：其他两种说法用不用？

义乌居民：没[mai]有。

样本四：女，20岁，大学生，出生于义乌市城西镇荷村，会义乌话和普通话，普通话很流利，但个别音不标准。"没"有两读：[mai]和[mei]。

例1　调 查 员：说普通话时遇到过什么问题？有没有经常说普通话怕人笑话？

义乌居民：没[mei]有。

例2　调 查 员：什么时候用"钞票"这个词？

义乌居民：开玩笑时。

调 查 员：还有没有了？

义乌居民：唔……没[mai]了。

样本五：女，20岁，出生于义乌市城西镇荷村，会义乌话和普通话，普通话很流利，但个别音不标准。"没"有[mai]和[mei]两种读法。

例1　调 查 员：普通话说得不太好的原因？

义乌居民：第三种。

调 查 员：其他原因呢？

义乌居民：没[mei]有了。

例2　调 查 员："钞票"和"钱"用哪个？还是两种都有说？

义乌居民：第二种。

调 查 员：这两种都有说吗？

义乌居民：没[mai]了，就第二种。

在农民工语言使用情况调查的198个样本录音中，我们搜索到27个使用"没[mai]有"的样本，占总人数的13.64%。这些样本的调查录音中不同程度地出现了"没[mai]有"的读音，大致可分为以下三种情况：（1）只读[mai]，即：在所有的语境里（包括单独回答问题、在合成词"没有"里、在"没来"等偏正结构里），"没"字都读为[mai]；（2）有[mei]和[mai]两种读音，有时候读[mei]，有时候读[mai]；（3）除了[mei]和[mai]外，还有一种介于[mei]和[mai]之间的过渡音——[mɛ]。

第一种情况可以调查时17岁、来自河南省新蔡县关津乡的张××为例。他2004年就来到义乌打工，虽然义乌话完全听不懂，也完全不会说，但口音中带有较明显的义乌普通话腔调。我们在他的录音中只搜索到两处"没有"，其中的"没"字都读成了[mai]。

　　例1　调查员：你结婚了吗？
　　　　　农民工：没[mai]有。
　　例2　调查员：你觉得打工以后，你的家乡话有没有变化？
　　　　　农民工：没[mai]有。

又比如调查时20岁、来自河南省于城县营盘乡的严××。她2003年来义乌打工（当时只有16岁），义乌话能听懂一些日常用语，也会说一些日常用语，讲话带有义乌普通话味道。我们在她的调查录音中共搜索到5处"没有"，其中的"没"均读为[mai]。

　　例1　调查员：小时候还有没有学会其他的话？
　　　　　农民工：没[mai]有。
　　例2　调查员：有没有觉得说方言比普通话更自然、更容易？
　　　　　农民工：没[mai]有。
　　例3　调查员：那有没有觉得怕说得不好，不好意思说？
　　　　　农民工：没[mai]有。
　　例4　调查员：你觉得你的老家话有没有社会影响？
　　　　　农民工：没[mai]有。
　　例5　调查员：有没有遇到过因为语言不通影响日常交际的情

况?

　　　　农民工：没[mai]有。

　　第二种情况可以调查时21岁、来自山东省涅城县凤凰乡的刘×为例。她2002年来义乌（当时16岁），能听懂一半义乌话，也会说一些日常用语，口音中带有较明显的义乌普通话味道。我们在她的调查录音中共搜索到12处"没"，有的单念，有的在合成词里。这12处"没"大部分读成了[mai]，但也有一处读为[mei]。

　　例1　调查员：那你在那里待了两年?

　　　　农民工：没[mai]，待了半年都没[mai]到。

　　例2　调查员：有没有在办公事的时候跟义乌人打交道?

　　　　农民工：没[mai]。

　　例3　调查员：没上学之前还会说什么话?

　　　　农民工：没[mei]上学之前没[mai]有了。

　　例4　调查员：除了普通话和老家话，还会不会其他话?

　　　　农民工：没[mai]有。

　　例6　调查员：看电视听广播有没有学到过老家话?

　　　　农民工：那没[mai]。

　　例7　调查员：有没有在工作中学到老家话?

　　　　农民工：没[mai]。

　　例8　调查员：有没有觉得怕自己普通话说得不好，不好意思说?

　　　　农民工：那没[mai]。

　　例9　调查员：你们老家话的社会影响大不大? 可以打几分?

　　　　农民工：有…没[mai]…有…反正我们老家话跟普通话有点接近，差不多的。随便打几分好了，你给我打好了。

　　例10　调查员：你学习义乌话有没有为了职场升迁得快一些?

农民工：这个没[mai]有。

例11　调查员：有没有因为语言不通影响过你的日常交际？

农民工：没[mai]有。

例12　调查员：那有没有影响过工作？

农民工：那没[mai]有。

"没[mai]"单独用来回答问题，或用在"没到"等偏正结构里，这种用法与义乌土话的用法最为接近，只是去掉了前面的自成音节的"ṃ"。刘×的话语中存在7处这样使用的"没"，可见她对义乌土话"无没"的读音很熟悉，并学着义乌人使用这个词。另外，例3（"没[mei]上学之前没[mai]有了"）反映了一种非常有趣的现象，一句话里出现两处"没"，前一个读为[mei]，后一个读为[mai]。后者显然是接受了义乌普通话的影响，而前者则可能是其母语方言或者其以前习得的普通话的底层。

第三种情况即存在过渡音的读音可以调查时19岁、来自贵州省沿河镇复光村的田××为例。她2004年来义乌，义乌话能听懂一些日常用语，也会说一些日常用语，讲话带有义乌普通话腔调。我们在她的调查录音中搜索到4处"没有"，其中的"没"有[mei]、[mɛ]、[mai]三种读音。

例1　调查员：来义乌之前还去过哪里打工？

农民工：没[mɛ]有。

例2　调查员：没结婚吧？

农民工：肯定没[mɛ]有。

例3　调查员：有没有看过方言的电视节目？

农民工：没[mai]有。

例4　调查员：有没有觉得打工后老家话讲得有些变化？

农民工：没[mei]有，我都是讲老家话的。

（二）词汇条目

1. 两

义乌方言数词，用于清点数目，或用在叙述数量且位于数词"百"、"千"、"万"和名词"块"（钱）等后面时，例：一、两、三、四、五……/一千两百三十二/一块两。读音为[lɯa³¹]。[①]一些义乌人讲普通话时使用此词。在义乌普通话中的读音采用普通话读法，读为[liaŋ²¹³]。

2. 哇₁

义乌方言中的语气词，用于疑问句句末，相当于普通话的"吗"，书面上也写作"叻伐"，例：侬去叻伐？你去吗？读音为[.və]或[.vɐ]（读得轻一些时是前者，读得重一些时是后者）。赵小青《义乌方言的语法及构词法》一文将其收入语气助词，写作"叻伐"，认为它是否定词"勿"与语气词"啊"的合音，并认为其"在吴语中除邻县东阳外，别处均不见使用"。文中举例为：去～？去吗？/要～唻？要吗？。[②]方松熹《义乌方言研究》将其收入助词，写作"叻伐"，释义为"疑问助词，相当于'吗'"，读音注为[və]，举的例子是：今日会落雨～？今天会下雨吗？/侬去～？你去吗？[③]一些义乌人讲普通话时使用此词，例：普通话你会说哇？/这个人你认识哇？/对哇？你吃过了哇？/红色的？是水笔哇？/你今年春节回家哇？/便宜点好了哇？或许是受普通话音近词（哇[.ua]）的影响，义乌人讲普通话时使用的"哇₁"在读音上与讲义乌方言时有所不同，有[.ua]和[.vɐ]两种读法。

在第一阶段调查获取的 198 个农民工调查录音样本中，我们检索到 7 位使用"哇₁"者。其中女性 6 人，男性 1 人；制造业 5 人，零售业 2 人；来义乌时间在 2 年以上者 6 人，1 年以下者 1

[①] 方松熹：《义乌方言研究》，浙江省新闻出版局 2000 年版，第 253 页。

[②] 赵小青：《义乌方言的语法及构词法》，载《义乌方志》2005 年第 3 期，第 35 页。

[③] 方松熹：《义乌方言研究》，浙江省新闻出版局 2000 年版，第 180 页。

人。农民工使用"哇₁"的例句：老家话哇？打三、四分吧。/义
乌话哇？也还好啦。/这个也要写哇？/堂弟的老婆哇？比我小嘞。
/我打分打一下哇？打 3 分。/我家里哇？家乡话咾？家乡话没有
变化。

　　3. 哇₂

　　义乌方言中的语气词，用于祈使句末，相当于普通话的"吧"
或"啊"，书面上也写作"口伐"，读音同"哇₁"。例：侬快点口伐！
你快点啊！[noŋ⁵³ k'ua⁵⁵n̩iθːn⁵³va]。[①]一些义乌人讲普通话使用此
词，例：你快点哇！/把门关上哇！/你过来哇！讲普通话时使用
的"哇₂"在读音上也存在类似"哇₁"的两读现象。

　　受调查时特定情境的限制，在第一阶段调查获取的农民工录
音中，我们未能搜索到使用"哇₂"者。

　　4. 嘞

　　义乌方言中的语气词，用于陈述句末，表示强调，读音为
[.le]。例：做过嘞。做过了。赵小青《义乌方言的语法及构词法》
将其收入语气助词，写作"唻"。认为它"用在句末表示急切、期
待或不耐烦的语气；用在答语的末尾则表示对所回答的事物的强
调。如：侬几时来的～？你哪天来的？/佢生病好未～？他病好了吗？
/去口伐？去的～！去吗？去的。/要伐～？勿要～！要吗？不要！有时
也表示意外的语气。如：小刘日日迟到，今日呢来得早的～！小
刘天天迟到，不过今天倒来得早。"[②]方松熹《义乌方言研究》也收录
该词，写作"勒"，认为它相当于"了"，同"唻"，他举的例句为：
好～。好的。做过～。做过了。[③]一些义乌人讲普通话时使用此词，
例：你怎么这个样子的嘞？/这个我没有的嘞。/今天下午不行嘞。
在义乌普通话中的读音仍采用义乌方言的读法。

①　方松熹：《义乌方言研究》，浙江省新闻出版局 2000 年版，第 220 页。
②　赵小青：《义乌方言的语法及构词法》，载《义乌方志》2005 年第 3 期，第
35 页。
③　方松熹：《义乌方言研究》，浙江省新闻出版局 2000 年版，第 180 页。

在第一阶段调查获取的 198 个农民工调查录音样本中，我们搜索到 31 位使用"嘞"者，占总人数的 15.66%。其中女性 20 人，男性 11 人；制造业 17 人，零售业 8 人，建筑业 3 人，餐饮服务业 1 人，社会服务业 1 人；来义乌时间在 6 年以上者 4 人，2～5 年者 17 人，1 年以下者 9 人。农民工使用"嘞"的例句摘录如下：三十岁嘞。/真的被你问到了嘞，搞不清楚。/我还小学嘞。/5 岁的事情很远嘞。/结婚嘞。/没有嘞。/全打满分好了嘞。/义乌朋友多嘞，都是我亲戚。/不知道怎么说嘞，这个。/这样的？那不知道嘞，随便他学嘛。/我都听不太懂嘞，你说怎么说嘞？/那是普通话嘞。/早嘞，97 年。/我反正什么都不叫的嘞。/还是老家话讲的多嘞。/去的地方就多嘞。/听不懂的嘞，就不好了哦。/阳光的阳嘞。/义乌话不可能传得很远，不可能的嘞，是不是？/那我说不喜欢跟前边就有矛盾嘞。/没有嘞。/我们家语言好几种的嘞/我讲的都比较多嘞，普通话。/我爸爸是新安江的嘞。/我孩子还小嘞。/能学会是很好的嘞。/跟老乡？家乡话嘞。/我忘记嘞。/那是没想过嘞。/比我小嘞。

5. 好了

义乌方言中的语气词，用于陈述句末，表示要求、商量等语气。书面上也写作"好唻"，读音为 $[ho^{53}le^{213}]$。例：送来佢好唻。送给他好了[1]。一些义乌人讲普通话时使用此词，例：你去问他好了。/你随便写好了。/你告诉他好了。在义乌普通话中的读音采用普通话或接近普通话的读法。

在第一阶段调查获取的农民工样本录音中，我们发现一些农民工使用这一条目。不过，由于受调查时特定语境的限制，样本中使用"好了"的情况多出现在语言态度调查中被要求给某一语码打分时，例：打四分好了。/一般喽，打 3 分好了。/写第二个好了。/那就打 1 分好了。

---

[1] 方松熹：《义乌方言研究》，浙江省新闻出版局 2000 年版，第 180 页。

6. 的

义乌方言中的语气词，用于陈述句末，表示肯定。书面上也写作"个"，读音为[kə²²]。例：阿一定要去个[a⁵³ iə²² dən¹³ iɯy⁵⁵ kʻai⁵⁵ kə²²] 我一定要去的。[①]一些义乌人讲普通话时也使用此词，例：老天爷不相信眼泪的。／这本书我看过的。／这件事情我知道的。在义乌普通话中读为[.də]。

在第一阶段调查获取的农民工样本录音中，可以发现很多农民工使用这一条目。由于数量较多，我们没有进行使用者人数统计。农民工使用"的"的例句：钞票是你们本地话的。／小学老师年纪偏大，普通话都不标准的。／我也讲不来的。／家乡话嘛，很少讲的。／我不知道的。／方言节目我喜欢看的。／普通话频率每天都讲的。／这个没什么影响的，你看着打好了。／有用的，打3分好了。／（希望跟城里其他人说话一样吗？）那肯定希望的。／普通话的社会影响很好的。／就像那个《新闻节节棒》呀，都还好看的。／城里面也不好的。

7. 惯用语

几条惯用语均为义乌方言土语成分，是长期以来约定俗成的，含义较为特殊。老虎价：指做生意时卖主开出的过高的价格。食生米：比喻讲话生硬粗鲁。老面皮：意同"脸皮厚"。背大刀：指受人利用，为别人冲锋陷阵。

在第一阶段调查获取的农民工样本录音中，没有使用几条惯用语者，这当然与调查时的语境有关。但是，对惯用语的熟悉和使用意味着农民工对当地语言生活介入较深。为了解农民工介入当地居民语言生活的深度，我们特意选择了这几条惯用语作为调查条目。

---

① 方松熹：《义乌方言研究》，浙江省新闻出版局2000年版，第223页。

（三）语法条目

1. STV 结构

STV 结构是义乌方言乃至整个吴方言的一种特色句式，指以受事作为小话题，并将受事置于动词之前的结构格式，例如：阿饭食过了。（我饭吃过了）。

刘丹青（2001）的研究指出，吴语在很多情况下都使用受事成分充当话题T的TV式句子，尤其是受事充当次话题的STV式。吴语的静态句（惯常行为句、嵌入句等）一般只用SVO型，但其他情况下常由受事充当话题（特别是主语后动词的次话题），形成STV或TSV。在是非疑问句、否定句中话题句更占明显优势。他据此认为吴语是比北京话更不典型的SVO类型和比北京话更典型的话题优先类型。他举了一个例子：北方人跟人借钢笔，很可能会问"你有钢笔吗？"，而上海人最可能的问法是"侬钢笔有唻伐"。[①]方松熹《义乌方言研究》也记载了义乌方言中的STV句式，不过他称为"受事宾语前置句"。书中指出，这种句子把受事宾语放在谓语前面，构成"主宾谓补"句，如"阿饭食好罢"。书中还举了以下例句：佢饭烧熟罢。他烧熟了饭。他把饭烧熟了。/阿书望好拉。我看好了书。我把书看好了。/佢拉田种过拉。他们种过田了。/阿拉午饭食过罢。我们吃过中饭了。/侬信写过未？你写过信没有？

一些义乌人讲普通话时也使用此结构，不过句中的词语均为普通话词语。例：你钢笔借我用一下好吗？/你晚饭吃过没有？/我北京没去过。

2. 动词重叠带补语结构

指由动词重叠形式带上补语构成的一种特殊的述补结构，如：晒晒燥 $[sua^{55}|^{33}sua^{55}|^{33}so^{55}]$、填填实 $[die^{213}|^{211}die^{213}|^2zə^{311}]$、排排齐 $[ba^{213}|^{211}ba^{213}|^2dzi^{21}]$、敲敲碎 $[k^{'}o^3|k^{'}o^{33}|^{334}se^{53}|^4]$、送

---

① 刘丹青：《吴语的句法类型特点》，载《方言》2001 年第 4 期，第 334 页。

送转去[soŋ⁵⁵|soŋ⁵⁵|⁴tɕye⁵³|kʻai⁵³]。①一些义乌人讲普通话时使用此结构，但其中的词语均为普通话词语。例：门关关好！/被子叠叠好！/碗洗洗干净！

在第一阶段调查获取的农民工样本录音中，两个语法条目均未发现使用者。但是，考虑到调查时的语境比较特殊，调查时不使用，不一定其他时候不使用。而且，我们希望分别从语音、词汇、语法几个方面考察农民工使用当地方言成分的情况，故仍将这两个条目确定为调查条目。

三、义乌居民使用调查条目的情况

各调查条目在义乌居民中的使用情况（%）②

	讲义乌方言时用	讲普通话时用		讲义乌方言时用	讲普通话时用
两	84.16	50.50	动叠带补结构	64.36	46.53
哇₁	46.53	11.88	"没有"的读音	0.00	7.92
哇₂	35.64	17.82	老虎价	45.54	15.84
嘞	53.47	35.64	食生米	39.60	3.96
的	71.29	78.22	老面皮	24.75	5.94
好了	81.19	77.23	背大刀	30.69	0.99
STV	84.16	71.29	—	—	—

调查数据显示，义乌居民无论是在讲义乌方言时，还是在讲义乌普通话时，都会不同程度地使用这些调查条目，说明各调查条目目前均活跃在当地居民的口语中，属于"正在使用着"的结构成分，且大多分布较为广泛。

---

① 方松熹：《义乌方言研究》，浙江省新闻出版局2000年版，第261页。
② 各调查条目的使用率为使用该条目的调查对象人数在调查对象总人数中所占的比例。

第三节　农民工整体知晓调查条目的情况

本书所谓知晓情况非指是否知道调查条目的读音或含义，而指是否知晓调查条目为义乌方言中的成分。调查时采用的询问方式为"您知道义乌人讲话时会使用……（的说法）吗"。为帮助调查对象进行判断，问卷中在各调查条目下面均给出若干例句，并使各例句中出现的调查条目在读音和语义上保持一致。

一、农民工知晓义乌方言词汇条目的情况

（一）农民工对义乌方言"两"的知晓

"两"知晓者在不同社会特征农民工中的分布[①]

农民工类型		人数	%	农民工类型		人数	%
性别	男	54	44.63	年龄	17～24	35	32.71
	女	37	42.53		25以上	56	55.45
受教育程度	小学及以下	12	46.15	行业	建筑业	29	46.03
	初中	51	39.23		制造业	26	34.21
	高中及以上	28	53.85		餐饮服务零售	36	52.17

调查对象中共有91人知晓义乌方言的"两"，占样本总量的43.80%。比较各种社会特征农民工知晓义乌方言"两"的情况来看，男、女农民工知晓"两"的情况差别不大，高中及以上文化程度的农民工知晓率高于小学和初中文化程度者，年龄较大农民工的知晓率比年龄较小的农民工高出不少，餐饮服务零售业农民

---

① 知晓率为知晓调查条目的农民工人数在某一社会特征农民工总数中所占的比例。

工知晓率高于建筑业和制造业农民工。

（二）农民工对义乌方言"哇₁"的知晓

调查对象中共有 110 人知晓义乌方言的"哇₁"，占样本总量的 52.88%。比较各种社会特征农民工知晓义乌方言"哇₁"的情况来看，不同性别农民工的知晓率基本持平，年纪较大的农民工知晓率高于年纪较小的农民工，高中及以上文化程度农民工的知晓率显著高于小学和初中文化程度者，餐饮服务零售业的农民工知晓率也远高于制造业和建筑业农民工。

"哇₁"知晓者在不同社会特征农民工中的分布

农民工类型		人数	%	农民工类型		人数	%
性别	男	63	52.07	年龄	17～24	51	47.66
	女	47	54.02		25 以上	59	58.42
受教育程度	小学及以下	15	57.69	行业	建筑业	26	41.27
	初中	59	45.38		制造业	33	43.42
	高中及以上	36	69.23		餐饮服务零售	51	73.91

（三）农民工对义乌方言"哇₂"的知晓

调查对象中共有 109 人知晓义乌方言的"哇₂"，占样本总量的 52.40%。比较各种社会特征农民工知晓义乌方言"哇₂"的情况来看，女性农民工的知晓率高于男性，年纪较小的农民工知晓率高于年纪较大的农民工，初中文化农民工的知晓率远高于高中及以上文化程度和小学文化程度的农民工，餐饮服务零售业农民工的知晓率也显著高于制造业和建筑业农民工。

"哇₂"知晓者在不同社会特征农民工中的分布

农民工类型		人数	%	农民工类型		人数	%
性别	男	59	48.76	年龄	17～24	58	54.21
	女	50	57.47		25以上	51	50.50
受教育程度	小学及以下	12	46.15	行业	建筑业	23	36.51
	初中	59	45.38		制造业	34	44.74
	高中及以上	38	73.08		餐饮服务零售	52	75.36

（四）农民工对义乌方言"嘞"的知晓

调查对象中共有105人知晓义乌方言的"嘞"，占样本总量的50.48%。比较各种社会特征农民工知晓义乌方言"嘞"的情况来看，女性农民工的知晓率高于男性，年纪较大的农民工知晓率高于年纪较小的农民工，初中文化的农民工知晓率远高于高中及以上文化程度和小学文化程度的农民工，餐饮服务零售业农民工知晓率也显著高于制造业和建筑业农民工。

"嘞"知晓者在不同社会特征农民工中的分布

农民工类型		人数	%	农民工类型		人数	%
性别	男	54	44.63	年龄	17～24	47	43.93
	女	51	58.62		25以上	58	57.43
受教育程度	小学及以下	8	30.77	行业	建筑业	22	34.92
	初中	59	45.38		制造业	34	44.76
	高中及以上	38	73.08		餐饮服务零售	49	71.01

（五）农民工对义乌方言"好了"的知晓

调查对象中共有108人知晓义乌方言的"好了"，占样本总量的51.92%。比较各种社会特征农民工知晓义乌方言"好了"的情况来看，女性农民工的知晓率略高于男性，不同年龄农民工的知晓率持平，高中及以上文化程度的农民工知晓率远高于初中和小学文化程度的农民工，餐饮服务零售业农民工的知晓率也显著高于制造业和建筑业农民工。

"好了"知晓者在不同社会特征农民工中的分布

农民工类型		人数	%	农民工类型		人数	%
性别	男	56	46.28	年龄	17～24	54	50.47
	女	52	55.17		25以上	54	53.47
受教育程度	小学及以下	12	46.15	行业	建筑业	27	42.86
	初中	61	46.92		制造业	34	44.74
	高中及以上	35	67.31		餐饮服务零售	47	68.12

（六）农民工对义乌方言"的"的知晓

调查对象中共有 101 人知晓义乌方言的"的"，占样本总量的 48.56%。比较各种社会特征农民工知晓义乌方言"的"的情况来看，男性农民工的知晓率比女性高出不少，年纪较小的农民工知晓率略高于年纪较大的农民工，高中及以上文化程度的农民工知晓率远高于初中和小学文化程度的农民工，餐饮服务零售业农民工的知晓率也显著高于制造业和建筑业农民工。

"的"知晓者在不同社会特征农民工中的分布

农民工类型		人数	%	农民工类型		人数	%
性别	男	53	43.80	年龄	17～24	52	48.60
	女	48	55.17		25以上	49	53.47
受教育程度	小学及以下	9	34.62	行业	建筑业	20	31.75
	初中	60	46.15		制造业	38	50.00
	高中及以上	32	61.54		餐饮服务零售	43	62.32

（七）农民工对义乌方言"老虎价"的知晓

调查对象中共有 21 人知晓义乌方言"老虎价"，占 10.10%。不同性别、年龄农民工的知晓率基本持平，高中及以上文化程度的农民工知晓率远高于初中和小学文化程度的农民工，制造业农民工的知晓率略高于餐饮服务零售业和建筑业农民工。

"老虎价"知晓者在不同社会特征农民工中的分布

农民工类型		人数	%	农民工类型		人数	%
性别	男	11	9.09	年龄	17～24	10	9.35
	女	10	11.49		25以上	11	10.89
受教育程度	小学及以下	0	0.00	行业	建筑业	4	6.35
	初中	12	9.23		制造业	10	13.16
	高中及以上	9	17.31		餐饮服务零售	7	10.15

（八）农民工对义乌方言"食生米"的知晓

调查对象中共有9人知晓义乌方言的"食生米"，占4.33%。不同社会特征农民工知晓义乌方言"食生米"的情况相差不大，女性农民工的知晓率略高于男性，年龄较大的农民工知晓率略高于年龄较小的农民工，高中及以上文化程度的农民工知晓率略高于初中和小学文化程度的农民工，餐饮服务零售业农民工的知晓率略高于制造业和建筑业农民工。

"食生米"知晓者在不同社会特征农民工中的分布

农民工类型		人数	%	农民工类型		人数	%
性别	男	4	3.31	年龄	17～24	3	2.80
	女	5	5.75		25以上	6	5.94
受教育程度	小学及以下	1	3.85	行业	建筑业	2	3.17
	初中	5	3.85		制造业	3	3.95
	高中及以上	3	5.77		餐饮服务零售	4	5.80

（九）农民工对义乌方言"老面皮"的知晓

调查对象中共有19人知晓义乌方言的"老面皮"，占样本总量的9.13%。比较各种社会特征农民工知晓义乌方言"老面皮"

的情况来看，不同性别农民工的知晓率基本持平，年龄较大的农民工知晓率略高于年龄较小的农民工，高中及以上文化程度的农民工知晓率显著高于初中和小学文化程度的农民工，不同行业农民工的知晓率相差不大。

"老面皮"知晓者在不同社会特征农民工中的分布

农民工类型		人数	%	农民工类型		人数	%
性别	男	12	9.92	年龄	17~24	8	7.48
	女	7	8.05		25 以上	11	10.89
受教育程度	小学及以下	1	3.85	行业	建筑业	6	9.52
	初中	10	7.69		制造业	7	9.21
	高中及以上	8	15.38		餐饮服务零售	6	8.70

（十）农民工对义乌方言"背大刀"的知晓

调查对象中共有6人知晓义乌方言的"背大刀"，占样本总量的2.88%。各种社会特征农民工知晓义乌方言"背大刀"的情况相差不大，只是制造业农民工的知晓率略高于建筑业和餐饮服务零售业农民工。

"背大刀"知晓者在不同社会特征农民工中的分布

农民工类型		人数	%	农民工类型		人数	%
性别	男	3	2.48	年龄	17~24	4	3.74
	女	3	3.45		25 以上	2	1.98
受教育程度	小学及以下	0	0.00	行业	建筑业	1	1.59
	初中	4	3.08		制造业	4	5.26
	高中及以上	2	3.85		餐饮服务零售	1	1.45

二、农民工知晓义乌方言语法条目的情况

（一）农民工对义乌方言"STV结构"的知晓

调查对象中共有74人知晓义乌方言的"STV结构"，占样本总量的35.58%。比较各种社会特征农民工知晓义乌方言"STV结构"的情况来看，女性农民工的知晓率显著高于男性，不同年龄农民工的知晓率持平，初中文化程度的农民工知晓率远高于高中及以上程度和小学文化程度的农民工，餐饮服务零售业农民工的知晓率也显著高于制造业和建筑业农民工。

"STV结构"知晓者在不同社会特征农民工中的分布

农民工类型		人数	%	农民工类型		人数	%
性别	男	36	29.75	年龄	17~24	36	33.64
	女	38	43.68		25以上	38	37.62
受教育程度	小学及以下	7	26.92	行业	建筑业	17	26.98
	初中	42	32.31		制造业	22	28.95
	高中及以上	25	48.08		餐饮服务零售	35	50.72

（二）农民工对义乌方言"动词重叠带补语结构"的知晓

调查对象中共有88人知晓义乌方言的"动词重叠带补语结构"，占样本总量的42.31%。比较各种社会特征农民工知晓义乌方言"动词重叠带补语结构"的情况来看，女性农民工的知晓率明显高于男性，不同年龄农民工的知晓率持平，高中及以上文化程度的农民工知晓率远高于初中和小学文化程度的农民工，餐饮服务零售业农民工的知晓率也显著高于制造业和建筑业农民工。

"动词重叠带补语结构"知晓者在不同社会特征农民工中的分布

农民工类型		人数	%	农民工类型		人数	%
性别	男	44	36.36	年龄	17～24	44	41.12
	女	44	50.57		25以上	44	43.56
受教育程度	小学及以下	8	30.77	行业	建筑业	19	30.16
	初中	45	34.62		制造业	24	31.58
	高中及以上	36	69.23		餐饮服务零售	45	65.22

三、农民工知晓义乌方言语音条目的情况

调查对象中共有73人知晓义乌方言的"没有"读音，占样本总量的35.10%。比较各种社会特征农民工知晓义乌普通话"没有"读音的情况来看，女性农民工的知晓率明显高于男性，年龄较大的农民工知晓率略高于年龄较小的农民工，高中及以上文化程度的农民工知晓率远高于初中和小学文化程度的农民工，餐饮服务零售业农民工的知晓率也显著高于制造业和建筑业农民工。

"没有"读音知晓者在不同社会特征农民工中的分布

农民工类型		人数	%	农民工类型		人数	%
性别	男	37	30.58	年龄	17～24	36	33.64
	女	36	41.38		25以上	37	36.63
受教育程度	小学及以下	6	23.08	行业	建筑业	18	28.57
	初中	39	28.26		制造业	21	27.63
	高中及以上	25	48.08		餐饮服务零售	34	49.28

四、农民工知晓义乌方言成分的一些规律

（一）农民工知晓义乌方言成分的比例

调查数据显示，各调查条目在农民工中都有一定的知晓度，调查条目的平均知晓率为 33.81%，说明有大概三分之一的农民工知晓这些义乌方言成分。有些调查条目的知晓度超过了 50%，也就是说，有一半以上的农民工知道它们是义乌话里的成分。

农民工样本整体知晓调查条目的情况（%）

	两	哇$_1$	哇$_2$	嘞	的	好了	STV结构
知晓度	43.80	52.88	52.40	50.48	48.56	51.92	35.58

	动叠带补结构	"没有"的读音	老虎价	食生米	老面皮	背大刀	平均知晓率
知晓度	42.31	35.10	10.10	4.33	9.13	2.88	33.81

（二）不同类型结构成分的知晓差异

各调查条目在农民工中的知晓率排序依次为：哇$_1$＞哇$_2$＞好了＞嘞＞的＞两＞动词重叠带补语结构＞STV结构＞"没有"的读音＞老虎价＞老面皮＞食生米＞背大刀。

在语音、词汇、语法三种调查条目中，农民工对义乌方言词汇成分的知晓率总体上略高于语法成分和语音成分。不过，词汇条目中的惯用语知晓度却是最低的，这与其在义乌居民中的较低使用率相一致。

（三）语气词感知优先倾向

比较各种类型调查条目的知晓情况来看，农民工对义乌方言词汇成分的知晓率总体上略高于语法成分和语音成分，对语气词的感知尤为突出。语气词的知晓率不仅高于语法条目和语音条目，

也高于数词、惯用语等其他词汇条目，表现出语气词感知优先的
倾向性。

　　（四）农民工知晓情况与义乌居民使用情况的非对应关系
　　农民工对各调查条目知晓度的排序与调查条目在义乌居民中
使用率的排序之间并不存在明显的对应关系，即：在义乌居民中
使用面较广的条目，在农民工中的知晓率未必就较高；反之亦然。
比如"的"在义乌居民中的使用率位居第一，而在农民工中的知
晓率仅列第五位。又如"哇₁"和"哇₂"在义乌居民使用率排序中
分列第七、八位，而在农民工的知晓度排序中却位居前两位。不
过，义乌居民讲义乌方言和普通话时都较少使用的几条惯用语，
在农民工中的知晓度同样也是最低的。

第四节　农民工整体使用调查条目的情况

　　知晓义乌方言成分并不能说明农民工受到了义乌方言的影
响，使用这些成分则是农民工语言受到义乌方言影响的直接表现。
　　为有效地观察农民工受义乌方言影响的情况，本书对"调查
条目使用者"（即受影响样本）进行了限定，将"调查条目使用者"
界定为在义乌打工期间习得并使用调查条目的农民工。也就是说，
本书提取到的受影响样本是指这样的样本：调查对象使用某一调
查条目，而这个调查条目是其来义乌打工前不使用的。以调查条
目的习得情况作为判定农民工是否受到义乌方言影响的依据，主
要出于对汉语方言复杂性的考虑。由于汉语方言在长期的发展过
程中经历了不同程度的互相影响，各种方言的结构成分往往"你
中有我，我中有你"，加之语言的习得和使用都存在一定的个体差
异，来自同一方言区甚至同一方言点的人所习得的该方言结构成

分也不一定完全相同。鉴于这种情况，虽然我们在选择调查对象时已从方言背景上进行了限制，但仍未以"调查条目是否为家乡话中的成分"来做为判定农民工是否受到义乌方言影响的依据，而是以"调查条目是否在义乌打工期间习得"来作为判定标准。为此，在问卷中专门设置了关于调查条目习得情况的题目。

一、农民工使用义乌方言词汇条目的情况

（一）农民工对义乌方言"两"的使用

调查对象中共有 25 人使用义乌方言的"两"，占样本总量的 12.02%。比较各种社会特征农民工使用义乌方言"两"的情况来看，男性农民工的使用率略高于女性，年纪较大的农民工使用率高于年纪较小的农民工，高中及以上文化程度的农民工使用率略高于初中和小学文化程度的农民工，建筑业和餐饮服务零售业农民工的使用率略高于制造业农民工。

"两"使用者在不同社会特征农民工中的分布

农民工类型		人数	%	农民工类型		人数	%
性别	男	16	13.22	年龄	17~24	9	8.41
	女	9	10.34		25 以上	16	15.84
受教育程度	小学及以下	3	11.54	行业	建筑业	9	14.29
	初中	14	10.77		制造业	7	9.21
	高中及以上	8	15.38		餐饮服务零售	9	13.04

（二）农民工对义乌方言"哇₁"的使用

调查对象中共有 21 人使用义乌方言的"哇$_1$"，占样本总量的 10.10%。比较各种社会特征农民工使用义乌方言"哇$_1$"的情况

来看，女性农民工的使用率略高于男性，不同年龄农民工的使用率基本持平，高中及以上文化程度的农民工使用率明显高于初中和小学文化程度的农民工，餐饮服务零售业农民工的使用率显著高于制造业和建筑业农民工。

"哇₁"使用者在不同社会特征农民工中的分布

农民工类型		人数	%	农民工类型		人数	%
性别	男	10	8.26	年龄	17～24	11	10.28
	女	11	12.64		25以上	10	9.90
受教育程度	小学及以下	2	7.69	行业	建筑业	4	6.35
	初中	9	6.92		制造业	6	7.89
	高中及以上	10	19.23		餐饮服务零售	11	15.94

（三）农民工对义乌方言"哇₂"的使用

"哇₂"使用者在不同社会特征农民工中的分布

农民工类型		人数	%	农民工类型		人数	%
性别	男	9	7.44	年龄	17～24	12	11.22
	女	10	11.49		25以上	7	6.93
受教育程度	小学及以下	1	3.84	行业	建筑业	5	7.94
	初中	9	6.92		制造业	5	6.58
	高中及以上	9	17.30		餐饮服务零售	9	13.04

调查对象中共有19人使用义乌方言的"哇₂"，占样本总量的9.13%。比较各种社会特征农民工使用义乌方言"哇₂"的情况来看，女性农民工的使用率高于男性，年纪较小的农民工使用率高于年纪较大的农民工，高中及以上文化程度的农民工使用率远高于初中和小学文化程度的农民工，餐饮服务零售业农民工使用率显著高于制造业和建筑业农民工。

（四）农民工对义乌方言"嘞"的使用

　　调查对象中共有 34 人使用义乌方言的"嘞"，占样本总量的 16.35％。比较各种社会特征农民工使用义乌方言"嘞"的情况来看，女性农民工的使用率高于男性，年龄较小的农民工使用率高于年龄较大的农民工，高中及以上文化程度的农民工使用率远高于初中和小学文化程度的农民工，餐饮服务零售业和制造业农民工的使用率显著高于建筑业农民工。

"嘞"使用者在不同社会特征农民工中的分布

农民工类型		人数	％	农民工类型		人数	％
性别	男	16	13.22	年龄	17～24	23	21.49
	女	18	20.69		25 以上	11	10.89
受教育程度	小学及以下	2	7.69	行业	建筑业	5	7.94
	初中	18	13.85		制造业	15	19.74
	高中及以上	14	26.92		餐饮服务零售	14	20.29

（五）农民工对义乌方言"好了"的使用

　　调查对象中共有 31 人使用义乌方言的"好了"，占样本总量的 14.90％。比较各种社会特征农民工使用义乌方言"好了"的情况来看，不同性别农民工的使用率持平，年纪较大的农民工使用率高于年纪较小的农民工，高中及以上文化程度的农民工使用率远高于初中和小学文化程度的农民工，餐饮服务零售业和建筑业农民工的使用率明显高于制造业农民工。

"好了"使用者在不同社会特征农民工中的分布

农民工类型		人数	%	农民工类型		人数	%
性别	男	18	14.88	年龄	17～24	13	12.15
	女	13	14.94		25以上	18	17.82
受教育程度	小学及以下	4	15.38	行业	建筑业	11	17.46
	初中	16	12.31		制造业	8	10.53
	高中及以上	11	21.15		餐饮服务零售	12	17.39

（六）农民工对义乌方言"的"的使用

调查对象中共有35人使用义乌方言的"的"，占样本总量的16.83%。比较各种社会特征农民工使用义乌方言"的"的情况来看，男性农民工的使用率略高于女性，年纪较小的农民工使用率略高于年纪较大的农民工，初中文化程度的农民工使用率略高于高中及以上文化程度和小学文化程度的农民工，建筑业农民工的使用率略高于制造业和餐饮服务零售业农民工。

"的"使用者在不同社会特征农民工中的分布

农民工类型		人数	%	农民工类型		人数	%
性别	男	19	15.70	年龄	17～24	19	17.76
	女	16	13.22		25以上	16	15.84
受教育程度	小学及以下	3	11.54	行业	建筑业	12	19.05
	初中	24	18.46		制造业	13	17.11
	高中及以上	8	15.38		餐饮服务零售	10	14.49

（七）农民工对义乌方言"老面皮"的使用

调查对象中共有2人使用义乌方言的"老面皮"，占样本总量的0.96%。由于使用者人数太少，难以看出不同社会特征农民工使用义乌方言"老面皮"情况的差异。

"老面皮"使用者在不同社会特征农民工中的分布

农民工类型		人数	%	农民工类型		人数	%
性别	男	1	0.83	年龄	17～24	1	0.93
	女	1	1.15		25以上	1	0.99
受教育程度	小学及以下	0	0.00	行业	建筑业	1	1.59
	初中	1	0.77		制造业	0	0.00
	高中及以上	1	1.92		餐饮服务零售	1	1.45

（八）农民工对"老虎价、食生米、背大刀"的使用

义乌方言的这几条惯用语在农民工中无人使用。

二、农民工使用义乌方言语法条目的情况

（一）农民工对义乌方言"STV结构"的使用

调查对象中共有24人使用义乌方言"STV结构"，占样本总量的11.54%。比较各种社会特征农民工使用义乌方言"STV结构"的情况来看，男性农民工的使用率略高于女性，年纪较小的农民工使用率略高于年纪较大的农民工，不同文化程度农民工的使用率持平，餐饮服务零售业农民工的使用率显著高于建筑业和制造业农民工。

"STV结构"使用者在不同社会特征农民工中的分布

农民工类型		人数	%	农民工类型		人数	%
性别	男	16	13.22	年龄	17～24	13	12.15
	女	8	9.20		25以上	11	10.89
受教育程度	小学及以下	3	11.54	行业	建筑业	8	12.70
	初中	15	11.54		制造业	6	7.89
	高中及以上	6	11.54		餐饮服务零售	10	14.49

（二）农民工对义乌方言"动词重叠带补语结构"的使用

调查对象中共有 12 人使用义乌方言的"动词重叠带补语结构"，占样本总量的 5.77%。比较各种社会特征农民工使用情况来看，不同性别农民工的使用率基本持平，年纪较小的农民工使用率略高于年纪较大的农民工，高中及以上文化程度的农民工使用率高于初中和小学文化程度的农民工，餐饮服务零售业农民工使用率高于制造业和建筑业农民工。

"动词重叠带补语结构"使用者在不同社会特征农民工中的分布

农民工类型		人数	%	农民工类型		人数	%
性别	男	7	5.79	年龄	17~24	7	6.54
	女	5	5.75		25 以上	5	4.95
受教育程度	小学及以下	0	0.00	行业	建筑业	3	4.76
	初中	6	4.62		制造业	2	2.63
	高中及以上	6	11.54		餐饮服务零售	7	10.14

三、农民工使用义乌方言语音条目的情况

"没有"读音使用者在不同社会特征农民工中的分布

农民工类型		人数	%	农民工类型		人数	%
性别	男	1	0.83	年龄	17~24	0	0.00
	女	0	0.00		25 以上	1	0.99
受教育程度	小学及以下	0	0.00	行业	建筑业	1	1.59
	初中	1	0.77		制造业	0	0.00
	高中及以上	0	0.00		餐饮服务零售	0	0.00

调查对象中只有 1 人使用"没有"读音，占 0.50%。这是一

位男性，年龄在 25 岁以上，初中文化，在建筑业务工。由于使用者人数太少，难以看出不同社会特征农民工使用义乌普通话"没有"读音情况的差异。

四、农民工使用义乌方言成分的一些规律

（一）农民工中使用义乌方言成分者的比例

从调查数据来看，各调查条目在农民工中的使用情况呈现出不均衡性：使用率最高的"的"使用率为 16.83%，也就是说有近两成的农民工使用此成分，而像"老虎价、食生米、背大刀"等调查条目则无人使用。

农民工样本整体使用调查条目的情况（%）

	两	哇₁	哇₂	嘞	的
受影响者比率	12.02	10.10	9.13	16.35	16.83

	好了	STV结构	动叠带补结构	"没有"的读音	老虎价
受影响者比率	14.90	11.54	5.77	0.50	0.00

	食生米	老面皮	背大刀	平均使用率
受影响者比率	0.00	0.96	0.00	7.55

调查条目的平均使用率为 7.55%，换句话说，农民工中使用义乌方言结构成分者不到十分之一。不过，若干排除本地人也不太使用的四条惯用语，平均使用率则为 10.79%。

（二）不同类型调查条目的知晓及使用差异

各调查条目的使用率排序依次为：的＞嘞＞好了＞两＞STV结构＞哇₁＞哇₂＞动词重叠带补语结构＞老面皮＞"没有"的读音

＞老虎价＝食生米＝背大刀。

就使用情况而言，词汇条目的使用率最高，语法条目居中，语音条目最低。在两个语法条目中，STV 结构的使用率高于动词重叠带补语结构。语音成分的使用率特别低，这既可能是由于调查条目的代表性不够，也可能是由于存在着比义乌方言社会功能更高的标准普通话。调查中，不少调查对象指出义乌人的普通话不标准，有的还强调义乌人的普通话不如自己，这可能导致他们不愿学习义乌方言读音。虽然词汇条目总的使用率较高，但其中惯用语的使用率却相对较低，甚至低于语法成分和语音成分。

语言接触研究中曾提出过一个语言成分的借用等级：词汇成分（非基本词）＞句法成分/音系成分＞形态成分。[①]从本书数据来看，像农民工这样的迁移人口援用当地方言成分的等级模式与语言接触的借用等级模式之间有着较强的一致性。

（三）语气词使用优先倾向

从调查数据来看，农民工对几个语气词条目的使用程度都比较高，不仅高于语法条目和语音条目，而且也高于数词、惯用语等其他词汇条目，表现出语气词使用优先的倾向性。

第五节　农民工使用义乌方言成分的内部差异

比较不同社会特征农民工知晓和使用调查条目的情况可以看出，不同年龄、性别和行业的农民工知晓和使用义乌方言成分的情况均存在一定差异。

[①] 吴福祥：《关于语言接触引发的演变》，载《民族语文》2007 年第 2 期，第 56 页。

一、不同性别农民工知晓和使用义乌方言成分的差异

知晓情况方面，在 13 个调查条目中，女性知晓率高于男性的有 11 个，男性知晓率高于女性的调查条目只有"两"和"老面皮"两个。总体来看，女性农民工知晓调查条目的比例显著高于男性农民工，反映出女性似乎对语言使用具有更高的敏感性。

男、女农民工知晓调查条目情况比较（%）[①]

	男性	女性		男性	女性
两	44.63	42.53	动叠带补结构	36.36	50.57
哇₁	52.07	54.02	"没有"的读音	30.58	41.38
哇₂	48.76	57.47	老虎价	9.09	11.49
嘞	44.63	58.62	食生米	3.31	5.75
的	43.80	55.17	老面皮	9.92	8.05
好了	46.28	59.77	背大刀	2.48	3.45
STV 结构	29.75	43.68	—	—	—

使用情况方面，男女农民工使用调查条目的情况未表现出明显的倾向性，不过女性农民工使用语气词的比例高于男性。除无人使用的"老虎价"、"食生米"和"背大刀"以外，其余 10 个调查条目中，女性使用率高于男性的有 5 个，男性使用率高于女性的也是 5 个，另有 3 个调查条目男女农民工使用率持平。就调查条目总体而言，男女农民工使用调查条目的情况未表现出明显的倾向性。不过，在 5 个语气词条目中，女性农民工使用率高于男性的有 4 个，可见女性农民工使用语气词的比例高于男性。这在一定程度上印证了女性在语言运用中较多使用语气词的观点。

[①] 各类农民工的使用率均为该类农民工中使用调查条目者人数与该类农民工总人数之间的比值，下同。

男、女农民工使用调查条目情况比较（％）

	男性	女性		男性	女性
两	13.22	10.34	动叠带补结构	5.79	5.75
哇₁	8.26	12.64	"没有"的读音	0.83	0.00
哇₂	7.44	11.49	老虎价	0.00	0.00
嘞	13.22	20.69	食生米	0.00	0.00
的	15.70	13.22	老面皮	0.83	1.15
好了	14.88	14.94	背大刀	0.00	0.00
STV 结构	13.22	9.20	—	–	–

二、不同年龄农民工知晓和使用义乌方言成分的差异

知晓情况方面，在 13 个调查条目中，年龄较大的农民工知晓率高于年龄较小农民工的有 10 个，年龄较小的农民工知晓率高于年龄较大的农民工的只有 2 个。总体来看，年龄较大的农民工知晓调查条目的比例高于年龄较小的农民工。

不同年龄农民工知晓调查条目的情况比较（％）

	17～24	25 以上		17～24	25 以上
两	32.71	55.45	动叠带补结构	41.12	43.56
哇₁	47.66	58.42	"没有"的读音	33.64	36.63
哇₂	54.21	50.50	老虎价	9.35	10.89
嘞	43.93	57.43	食生米	2.80	5.94
的	48.60	48.51	老面皮	7.48	10.89
好了	50.47	53.47	背大刀	3.74	1.98
STV 结构	33.64	37.62			

使用情况方面，除去无人使用的"老虎价"、"食生米"和"背大刀"以外，其余 10 个调查条目中，年龄较小的农民工使用率高

于年龄较大的农民工的有 6 个，年龄较大的农民工使用率高于年龄较小的农民工的有 4 个。总体看来，年龄较小的农民工使用调查条目的比例高于年龄较大的农民工。

不同年龄农民工使用调查条目的情况比较（%）

	17~24	25 以上		17~24	25 以上
两	8.41	15.84	动叠带补结构	6.54	4.95
哇₁	10.28	9.90	"没有"的读音	0.00	0.99
哇₂	11.22	6.93	老虎价	0.00	0.00
嘞	21.49	10.89	食生米	0.00	0.00
的	17.76	15.84	老面皮	0.93	0.99
好了	12.15	17.82	背大刀	0.00	0.00
STV 结构	12.15	10.89	—	—	—

三、不同行业农民工知晓和使用义乌方言成分的差异

知晓情况方面，餐饮零售业农民工的知晓调查条目的比例最高，制造业农民工居中，建筑业农民工的知晓率最低。

不同行业农民工知晓调查条目的情况比较（%）

	两	哇₁	哇₂	嘞	的	好了	STV
建筑业	46.03	41.27	36.51	34.92	31.75	42.86	26.98
制造业	34.21	43.42	44.74	44.76	50.00	44.74	28.95
餐饮零售业	52.17	73.91	75.36	71.01	62.32	68.12	50.72
	动叠带补结构	"没有"的读音	老虎价	食生米	老面皮	背大刀	—
建筑业	30.16	28.57	6.35	3.17	9.52	1.59	—
制造业	31.58	27.63	13.16	3.95	9.21	5.26	—
餐饮零售业	65.22	49.28	10.15	5.80	8.70	1.45	—

　　从上表数据来看，在 13 个调查条目中，餐饮零售业农民工知晓率高于其他两个行业农民工的有 10 个条目。制造业农民工知晓率低于餐饮零售业农民工、高于建筑业农民工的有 8 个。建筑业农民工只有"老面皮"一个条目的知晓率高于其他两个行业的农民工。总体看来，餐饮零售业农民工的知晓调查条目的比例最高，制造业农民工居中，建筑业农民工的知晓率最低。

　　使用情况方面，除去无人使用的"老虎价"、"食生米"和"背大刀"以外，在其余 10 个调查条目中，餐饮零售业农民工使用率高于其他两个行业农民工的有 5 个，建筑业农民工使用率高于其他两个行业农民工的有 5 个，制造业农民工所有调查条目的使用率都是最低的。不过，建筑业农民工使用率超过餐饮零售业农民工的幅度较小，相对而言，餐饮零售业农民工使用率超出建筑业农民工的幅度要大得多。总体来看，餐饮服务零售业农民工使用调查条目的比例更高一些。特别是在 5 个语气词条目中，餐饮服务零售业农民工的使用率远高于其他两个行业农民工的就有 3 个。餐饮服务零售业农民工语气词使用优先倾向较为明显。

不同行业农民工使用调查条目的情况比较（%）

	两	哇$_1$	哇$_2$	嘞	的	好了	STV
建筑业	14.29	6.35	7.94	7.94	19.05	17.46	12.70
制造业	9.21	7.89	6.58	19.74	17.11	10.53	7.89
餐饮零售业	13.04	15.94	13.04	20.29	14.49	17.39	14.49

	动叠带补结构	"没有"的读音	老虎价	食生米	老面皮	背大刀	—
建筑业	4.76	1.59	0.00	0.00	1.59	0.00	—
制造业	2.63	0.00	0.00	0.00	0.00	0.00	—
餐饮零售业	10.14	0.00	0.00	0.00	1.45	0.00	—

第六节　农民工使用义乌方言成分的影响因素

为了解哪些因素影响着农民工对义乌方言成分的使用，本书以调查对象的有关背景信息作为自变量，以使用调查条目的情况作为因变量，进行了关联度分析。用于比较分析的自变量主要有"在义乌打工时间的长短"、"接触义乌方言的情况"、"义乌方言程度"和"义乌普通话程度"。根据各变量的不同情况将农民工分为不同的组，其中预判倾向于使用调查条目的一组为观察组，相反的一组为对照组，通过比较各组农民工使用调查条目的情况，考察不同自变量与调查条目使用情况之间的关联性。

一、在义乌打工时间的长短

不同打工时间者使用调查条目情况比较（%）

	2年以下	2年以上		2年以下	2年以上
两	5.61	18.81	动叠带补结构	1.87	9.90
哇₁	7.48	12.87	"没有"读音	0.00	0.99
哇₂	6.54	11.88	老虎价	0.00	0.00
嘞	14.02	18.81	食生米	0.00	0.00
的	14.02	19.80	老面皮	0.93	0.99
好了	10.28	19.80	背大刀	0.00	0.00
STV 结构	9.35	13.86	－	－	－

调查对象在义乌打工时间最短的半年，最长的12年。根据在义乌打工时间的长短，将调查对象划分为两组：在义乌打工时间在2年以下（含2年，指2007年7月以后到义乌打工）者为观察组，计101人；在义乌打工时间在2年以上（指2007年6月以前

到义乌打工）者为对照组，计107人。调查数据显示，在义乌打工时间较长者使用各调查条目的比例均高于在义乌打工时间较短者，在义乌打工时间长短与调查条目使用率之间存在较为显著的关联性。

二、接触义乌方言的情况

在义乌市，农民工主要通过两个渠道接触义乌方言：一是与当地人交往，一是收看义乌方言节目。本书分别从这两个方面对农民工接触义乌方言情况与其调查条目使用情况之间的关系进行了考察。

（一）与当地人接触的情况

跟本地人有不同接触者使用调查条目情况比较（%）

	有密切接触	无密切接触		有密切接触	无密切接触
两	20.75	9.03	动叠带补结构	15.09	2.58
哇₁	26.42	4.52	"没有"的读音	1.89	0.00
哇₂	18.87	5.81	老虎价	0.00	0.00
嘞	24.53	13.55	食生米	0.00	0.00
的	15.09	17.42	老面皮	1.89	0.65
好了	22.64	12.26	背大刀	0.00	0.00
STV	16.98	9.68	—	—	—

根据农民工与当地人接触的密切程度不同，本书将调查对象分为两组：跟本地人有密切接触（指有义乌籍朋友或亲戚）者为观察组，计53人；跟本地人无密切接触者为对照组，计155人。调查数据显示，除"的"以外，与本地人有密切接触者使用调查

条目的比例均明显高于与本地人无密切接触者，与本地人接触的密切程度与调查条目的使用情况之间存在较为显著的关联性。

（二）收看义乌方言节目的情况

根据收看方言节目的情况，将调查对象划分为两组：收看方言节目（包括经常看和偶尔看）者为观察组，计 76 人；不收看方言节目者为对照组，计 132 人。从调查数据来看，收看方言节目者使用所有调查条目的比例均高于不收看方言节目者，收看义乌方言节目的情况与调查条目的使用情况之间存在较为显著的关联性。

收看方言节目者与不收看者使用调查条目情况比较（%）

	收看	不收看		收看	不收看
两	21.05	6.82	动叠带补结构	11.84	2.27
哇₁	17.11	6.06	"没有"的读音	1.32	0.00
哇₂	13.16	6.82	老虎价	0.00	0.00
嘞	21.05	13.64	食生米	0.00	0.00
的	22.37	13.64	老面皮	1.32	0.76
好了	25.00	9.09	背大刀	0.00	0.00
STV 结构	17.11	8.33	—	—	—

三、义乌方言程度

义乌方言属于吴方言婺州片，与普通话的沟通度较低。对于大多数农民工来说，这是一种难以听懂也难以学会的方言。调查对象的义乌方言程度共有 5 种情况：基本上能听懂、基本上能交谈，基本上能听懂、会说一些日常用语，能听懂日常用语、会说一些日常用语，能听懂日常用语、基本上不会说，既听不懂也不会说。根据义乌方言程度将调查对象分为两组：会一点儿义乌方言（指"能听懂日常用语、会说一些日常用语"及以上程度）者为观察组，计23人；完全不会义乌方言者为对照组，计185人。调查数据显示，会一些义乌方言者使用调查条目的比例显著高于不会义乌方言者。

不同义乌方言程度者使用调查条目的情况比较（%）

	会一些	不会		会一些	不会
两	43.48	8.11	动叠带补结构	21.74	3.78
哇₁	43.48	5.95	"没有"的读音	0.00	0.54
哇₂	34.78	5.95	老虎价	0.00	0.00
嘞	30.43	14.59	食生米	0.00	0.00
的	17.39	16.76	老面皮	4.35	0.54
好了	26.09	13.51	背大刀	0.00	0.00
STV结构	21.74	10.27	—	—	—

四、义乌普通话程度

不同义乌普通话程度者使用调查条目的情况比较（%）

	会一点及以上	不会		会一点及以上	不会
两	27.59	9.50	动叠带补结构	24.14	2.79
哇₁	37.93	5.59	"没有"的读音	3.45	0.00
哇₂	34.48	5.03	老虎价	0.00	0.00
嘞	44.83	11.73	食生米	0.00	0.00
的	31.03	14.53	老面皮	3.45	0.56
好了	24.14	13.41	背大刀	0.00	0.00
STV结构	17.24	10.61	—	—	—

义乌普通话是义乌居民使用的包含义乌方言成分、与标准普通话有一定距离的地方普通话。一部分农民工在义乌打工期间习得并使用义乌普通话。根据义乌普通话程度的不同，将调查对象划分为两组：会一点儿义乌普通话及以上程度者为观察组，计29人；不会义乌普通话者为对照组，计179人。调查数据显示，会义乌普通话者使用调查条目的比例明显高于不会义乌普通话者，义乌普通话程度与调查条目的使用情况之间存在较为显著的关联性。

五、对义乌方言的态度

本书主要通过态度量表来考察农民工对义乌方言的态度。调查时，让调查对象就义乌方言的情感方面（"好听"、"亲切"）和社会功能方面（"有社会影响"、"有用"）四个指标分别打分，最低1分，最高5分。比较使用调查条目者与不使用调查条目者对义乌方言的评价（平均值）来看，使用调查条目者对义乌方言的评价总体上高于不使用调查条目者。由于"没有的读音、老虎价、食生米、老面皮、背大刀"5个条目使用者人数过少（"老虎价、食生米、背大刀"几条目没有使用者，"没有"的读音只有一位使用者，"老面皮"只有两位使用者），本书未对这几个条目进行使用者与不使用者的态度比较。其他8个调查条目的共计32个评分中，有26个分数都是使用调查条目者高于不使用调查条目者，不使用调查条目者评分略微高于使用调查条目者的只有6个，且主要集中在义乌方言的社会功能（"有社会影响"和"有用"两个指标）评价方面。可以看出，对义乌方言的态度与使用调查条目的情况之间存在一定关联性。

对义乌话持不同态度者使用调查条目情况比较（%）

		好听	亲切	影响	有用
两	使用	3.44	3.12	2.52↓	3↓
	不用	2.29	2.88	2.76	3.05
哇₁	使用	3.33	3.29	2.62↓	3.14
	不用	2.29	3.09	2.76	3.02
哇₂	使用	3.63	3.63	2.95	3.42
	不用	2.99	2.83	2.76	3
嘞	使用	3.26	3.12	2.71↓	3.12
	不用	2.99	2.86	2.75	3.01
的	使用	3.09	3	2.84	3↓
	不用	3.05	2.89	2.73	3.05
好了	使用	3.29	3.16	2.74	3.13
	不用	2.99	2.84	2.73	3.01
STV 结构	使用	3↓	3.04	2.92	3.38
	不用	3.05	2.87	2.71	2.98
动叠带补结构	使用	3.42	3.17	2.92	3.33
	不用	3.02	2.89	2.73	3.02

六、小结

（一）各自变量与调查条目使用情况的关联度比较

关联分析的结果显示，各观察组农民工使用调查条目的比例均明显高于相应的对照组，且都位于调查对象总体的平均使用率以上。各对照组的使用率不仅远低于相应的观察组，而且都在调查对象总体的平均使用率以下。由此可见，义乌普通话程度、义乌方言程度、在义乌打工时间长短和接触义乌方言的情况等因素与农民工使用调查条目情况之间存在较为显著的关联性，是影响农民工使用义乌方言成分情况的重要因素。其中，义乌普通话程度和义乌方言程度对农民工使用义乌方言成分的影响较为突出，具备"会一点儿及以上程度"义乌普通话和"会义乌方言"的农民工使用调查条目的比例最高。

观察组与对照组使用调查条目情况比较

在义乌 打工时间		观察组	9.75	义乌方 言程度	观察组	18.73
		对照组	5.39		对照组	6.15
接触 义乌 方言 情况	与当地 人接触	观察组	12.63	义乌普 通 话程度	观察组	19.10
		对照组	5.81		对照组	5.67
	收看义 乌方言 节目	观察组	11.64	调查对象总体 的平均使用率		7.55
		对照组	5.19			

（二）对义乌方言和义乌普通话依赖程度较高的调查条目

会义乌普通话者使用率较高的调查条目为：嘞、哇$_1$、哇$_2$、的。不会义乌普通话者使用率较高的调查条目为：的、好了、嘞、STV结构。可以看出，"哇$_1$"和"哇$_2$"的使用不仅对义乌方言程度依赖性较大，对义乌普通话程度的依赖性也比较大。而"的、好了、STV结构"的使用不仅对义乌方言程度的依赖性较小，对义乌普通话程度的依赖性也不太大。

会一些义乌方言者使用率较高的调查条目为：两、哇$_1$、哇$_2$、嘞。不会义乌方言者使用率较高的调查条目为：的、嘞、好了、STV结构。可以看出，"两"的使用对义乌方言程度的依赖性较大，"哇$_1$"和"哇$_2$"的使用也对义乌方言程度有一定依赖性。而"的"的使用对义乌方言程度的依赖性最小，"好了"和"STV结构"对义乌方言程度的依赖性也不太大。

调查条目的使用对义乌方言和义乌普通话依赖程度上所表现出来的这种一致性，可以从调查对象掌握义乌方言和义乌普通话程度的一致性上得到解释，即：会义乌方言者大多也会义乌普通话。调查对象中会义乌方言者 23 人，会义乌普通话者 29 人，而其中既会义乌方言、又会义乌普通话的农民工有 20 人，会义乌方言、不会义乌普通话者只有 3 人，会义乌普通话、不会义乌方言者有 9 人。

第七节　义乌方言影响农民工语言的途径

义乌方言主要通过两条途径影响农民工语言：第一条途径是直接影响；另一条途径是经由义乌普通话影响农民工语言。

一、义乌方言直接影响农民工语言

对于那些会说义乌话的农民工来说，义乌方言成分是直接进入农民工语言中的。但是，由于义乌话与普通话和其他方言的沟通度较低，掌握起来有一定难度，农民工中能够听懂义乌话的就不多，会说的更少。"听"的能力方面，"完全能听懂"的占 1.52％，"基本能听懂"的占 7.07％，"能听懂一些日常用语"的占 38.89％，"完全听不懂"的占 52.53％。"说"的能力方面，"能熟练交谈但个别音不准"的占 0.51％，"基本能交谈但方音较重"的占 1.52％，"会说一些日常用语"的占 13.13％，"基本不会说"的占 7.58％，"完全不会说"的占 77.27％。"基本不会说"和"完全不会说"两项加起来占总人数的 84.85％。可见，农民工中直接受义乌方言影响而使用义乌方言成分者并不多。

二、义乌方言经由义乌普通话影响农民工语言

义乌方言影响农民工语言的另一条途径是经由义乌普通话影响农民工语言，即义乌方言成分是先进入义乌普通话，再经由义乌普通话对农民工语言产生影响，图示如下：

（影响）　　　　（影响）

义乌方言　→　义乌普通话　→　农民工语言

不少农民工掌握的义乌方言成分都是通过义乌普通话这条途径获得的，这可以由以下几个方面得到证实。

（一）调查条目基本上都是从义乌方言进入义乌普通话的

从义乌居民语言使用调查的结果来看，除义乌普通话特有的"没有"读音外，义乌居民使用其他调查条目的比例都是"讲义乌方言时"高于"讲义乌普通话时"，这证明了这些调查条目是从义乌方言中进入义乌普通话的，或者说是被讲普通话的义乌人带入义乌普通话中的。

（二）完全不会义乌话的农民工中也有一定数量的调查条目使用者

如上所述，大多数农民工听不懂义乌方言。但是，在不会义乌方言的调查对象中也有相当数量的人使用调查条目，其中16.76%的人使用"的"，14.59%的人使用"嘞"，13.51%的人使用"好了"，10.27%的人使用"STV结构"。这些人实际上是在与讲义乌普通话的义乌居民交往时，逐渐学会进入义乌普通话中的某些义乌方言成分的。

（三）义乌普通话是农民工在义乌打工期间接触最多的当地语言

农民工在义乌接触到的当地语言包括两种话：义乌方言和义乌普通话。调查显示，义乌居民在跟像农民工这样的外地人交往时基本上都讲普通话，而义乌居民所讲的普通话大多为带有一定方言成分的义乌普通话。所以，农民工与当地人交往时接触最多的并不是义乌方言，而是义乌普通话。对于这种带有方言成分的义乌普通话，农民工基本上都能听得懂，且对它和标准普通话的差异有一定感知，一部分调查对象还会说一点儿义乌普通话。在义乌的调查中，会说义乌话普通话的农民工占 13.96％。

（四）农民工对于一些结构形式在义乌方言和义乌普通话中有差异的调查条目一般采用义乌普通话的形式

有些调查条目在义乌普通话中的形式与在义乌方言中的形式有一定差异，如"哇₁"、"哇₂"、"的"、"好了"、"两"等词的读音，农民工使用这些条目时一般都采用其在义乌普通话里的形式。这也证明了他们时通过义乌普通话这个途径学会调查条目的。

综合以上几个方面的情况来看，通过义乌普通话这个"中介"对农民工语言产生影响是义乌方言影响农民工语言的一条重要途径。

第九章　农民工语言再社会化分析

第一节　农民工语言再社会化的意义

一、农民工的语言再社会化

（一）社会化与再社会化

"社会化"指个体通过与社会环境的相互作用，学习他将参与其中的社会的知识、规范、价值观念和生活技能，使自己成为一个社会人，能够参与社会生活。社会化是一个过程，而且是一个较长期的过程。就时间而言，人的社会化一般指从人的出生到其成为基本合格的社会成员即青年这一阶段。当然，从广义上来说，一个人学习社会文化的过程是伴其一生的。

社会环境并非一成不变，当社会环境发生变迁时，个体就需要改变原有的价值观念和行为方式，以适应变化了的环境，这就是人的再社会化。"再社会化"指由于原来的社会化失败或基本上不适用，而重新学习社会的价值观和行为规范的社会化过程。再社会化就是在某些重要方面对人的重新社会化。再社会化有如下两种原因和情况：

第一，原来的社会化失败，某些人不再遵从原来社会化所倡导的基本价值和行为规范，认同和采取了反主流文化的行为模式。在这种情况下，社会主流价值的代表者认为原来对这些人的社会化失败了，为了维护社会的利益，必须对这些人重新进行社会化，在他们那里重新树立社会的主导价值和行为规范。比如，犯罪分子即是社会化的失败者，他们违反社会倡导的基本价值，严重伤害了他人和社会的利益，职能部门和社会对他们进行强制性的改造，迫使他们放弃自己的价值观和行为方式，重新认同社会的主流价值，就是再社会化。这种再社会化是在当事人不情愿的情况下进行的，称为被动再社会化。

第二，原来的社会化的成果基本上已不适用。在某种文化背景下，一个人完成了社会化，即认同了这种文化所倡导的主流价值和行为规范，并在社会生活中去实践这些规范。但是，由于文化的差异性，当在甲类文化中完成了社会化的人进入与之不同的、异质性的乙类文化时，原来社会化的成果在一些重要领域都不适用。在这种情况下，进入异质文化的人们必须重新学习新的价值观和行为规范以适应生活，这也是再社会化。比如，在儒家思想文化背景下成长起来的中国人进入西方国家，在竞争性文化中长期生活，他们就必须改变自己原来的某些观念和行为方式。在西方成长起来的人进入东方文化国家长期生活也是如此。当然，这种再社会化并不一定是在其生活的所有领域同时进行。他可能首先在工作和公共生活方面学习新的东西，而在家庭生活中保留原来的价值观和行为方式，所以，这种再社会化并不一定是全面彻底的再社会化。与第一种再社会化相比，这种再社会化可以称为主动再社会化，因为要适应新的生活，他必须主动去学习新的价值观念和行为规范。虽然这种"主动"也带有被迫的成分，但它与第一种情况下的强迫学习还是有所不同的。①

再社会化不仅关系到个人在社会上的生存能力问题，也影响着整个社会的进步。再社会化的主体能否尽快适应变化了的社会环境，确立新的价值观念及认同体系，从而习得新的生存技术，

① 王思斌主编：《社会学教程》（第2版），北京大学出版社2006年版，第47页。

保持健康完整的人格，不仅关系到个体生存问题，对于整个社会的和谐稳定与有序发展来说也具有重要意义。

（二）农民工的再社会化

1. 农民工再社会化的含义

由于不同的环境具有不同的行为规范，一般来说，任何进入新的生活环境的人都存在一个再社会化的过程。农民工由农村社区进入城市社区，自然环境和社会环境都发生了较大改变，原有的价值观念和行为规范不一定都能适用到城市社会环境里，有些方面可能是很不适用，为了更好地适应城市的生活，他们必然要经历一个再社会化的过程，这一过程也被称为"城市社会化"。[①]农民工的再社会化属于上文所述再社会化的第二种情况，即由于原来的社会化成果基本上已不适用而导致的再社会化，基本上是一种主动的再社会化。

总体来看，农村社区有着与城市社区迥然不同的社会特征。就中国的情况而言，典型的传统农村社区一般具有以下特点：第一，以耕种土地为生存基础，或以其他方式直接利用土地而获取生活资料。受自然条件的影响，土地的产出率比较低，需要投入较多劳动力，所以农村社区大多数有劳动能力的人都从事农业生产，并以此为主要的生活来源。第二，以村落为单位聚族而居。传统的农村社区基本上采取以村落为单位的家族聚居方式，即村落之间有明显的边界，居民在村内聚族而居。在村落形态上一般沿道路、河流或依地势展开。第三，自给性强。传统的农业生产以自给自足为特点，较少商品交换，这减少了农民对外部的依赖性，也带来了封闭性。第四，生活简朴。由于土地产出率低，农

[①] 朱虹：《打工妹的城市社会化——一项关于农民工城市适应的经验研究》，载《南京大学学报》（哲学·人文科学·社会科学）2004年第6期，第53页。

民又被束缚在土地上，所以农村居民往往量入为出，生活比较简朴。第五，观念比较保守。受自然经济的影响，农村居民比较相信经验，特别是直接经验，他们对新鲜事物的接受是谨慎的。第六，同质性高。由于同村或相近地域内的农民从事大体相同的生产活动，又长期居住在一起，所以生活方式方面有较高的同质性。另外，由于同一社区的成员长期生活在一起，从事着相同的活动，他们的价值观在很大程度上也是一致的。第七，生活节奏自然化。农村居民的活动受自然因素的影响较大，其生产活动与生活活动受自然气候的影响较大，带有时令的特点。相对于农村，城市具有如下一些特征：第一，人口规模大、密度高。第二，环境的高组织化和物质设施的聚集化。第三，异质性高。城市社区成员之间的异质性比农村社区成员之间高，这是由城市社区居民的结构所决定的。在许多城市，特别是在大中型城市中，大多数居民并不是土生土长的，而是因多种原因、通过多种渠道从外地迁入的。他们的来源不同，具有不同的生活习惯。他们不像农村社会的居民那样相互之间有血缘关系。他们从事不同的职业，在不同的机构供职。这些都使得城市居民之间差异性较大。第四，人际交往中的感情色彩薄弱。除了由本地居民长期聚居而形成的社区外，城市社区居民之间的交往情感性较弱，这是与异质性高这一特点相关的。另外，城市人生活的高节奏和宽广的交往范围也使他们之间的交往缺乏深入。第五，公共空间与私人空间有较明显的区分。在一般情况下，城市居民的工作和生活在时间和场所上有较明显的划分，公共活动空间与私人生活空间是相对分离的。

　　由于城市与农村的社会生活环境和生活特征存在重大差别，进入城市的农民工原有的行为方式和行为准则在一定程度上不能适用于城市社会，他们必须重新学习城市社会的社会行为规范，调整自己的行为方式，以更好地适应城市生活，因此就存在一个再社会化的问题。具体说来，"农民工的再社会化"是指农民工进城打工以后，面对社会生活环境的变化，自觉地放弃原有的部分生活模式（包括社会规范、价值观念、工作和生活方式），重新学习接受城市生活所需要的工作技能、价值标准、生活方式等等，并融入城市生活的一切领域的过程。农民工的再社会化是农民工适应城市社会环境、整合新旧价值观和行为规范并能动地反作用于社会环境的过程。

2. 农民工再社会化的重要性

农民工再社会化能否成功，不仅直接影响着农民工自身能否在城市中很好地生存下去，同时也影响着城市的社会经济秩序与城市化的水平和质量。农民工再社会化成功，意味着他们完全适应了城市生活的方方面面，能够在城市轻松、愉快地生活，积极地发展自我。再社会化不完全，他们在城市的生活需要承受一定程度的心理压力和社会压力，易于形成各种边缘化社会群众。他们只能艰难地生存于城市生活、城市文明的边缘范围，形成诸如北京市的"浙江村"、"新疆村"等群落。这些地区社会治安往往很差，凶杀、抢劫、盗窃、吸毒、贩毒常有发生，甚至成为各种帮派团伙犯罪、黑社会势力的温床。如果再社会化失败，则意味着农民工无法融入现存的城市社会，出现内心严重失衡的种种表现，比如：因失去良好的社区和人际支持而产生挫折感；因受到来自市民社会的主观上和客观上不平等对待而产生被剥夺感；因生活漂泊不定、主观上疏离农村生活客观上无法融入城市生活而产生无归宿感。这种情况下，农民工或者不得不重新回到农村，或者走上犯罪道路。对于农民工个人来说，能否成功地完成再社会化决定其能否很好地适应城市的社会环境，在城市安稳地生活。对于打工城市来说，农民工再社会化的成败影响着城市的社会和谐和治安秩序。①从整个社会来说，农民工的再社会化也间接影

---

① 张春龙、聂玉梅：《"农民"向"市民"的转化——城市化过程中进城农村人口的再社会化》，载《城乡建设》2007 年第 8 期，第 16 页。

响着中国的城市化进程。

（三）农民工的语言再社会化

在社会学领域，一般将农民工再社会化过程分为以下几个方面：第一，社会生活技能的再社会化。农村社区以第一产业——农业为主，生产活动并不复杂，对劳动力的素质如知识、技能等要求不高。农民工进入城市后，一般从事二、三产业。尽管第三产业中有些行为对劳动力的素质要求并不高，但也需要有一技之长。农民工如果不接受新的培训和教育，获得必要的生产技能和谋生手段，他们在城市的生存空间就会受到很大限制。缺乏必要的生产技能的农民工只能从事脏、累、差的行业，以填补城市在这些行业中劳动力的短缺，这对农民工在城市的生存和发展是非常不利的。因此，农民工需要通过一定的再社会化过程，获得在城市生活的基本社会生活技能，以保证其在城市生存的经济基础。此外，未来中国城市产业结构的调整将对劳动力素质提出更高要求，农民工只有加速提升自己的工作技能和文化水平，才能适应城市的经济活动，更好地在城市生存与发展。第二，工作和生活方式的再社会化。农民工生活方式与工作方式的再社会化主要体现在以下几个转变上：①从生活的散漫性和无序性转变为有节奏性和条理性；②从生产的季节观念转变为严格的工作时间观念；③从以血缘、地缘为主的人际交流转变为以业缘为主的人际交流；④从面对面的直接交流为主转变为间接的通讯传媒信息沟通为主；⑤从农业生产的固定性转变为职业角色的易变性。第三，社会行为规范的再社会化。行为规范主要是指日常行为规范、道德规范、规章制度与法律规范。在农村区域，规章制度和法律规范相对弱化，人们的行为主要受乡规民约、风俗习惯的约束。在城市区域内，人们几乎在生活、工作的每一个区域都受相关的成文或不成文的行为规范约束。城市行为规范几乎渗透到生活的每一个领域。农民工需要通过再社会化学习和接受城市的社会规范，使其行为符合所在社会的行为规范。第四，个性的再社会化。个性的再社会化指农民工通过再社会化，培养与城市社会环境相适应的信仰、兴趣、需要、动机、情操、能力、气质与性格等个性，整个精神面貌体现社会的发展方向。城市不仅仅是一群人共同居住的地域，它还是一种城市性的心理状态和生活方式。城市环境的最终产物，表现为它培养成的各种新型人格。城市是个多元社会，是不同文化的交融点。城市又是个开放系统，每天进行着大量的外部交流，人们的观念更具有弹性和适应性。城市商品经济发达，各个领域充满竞争，优胜劣汰，适者生存。对于进城农村人口来说，为在城市的激烈竞争中求得良好的生存条件，必须改变传统的人生态度、价值观念，在思想上走向开放，感情上富有理性，拥有积极的心态和进取的精神。[①]

农民工的再社会化中也包含着语言再社会化的内容。农民工进入城市以后，生活发生了很大变化，社会交往的范围扩大，交往对象更加多样化，导致原有的语言资源储备难以满足日益复杂的交际需要，原来习惯了的言语行为规范在城市社区里也不一定适用。在这种情况下，农民工需要对自身的语言行为做出适当调整，以适应城市的社会生活。具体说来，农民工的语言再社会化是指农民工以其他人群为参照，对自己的语言行为做出调整，使自己的语言行为更符合城市社会的规范，使自身语言与城市人口更为接近，以更好地适应城市的生活环境。

[①] 朱力：《从流动人口的精神文化生活看城市适应》，载《河海大学学报》（哲学社会科学版）2005 年第 5 期，第 30 页。

二、语言再社会化对于农民工城市适应的意义

（一）语言再社会化是农民工城市适应的重要内容

与打工后在城市的情况相比，农民工在家乡农村时的社会交往要简单得多，家乡话基本上可以满足他们的交际需要。农民工对与乡村社会环境相适应的言语行为规范也非常熟悉。进城务工以后，农民工的社会交往发生了显著变化，交往范围扩大了，交往对象更加复杂化，交往方式也与以往不同，其中一个突出的特点是交往中各种各样的"异乡人"比以前增加了许多。在这种情况下，农民工在往日生活中积累起来的语言资源不能够满足更加开放、复杂的社会交往的需要，需要扩充自己的语库，而且其语言使用的模式和相应的行为规范也需要进行一定的调整，才能更好地适应城市的生活。

对社会交往的方式及社会交往中语言使用的调整，是农民工城市适应的一个方面，属于社会层面的适应。语言再社会化程度的高低也是衡量农民工城市适应水平的一个重要指标。

（二）语言再社会化是农民工城市适应的必要手段

语言再社会化虽然主要属于农民工城市适应的社会层面，但与经济适应和心理适应也不无关系。从语言行为与其他社会行为的关系来看，可以说，没有可以完全脱离开语言的社会行为。由于语言行为的这一特殊的属性，语言再社会化还是农民工城市适应的必要手段，农民工城市适应的各个方面都需要借助语言这个工具来完成。

语言再社会化对于农民工城市适应的各个层面都有重要影响。农民工语言再社会化的程度越高，越有利于其城市适应，否则就可能阻碍其城市适应的进程和效果。从语言再社会化与农民

工的经济适应的关系来看，经济适应主要考察农民工的职业、收入和住宿等方面的情况。语言使用对农民工的求职、工作表现都有一定影响。在本书的调查中有这样一道题："您是否遇到过因语言不通而影响求职、工作和日常交际的情况"，结果有 40％的调查对象表示遇到过因为语言不通而影响工作的情况，12.63％的人表示遇到过影响求职的情况，37.37％的人表示遇到过影响日常交际的情况。再看语言再社会化与心理适应的关系。心理适应主要考察农民工的观念、心理和意愿。这是一种较深层次的适应，意味着农民工内化了城市的文化价值观念、生活方式，在心理上获得认同，在情感上找到归宿。农民工在城市的心理适应虽然在很大程度上受到其在城市所取得的经济地位的影响（经济地位越高越倾向于认同城市），但也跟他们与城市人口之间的沟通和互动有一定关系。与城市人口的有效沟通与互动可以促进农民工的城市认同。而要想保持与城市人口的沟通，就得掌握城市人口的语言，了解城市人口的言语行为习惯。

第二节　农民工语言再社会化的主要途径

本书对农民工语言再社会化途径的研究遵循"从结果推知过程"的研究思路，将农民工在打工后语言行为上所发生的变化视为其语言再社会化的结果，从其语言行为上的变化来探究其语言再社会化的方式和途径。

从本书对农民工语言行为的考察来看，扩充语库、改变语码选择模式、调整言语交际策略和援用当地方言成分是农民工语言再社会化的几个主要途径。

一、语库的扩容

语库是语言使用者所掌握的各种语码的总量。一个人语库中储存的语码越多，其拥有语言资源就越丰富。扩充语库是迁移人口社会适应的一种重要手段，学会使用主流社会的语言对于迁移人口的社会融合来说非常必要。农民工离开熟悉的乡村社会，进入陌生的城市，人际交往变得更为复杂，以往生活经历中积累起来的语言资源难以满足沟通的需要，迫使他们学习使用社会功能更强的语码，对自身语库进行扩容。

农民工对语库的扩容首先体现在对普通话的学习和使用上。普通话作为法定的全民通用语，具有超地域、超方言的性质，无疑是操不同方言的人们之间最方便的交际用语。农民工从熟悉的农村来到陌生的城市，经常要面对跟自己口音不同的交往对象，选择普通话作为沟通工具对他们来说是理性的。再加上大部分农民工打工前就有一定的普通话基础，有的人还能够说一点儿，至少也听得懂，以普通话作为扩充自身语库的主要来源也是很自然的事情。本书的调查显示，一部分农民工是打工前完全不会说普通话的，打工后在工作和社会交往中逐渐学会了普通话。在义乌市农民工中，属于这种情况的人大约占 20%。更多的农民工则是打工前就有一定的普通话基础，只是说得不太好，外出打工以后，随着在工作和生活中大量使用普通话，逐渐发展成为普通话的熟练使用者。大多数农民工的普通话能力打工后都发生了一定变化。在"您觉得打工以来您的普通话有变化吗"的调查中，78.79% 的调查对象表示"说得比以前多了"，75.26% 的调查对象表示"说得比以前好了"，只有 18.18% 的调查对象表示"和以前差不多，没什么变化"。

农民工的语库扩容还体现在对打工城市方言的学习与使用

上。打工城市的方言虽然在功能地位上不及普通话，但在当地也算强势方言，容易对农民工产生影响。另外，适应新的生活环境的需要也使得农民工大多愿意学习打工地的方言。在本书的调查中，希望能流利准确地使用义乌话、能熟练地使用义乌话和能用义乌话进行一般交际的农民工加起来占 54.27%，表示能听懂义乌话就行的占 29.27%，只有 16.46%的人表示对义乌话程度没有什么要求。当然，农民工对打工地方言的学习和掌握到底能达到什么样的程度，既与农民工自身的一些因素有关，也决定于打工城市方言的学习难度。就义乌市农民工的情况而言，由于义乌话与普通话和其他汉语方言的沟通度较低，学习难度较大，实际上学会义乌话的农民工非常少。完全能听懂和基本能听懂义乌话的加起来只占 8.59%，能听懂一些义乌话的日常用语的占 38.89%，能用义乌话熟练交谈和基本能用义乌话交谈的加起来只占 2.02%，会说一些义乌话日常用语的占 13.13%，而基本听不懂义乌话和完全听不懂义乌话的占 52.53%，基本不会说义乌话和完全不会说义乌话的加起来占 84.85%。农民工对义乌话的使用也很少。每天使用义乌话的只有 1 人，占 0.51%，偶尔使用一点儿义乌话的占 14.14%，根本不使用义乌话的则占到 85.35%。

　　有的农民工在不止一个地方打过工，他们可能学得更多的汉语方言。义乌市农民工中就有不少人在多个城市打过工，会说一点儿曾打工城市的方言。其中使用者人数最多的是广东话。义乌的不少农民工都是近几年从珠江三角洲地区流动至此的，有些人在那里打工期间学会了一点当地话。义乌农民工调查中，共有 18 人自报会一点儿曾打工地的方言，其中，会广东话（白话）者 13 人，会杭州话、丽水话、温州话、诸暨话和西安话者各 1 人。不过，由于已经离开了曾打工地，这些方言使用的机会也非常少，只有两位现在从事管理工作的农民工表示，在跟广东人谈业务时会使用广东话。

　　工友的家乡话（某一种汉语方言）也是农民工扩充语库的一个来源。来自其他省份的工友是农民工打工期间非常重要的一种交往对象，是他们除亲戚和老乡以外交往最多也最密切的人。这些来自不同方言区的农民工们每天一起工作，有的还吃住在一起，彼此之间建立了深厚的友谊。在频繁的互动过程中，一部分农民工很自然地受到工友家乡话的影响，学会了说一点儿对方的话。我们在义乌的调查发现，那些在义乌打工人数较多的方言区的方言在农民工群体中往往有一定影响，成为不少其他方言区农民工学习的对象，有的方言对农民工的影响甚至超过了打工城市的方言。比如，安徽和江西两省在义乌打工的人较多，这两个省的方言在农民工中较有影响，不少农民工表示会说一点儿。此外，云、贵、川、渝几省市的打工者也较多，加之这几个地方的话比较接近，在农民工中也有一定影响。但工友家乡话的使用量都很小，农民工一般是在开玩笑时偶尔使用一点儿工友的家乡话，以拉近彼此的距离。

　　作为主动扩容语库的结果，农民工成为一个语言资源较为丰富的社群。绝大多数农民工除了能够使用家乡话以外，还会说普通话，有的还会说一点打工城市方言等其他汉语方言，双方言（包括兼用方言和普通话）人占到了农民工总数的96.46%。较为完备的语言资源为农民工更好地适应打工期间的社会生活创造了有利条件。

二、语码选择模式的变更

　　农民工在家乡农村时，家乡话基本上可以满足其全部的交际需要。家庭内部自不用说，即使是在商场、邮局、医院、政府部门等公共场所，由于交谈的对象基本上都是本乡本土的人，使用家乡话也没有什么问题，彼此至少听得懂对方的话。外出打工以后，农民工遇到的交往对象比以前复杂得多，彼此的语言差异增大，家乡话已经无法满足农民工各种场合的交际需要。此外，很多农民工觉得自己的家乡话"很土"，这种自惭形秽的心理使得这些农民工在跟同乡以外的人交谈时不再愿意使用家乡话。于是我们发现，与打工前相比，农民工打工期间某些场合的语码选择情况发生了一定变化，说明农民工对语码选择的模式做出了一定调整。农民工打工后语码选择模式的变更主要表现在以下两个方面：

第一，一些原本主要使用家乡话的场合，变更为主要使用普通话。这主要是指农民工"外部交际"中的语言使用，包括跟陌生人交谈、在市场或市场买东西、去医院看病、去银行或邮局办事、去政府部门办事等语域。农民工在家乡时，即使是公共场所也主要使用家乡话。据夏历（2007）的研究，农民工在家乡时，绝大部分场合都说家乡话，虽然在和顾客交谈，公共场合与人交谈，和其他地方来的人交谈时，普通话的使用有所增加，但仍然没有过渡到以普通话为主。[①]打工以后，据本书的调查，农民工在各种公共场所使用普通话的比例都在 95%以上。可以说，普通话完全控制了农民工在公共场合的语言使用。

第二，在一些原本由家乡话垄断的语域里，普通话的使用逐渐增多。这主要指农民工内部交际中的语言使用，包括家庭内部和同乡之间的交谈。在家乡农村时，农民工在家庭内部及跟老乡交谈时完全使用家乡话。外出打工以后，普通话开始渗透进农民工的内部交际当中。本书在义乌的调查显示，农民工在跟配偶、子女和老乡交谈时，虽然整体上仍以使用家乡话为主，但也有一部分农民工开始使用普通话。跟配偶交谈时经常使用普通话（包括只用普通话和兼用家乡话/普通话）者占 8.74%，另有 21.36%的调查对象偶尔会用普通话跟配偶交谈，两项合计达 30.10%。跟

[①] 夏历：《农民工言语社区探索研究》，载《语言文字应用》2007 年第 1 期，第 98 页。

子女交谈时，经常使用普通话者占 21.36%，偶尔使用者占 25.24%，两项合计达 45.63%。跟老乡交谈时，经常使用普通话者占 16.67%，偶尔使用者占 24.24%，两项合计达 40.91%。

农民工语码选择模式变更的结果是，普通话成为农民工打工期间使用最多的交际用语，这不仅方便了农民工与其他人群的沟通，也直接导致其普通话程度的显著提升。我们的调查显示，普通话在农民工群体中拥有极高的普及率，农民工的普通话水平也普遍较高。

三、言语交际策略的调整

言语交际策略的调整也是农民工语言再社会化的一条途径。言语交际是人们以语言符号为手段所进行的一种社会性的互动行为，是人类最重要的交际方式。[①]农村和城市，由于具有完全不同的文化特质，其言语交际策略也存在一定差异。农民工从同质性较强的乡村社会进入异质性的城市社会，社会交往的对象、范围和模式都发生了很大变化，迫使他们对自身的言语交际策略进行调整，以更好地适应城市的生活环境。

称呼是言语交际的第一步，称谓策略是言语交际策略中的一个重要组成部分。本书对义乌市农民工称谓语使用情况的调查显示，农民工打工以后，称谓语使用上的确发生了一定变化，反映出其对言语交际策略做出了一定调整。比如，配偶称谓语中，像"（我）屋里的"、"（我）女人"等带有一定男权色彩、多在农村地区使用的称谓语，基本上被农民工放弃使用，而像"老公"、"老婆"这样在城市社区里比较流行的称谓语则成为受农民工青睐的称呼，打工后使用率有显著上升，其中"老公"的使用率上升了

[①] 孙维张、吕明臣：《社会交际语言学》，吉林大学出版社 1996 年版，第 29 页。

13.43%，"老婆"的使用率上升了 20%。陌生人称谓中，一些带有城市风格和当地特色、在义乌居民中使用者较多的尊称，如"先生"、"小姐"、"美女"、"帅哥"、"老板"、"老板娘"等，成为农民工喜欢使用的称呼，打工后使用人数有一定上升。而那些多用于农村社区、在义乌居民中使用者相对较少的拟亲属称谓语，如"大哥小弟"类、"大姐小妹"类、"大叔"、"大娘"等，打工后使用人数则有所下降。至于雇主妻子称谓，农民工基本上全部采用了义乌居民普遍使用的"老板娘"一词。

农民工对称谓策略做出的调整使得其称谓习惯在一定程度上偏离了农村社会的称为习惯，呈现出一定的城市趋同倾向，这对于农民工更好地适应城市生活也是非常有利的。

四、打工城市方言成分的援用

在农民工打工的城市，特别是南方一些经济发达地区的城市，通常都会存在着某种强势方言。尽管近年来普通话推广普及工作取得了很大成效，但汉语方言保护政策使得区域优势方言的影响力始终不容忽视。农民工在打工城市生活期间，多多少少会与当地居民有一些交往互动，加上电视中方言节目的作用，农民工的语言难免会受到该城市方言的一些影响。而且，有些年轻的农民工还会自觉地学习使用当地方言中的某些成分，以使得自己的语言更加接近当地居民。根据人际言语顺应理论，人们在交往过程中，通常总希望取悦于对方，这种动机会驱使说话人不断地调整自己的语体、口音、声调、讲话的速度、手势、姿态等，使之与对方的特点相似。农民工无论在哪座城市打工，真正学会当地方言的人毕竟是少数，但是，却有相当数量的农民工学会使用当地方言中的某些结构成分，使得他们说出来的话多多少少带上了一些当地的口音（腔调）。

从我们在义乌市的调查来看，由于义乌方言与普通话和其他方言的沟通度较低、学习难度较大，农民工中完全学会义乌方言的人非常少，但是，却有一部分农民工学会了使用义乌方言中的个别结构成分。本书选取的 13 个调查条目中，除几条惯用语因含意特殊且带有明显当地特色无人使用外，大部分调查条目都为农民工所使用，各调查条目的使用率分布在 0～16.83％之间。有近半数调查条目的使用率达到 10％以上，使用人数最多的"的"使用率为 16.83％。语音、词汇、语法三种调查条目中，词汇条目的总体使用率相对较高，语法条目居中，语音条目最低。语气词的使用率在各种调查条目中最高，不仅高于两个语法条目和语音条目，也高于其他词汇条目，呈现出一定的语气词使用优先倾向。

对义乌方言成分的援用使农民工的语言在一定程度上接近了当地居民的语言，这有助于农民工与城市居民的融和，便于其更好地适应城市生活，也是其语言再社会化的一条途径。

第三节　农民工语言再社会化的内外动因

一、农民工语言再社会化的外部动因

生活环境改变、交往对象复杂化和原有语库贫乏之间的矛盾所造成的语言交际困难是农民工语言再社会化的外部动因，也是最主要的动因。

不少农民工在外出打工的初期都遇到过因语言沟通问题所带来的不便。在"您打工期间是否遇到过因语言不通而影响求职、工作和日常交际的情况"调查中，有 40％的调查对象表示遇到过因为语言不通而影响工作的情况，37.37％的人表示遇到过因为语言不通而影响日常交际的情况，12.63％的人表示遇到过因为语言

不通而影响求职的情况。所以，农民工普遍能意识到语言使用对于打工生活的重要性。在以"您觉得在外边打工时，语言使用重要不重要"为题对部分农民工进行的访谈中，绝大多数受访者都表示语言使用对于打工生活来说很重要。至于理由，有的人认为语言使用得当有助于更好地与别人沟通，有的人认为语言使用得当可以给别人留下好印象，有的认为语言使用跟找工作有关，有的认为语言使用跟增加收入有关。

农民工在新的生活环境里，在沟通压力驱使下，对自身言语行为进行适当调整，既是一种被迫的改变，也是一种主动的适应。

二、农民工语言再社会化的内部动因

对城市生活的认同及留在城市生活的意愿是一部分农民工语言再社会化的内部动因。

农民工对城市生活环境普遍比较认同，而且，如果条件允许，很多人愿意留在城市生活。调查中我们就以下两个问题对一些农民工进行了访谈：（1）您希望别人用什么样的称呼来称呼您？是"农民工"？"外来务工人员"？还是"打工者"？（2）您对城市的印象怎么样？关于第一个问题，大部分受访者希望被称为"外来务工人员"，一部分人希望被称为"打工者"，只有少数人表示自己本身就是农民，叫"农民工"也没什么。从对自身称谓的选择可以看出，大部分农民工都在刻意回避着他们的农民身份，这其实折射出他们对城市的认同。关于第二个问题，绝大多数人都给出了肯定评价。另外，在"您将来愿意留在城市生活吗"的调查中，表示有留城意愿（选择"希望留在城市生活，并愿意为此付出努力"和"看情况，如果将来条件允许就留在城市生活，否则就回家乡"两个积极性选项）的农民工占样本总数的63.13%，无留城意愿者占36.87%。

　　出于对城市文化的认可，很多农民工希望自己的语言能与城市居民接近。本书在义乌的调查发现，即使讲自己的家乡话并不影响沟通，大部分农民工仍然希望自己说的话能够跟城市居民差不多。在"如果您说的话跟城里其他人不太一样，您会觉得怎么样"的调查中，有 26.77％的人表示"跟别人说话时有些不好意思"，48.48％的人表示"希望能跟他们说得差不多"，20.71％的人表示"无所谓"，只有 4.04％的人表示"更愿意表现这种区别"。可以看出，大部分农民工对自己说的话与城市人口之间的差异还是比较介意的，他们更希望自己的语言能够与打工城市的人口保持一致。

　　为验证城市认同对农民工语言再社会化的影响，本书比较了"有留城意愿者"和"无留城意愿者"在语言再社会化的意愿及效果上的差异。本书用"对普通话和义乌话程度的期望"来衡量调查对象的语言再社会化意愿，用"实际的普通话程度"和"跟老乡交谈时使用普通话的情况"来衡量被试的语言再社会化程度，这几个参数的积极性选项比值越高，则意味着语言再社会化的意愿和程度越高。其中，"对普通话和义乌话程度的期望"和"实际的普通话程度"均以前两个选项为积极性选项。经过比较分析我们发现，有留城意愿农民工的语言再社会化意愿和语言再社会化程度均高于无留城意愿的农民工，可见城市认同及留城意愿对农民工的语言再社会化具有一定促进作用。

"有留城意愿者"和"无留城意愿者"对普通话和义乌话程度期望比较（%）

		流利准确使用	熟练使用	进行一般交际	听懂就行	没有什么要求
对普通话程度的期望	无意愿	38.36	23.29	20.55	16.44	1.37
	有意愿	57.60	42.40	16.00	5.60	3.20
对义乌话程度的期望	无意愿	10.71	8.93	30.36	26.79	23.21
	有意愿	16.00	11.20	29.60	30.40	13.60

"有留城意愿者"和"无留城意愿者"普通话程度比较（%）

	熟练交谈且发音准确	熟练交谈但个别音不准	基本能交谈但方音较重	会说一些日常用语	完全不会说
无意愿	0.00	79.45	13.70	0.00	6.85
有意愿	6.4	84.00	7.20	1.6	0.8

"有留城意愿者"和"无留城意愿者"跟老乡交谈时使用普通话情况比较（%）

	有留城意愿者	无留城意愿者
跟老乡交谈时使用普通话者比例	45.60	32.87

第十章 农民工语言行为的社会文化解读

语言行为是农民工社会行为的一部分。农民工身处的环境，过往生活中所接受的文化熏陶，以及他们为适应城市生活而做出的种种努力，都会对农民工语言行为产生一定影响，使之具有不同于任何其他人群的鲜明特色。从社会学视角，联系农民工社会行为的多方面表现，对农民工语言行为进行深入分析，不仅可以更加清晰地认识农民工语言行为的特点和规律，而且可以揭示出隐藏在农民工语言行为背后的深刻的社会文化原因。

第一节 "陌生人社会"里的普通话依赖

著名社会学家费孝通先生在《乡土中国》一书中提出了"熟人社会"和"陌生人社会"的概念。传统的农业社会是典型的熟人社会，在这样的社会里，自给自足的自然经济占主导地位，生产力水平低下、发展缓慢，受自然经济条件限制，人们的社会活动范围也极为有限，人际交往的领域相当狭窄封闭，往往局限于自然人伦关系所能延伸的有限范围，每个人一生的绝大多数时间都只是和同宗、同族、同村的熟人交往，这种由自然亲缘关系和地缘关系所构成的社会关系即所谓"熟人社会"。而现代市场经济占主导地位的城市社会则是典型的陌生人社会。市场经济通过商品交往打破了狭隘的时空限制，斩断了人们之间的血缘亲情纽带，人与人的关系纽带不再主要是血缘、亲缘和地缘关系，而是一种公共的、理性的契约关系。市场经济在极大地促进了生产力发展的同时，也极大地扩大了人们的生产生活领域，拓展了生产关系的空间。商品经济的发展过程，既是一个社会经济、政治和文化不断走向开放的过程，同时也是一个社会交往不断扩大的过程。^①

　　农民工外出打工前，基本上是生活在熟人社会里，本乡本土的方言（即农民工的家乡话）完全可以满足其相对狭窄和封闭的人际交往需要，即使是在诸如商场、医院、邮局等一些公共场合，使用本地方言也基本没有问题。家乡话是农民工打工前语言生活中占统治地位的语码，普通话对于他们来说既非必要也不重要，许多农民工打工前都不会说普通话。进入城市以后，农民工的社会交往发生了重大变化，不仅交际范围扩大了，交往对象也更加复杂化。农民工实际上生活在以同乡和亲戚为主体的"熟人社会"和由其他交往对象组成的"陌生人社会"之间。由于农民工在打工城市经常要接触到来自不同方言区的人们，而汉语的方言分歧比较大，有的方言之间甚至不能沟通，这就导致农民工的家乡话难以满足其在城市里日趋复杂的人际交往的需要。在这种情况下，农民工自然会依赖全民通用语——普通话来作为日常交际用语。一位来自江西的农民工对调查员说过这样的话："现在在外面就靠普通话吃饭呢"。

　　农民工打工期间对普通话的依赖表现在很多方面。第一，"外部交际"中基本上完全使用普通话。我们的调查显示，95%以上的农民工在各种社交场合里都以普通话为主要交谈用语，只有极个别不会说普通话的农民工在社交场合仍使用家乡话。第二，普通话成为部分农民工"内部交际"中的主要交谈用语。在农村时，家庭内部和同乡之间的交谈差不多完全由家乡话垄断着。打工后，部分农民工在跟配偶、子女或同乡交谈时也开始用普通话。根据

---

① 董建军：《熟人社会向陌生人社会转变的几点启示》，载《长春师范学院学报》（人文社会科学版）2005 年第 5 期，第 33～34 页。

我们的调查，在义乌的农民工中，跟配偶交谈时主要使用普通话（包括只用普通话者和兼用家乡话及普通话者）者占 8.74%，另有部分农民工偶尔会用普通话跟配偶交谈，两项合计占到 30.10%；而跟子女交谈时主要使用普通话者（包括只用普通话者和兼用家乡话及普通话者）占 46.60%，另有一些偶尔会用普通话跟子女交谈，两项合计占到 71.84%。第三，从使用频率来看，普通话是农民工打工期间使用得最多的语码，使用频率远高于家乡话等其他语码。我们在义乌的调查显示，打工期间经常使用普通话的农民工比例高达 90%，而经常使用家乡话的农民工比例仅为 54.55%，表示打工以后普通话"说得比以前多了"的农民工占 78.79%。外出打工以后，农民工普通话的使用量迅速增加，逐渐取代家乡话，成为其工作、生活中的最主要的交际用语。

农民工普通话依赖的结果是，普通话在农民工群体中拥有较高的普及率，农民工整体的普通话水平也比较高。农民工中会说普通话者的比例比全国农村人口的平均水平高出很多。农民工中会说普通话者占 94.46%，不会者只占 5.54%，而全国农村人口会说普通话者的比例是 45.06%。农民工的普通话程度也比较高。比较中国语言文字使用情况调查（1997 年－2001 年）获取的全国乡村居民普通话程度数据来看，农民工的普通话程度比农村居民普通话程度的平均水平高出不少。

第二节　乡土社会关系网络中的家乡话保持

农民工对家乡话的保持使用当然与其多年养成的语言行为习惯有一定关系。作为农民工的母语方言，家乡话无疑是其使用起来最容易也是最自然的一种语码，只要条件允许，农民工会首先选择使用家乡话。但是，语言除了具有交际功能以外，还具有一定的情感功能。打工期间，家乡话成为农民工用来维系同乡之间情感的一个重要手段。对于在外务工的农民工来说，家乡话的这一情感功能显得尤为突出和重要。

　　农民工外出打工期间，难免会在工作和生活上遇到这样那样的困难，尽管他们可以从政府、单位、社区等途径获得一定的支持，但来自农民工个人社会关系网络的支持仍然是其打工期间非常重要的一种社会资源。"社会网络对移民的重要性无论怎么估计都不过分"。[1]社会关系网络也称社会支持网，是社会网络的一种形式。行动者从网络成员那里摄取资源（而不是个体自身拥有的资源）来解决日常生活中的困难并渡过危机，维持日常生活正常运行，这些网络成员即构成个体的社会支持网。[2]农民工在城市期间的社会关系网络主要包括两种类型：一是以亲缘和地缘关系为纽带的同质性的"乡土社会关系网络"，包括初级乡土社会关系网和次级乡土社会关系网；二是以业缘关系为纽带的异质性的"非乡土社会关系网络"。

　　社会学研究显示，在当前的社会条件下，非乡土社会关系网络尚不可能给农民工带来普遍利益，乡土社会关系网络在农民工进入城市、寻找工作、职业流动、生活交往等方面依然发挥着不可替代的重要作用。大量研究显示，农民工流动特别是初次外出所依靠的社会资源主要不是来自政府和市场，而是来自乡土社会关系网络。农民工中的绝大多数人是由亲属亲戚或本村村民带出去的，由村集体或乡及乡以上行政单位介绍外出，或自发外出的都很少。来自乡土社会关系网络的社会资源大大降低了农民工外出的风险和流动成本。

　　乡土社会关系网络作为农民工日常生活中最重要的交往"圈

---

① 华金·阿朗戈（2001），转引子王毅杰、童星《流动农民社会支持网探析》，载《社会学研究》2004年第2期，第43～48页。
② 王毅杰、童星：《流动农民社会支持网探析》，载《社会学研究》2004年第2期，第43～48页。

子"，除了可以为农民工提供生存、发展所需的资源外，还可以为农民工提供心理上的支持，农民工可以从中获得归属感和精神慰藉。从某种意义上说，维系乡土社会关系网络也是农民工城市适应的一个重要方面。一项对济南农民工的调查显示，55.7%的农民工认为进城后最亲密的朋友是一同出来打工的老乡，21.8%的人认为是进城后认识的农民工朋友，只有21.5%的人认为是进城后认识的城里人。一项对北京、武汉、上海农民工的调查显示，农民工中有2/3的人表示不敢也不愿意与城里人交往，约63%的人感觉受到了城里人的歧视。①

　　进入城市的农民工不可避免地要在乡土社会关系网络中活动，而乡土社会关系是一种主要靠感情维系的社会关系网络，彼此熟悉的"乡音"无疑成为维系同乡情感的重要手段。正是出于维系乡土社会关系网络的需要，绝大多数农民工都愿意保持对家乡话的使用。保持使用家乡话也是农民工努力维系乡土社会关系网络，以更好适应城市生活的一种手段。不少农民工告诉调查员："跟老乡不好意思说普通话"，"跟老乡讲普通话人家会讲你的"。我们的调查显示，农民工在家庭内部交谈和跟老乡交谈时，都以使用家乡话为主。跟父母交谈时使用家乡话的比例为99.49%，跟配偶交谈时使用家乡话的比例为94.12%，跟子女交谈时使用家乡话的比例为79.41%，跟老乡交谈时使用家乡话的比例为92.42%。

　　不过，与打工前相比，农民工家乡话的使用范围已大为萎缩，基本上退出了社交场合，只保留在家庭内部和同乡之间。家乡话的总体使用量也随之降低，表示"经常使用"家乡话的农民工只占一半多一点，而将近一半的农民工表示他们只是"偶尔使用一点"家乡话，还有小部分农民工打工期间根本不讲家乡话。家乡

---

① 林彭、张东霞：《社会关系网络视野中的农民工研究》，载《党政干部论坛》2004年第4期，第9～11页。

话的退缩是农民工为适应城市生活而做出的主动的语言行为调整，也是其城市适应的手段之一。随着农民工家乡话使用范围的萎缩和使用频率的下降，一些农民工出现家乡话能力退化现象。家乡话能力存在不同程度退化现象的农民工约占三分之一。

第三节　城市融合中语言使用的城市趋同倾向

　　外来人口在迁入地的社会行为必然包含着社会融合的内容。社会融合指个体和个体之间、不同群体之间、或不同文化之间互相配合、互相适应的过程，并以构筑良性和谐的社会为目标。在西方的社会学研究中，关于外来移民与主流社会关系问题的理论探讨，存在着两种不同的理论观点，一个是"同化论"，一个是"多元文化论"。"同化论"认为，移民在迁入地一般要经历定居、适应和同化三个阶段，对移民来说，需要学习、接受所在地的生活方式和文化价值观念，抛弃原有的社会文化传统和习惯，进而才能实现同化和融合。"多元文化论"认为，移民将其不同文化背景、不同社会经历和价值观念重新塑造其生活的地点，并有助于建构多元化的社会和经济秩序。对于农民工这样非定居性、边缘化的群体而言，其在打工城市的社会融合更为符合同化论的观点，即主要是农民工以城市人口为参照，对自身行为进行调整，以更好地融入城市社会。也有研究者称之为农民工的"社会融入"。

　　农民工在城市的社会融合也被称为城市适应。朱力（2002）把进城农民工的城市适应（社会融合）划分为三个层次——经济层面、社会层面和心理层面。这三个层面之间存在依次递进的关系：经济层面的适应（找到相对稳定的工作）是农民工立足城市的基础，社会层面的适应（生活方式和社会交往的城市化）反映了农民工融入城市生活的广度，心理层面上的适应（对城市生活方式等的认同）意味着农民工被城市文化同化，完全地融入城市社会。这三个方面又是互相影响、不可分割的。经济适应可能影响农民工社会层面的适应及心理适应，反过来又受制于其他层面的适应程度。如果农民工能够熟练掌握打工城市的语言，熟悉当地的风俗习惯，且言行举止符合当地的行为规范，无疑会加速其经济适应的速度和程度。农民工的语言使用直接影响到其社会交往，与农民工社会层面的城市适应密切相关，但也与经济和心理层面的适应不无关系。事实上，农民工自身也在积极地对语言行为做出调整，以更好地融入城市社会。其语言行为调整的一个重要方面就是努力使自己的语言使用尽可能与城市人口保持一致，以便于其与城市人口的交往，结果是农民工语言使用上呈现出一定的城市趋同倾向。

农民工语言使用的城市趋同倾向主要表现在以下几个方面：第一，使用城市人口普遍使用的普通话。农民工大量使用普通话，既是其为适应复杂的社会交往所做出的被动改变，也反映出一部分农民工对城市文化的认同以及与城市人口融合的主观愿望。义乌市农民工调查显示，部分农民工即使是跟老乡交谈也更愿意使用普通话，还有不少农民工将使用普通话视为城里人的一种语言行为标志。对于"您是否觉得说普通话是城市人的一种标志"和"您是否觉得说普通话可以给人留下有礼貌、有休养的印象"两个问题，80%的受访农民工给出了肯定回答。普通话在方便农民工与他人沟通的同时，也成为农民工告别乡土社会生活习惯、向城市文化靠拢、融入城市生活的一种方式。第二，更多地使用城市流行称谓语。在义乌的调查显示，农民工打工前后称谓语使用出现了一定变化，而这种变化的方向恰好与义乌居民使用称谓语的倾向性之间存在一定对应性，即：那些在义乌居民中使用率较高的称谓语，农民工打工后使用人数就有所上升；而那些在义乌居民中使用率较低的称谓语，农民工打工后使用人数就有所下降。

例如，陌生人称谓中，一些带有城市风格和当地特色、在义乌居民中使用者较多的尊称（如"先生"、"小姐"、"美女"、"帅哥"、"老板"、"老板娘"），农民工打工后使用人数有所上升；而那些多用于农村社区、在义乌居民中使用者相对较少的拟亲属称谓语（如"大哥小弟"、"大姐小妹"、"大叔"、"大娘"），农民工打工后使用人数有所下降。第三，习得并使用打工城市的方言。我们的调查显示，虽然义乌方言与普通话和其他汉语方言的沟通度较低，学习难度较大，但还是有部分农民工学会了一点儿义乌方言。有0.51%的人表示"能熟练交谈但个别音不准"，1.52%的人表示"基本能交谈但方音较重"，13.13%的人表示"会说一些日常用语"。第四，援用打工城市方言中的某些结构成分。根据我们在义乌市的调查，虽然完全学会义乌方言的农民工非常少，但却有一定数量的农民工学会使用义乌方言中的个别结构成分。近一半调查条目（义乌方言成分）在农民工中的使用率都达到10%以上，使用人数最多的"的"使用率为16.83%。

对打工城市方言成分的援用使农民工的语言在一定程度上接近了当地居民的语言，这有助于农民工与城市居民的融和，便于其更好地适应城市生活。

第四节 "城—乡"流动中语言行为规范的整合

农民工打工前一直生活在农村，打工后仍与家乡农村保持着密切联系，乡土文化对他们的影响根深蒂固。进入城市以后，农民工又不同程度地受到了城市文明的熏陶。他们是一个在农村和城市两个社会之间活动着的特殊群体，接受着乡村文化和城市文明的双重影响，可以说是"城—乡"双重文化的承载者，有的研究者称之为"城乡边缘人"。

　　社会学研究表明，在一定的社会中，社会行动并不是杂乱的和无规律的，社会关系及反映这种社会关系的行为规范为人们的行动提供了方向，扮演特定角色的人则以自己对行为规范的理解而采取行动。农村和城市截然不同的生活环境使得这两个社会有着迥异的社会文化特质，在这两个社会里生活的人们在生活习惯、交往方式和思维方式等方面都存在一定差异，遵循的社会行为规范也有所不同。农民工在城市和乡村两个社会里活动，他们的社会活动受到乡村和城市社会行为规范的共同影响，结果是，在他们身上常常发生着城乡文化的冲突或整合。各种社会行为的特定内涵决定了当某一社会行为中的两种或几种不同行为规范相互碰撞后可能发生什么样的结果，就语言行为而言，不同语言行为规范碰撞的结果往往不是冲突而是整合。

　　农民工语言行为的很多方面都透露出城乡语言行为规范整合的痕迹。首先，农民工打工后语库更加完备，绝大多数农民工都能够熟练地使用家乡话和普通话。他们一方面在内部交际中保持对家乡话的使用，另一方面又在外部交际中扩展普通话的使用范围，使得其语言使用呈现出家乡话与普通话"并存分用"的良性态势。其次，农民工语言中既保留了家乡话的语汇，又吸收了大量城市通行词语，导致其语汇增量明显。以称谓语为例，农民工一方面在相当程度上沿用着乡村社会里习惯使用的称谓语，另一方面也越来越多地使用那些在城市里流行的称谓语，农村和城市语言行为规范整合的结果是农民工的称谓语语汇既大于留乡农民，也大于打工城市居民，这一点突出地反映在陌生人称谓语上，详见下表。①

---

① 农民工打工前的使用情况相当于留乡农民。

农民工打工前后使用的陌生人称谓语数量与义乌居民比较（单位：个）

	打工前	打工后	义乌居民
陌生年轻女性称谓	10	11	8
陌生中年女性称谓	10	13	8
陌生年轻男性称谓	9	10	10
陌生中年男性称谓	8	9	7

　　此外，这种语言行为规范的整合也表现在农民工开放的语言态度上。流动的打工生活让农民工品尝到了从未体验过的艰辛，同时也使得他们的眼界更加宽广，心胸更加开阔。相对于留在农村务农的普通农民，农民工是一批"见多识广"的人。生活环境的经常变动，语言生活的复杂化，城市文明的熏陶，以及融入新生活的渴望，这一切带给农民工比较开放的语言态度。农民工语言态度的开放性至少可以从以下两个方面看出：一是他们既愿意保持家乡话，又能平静地接受家乡话的能力退化甚至失传；二是他们不仅高度认同并积极地学习和使用普通话，而且对其他汉语方言和外语也多持正面态度。

　　农民工亲身经历了由乡村文化向城市文化的变迁，在这群双重文化承载者身上所发生的"城-乡"语言行为规范整合使得农民工语言的交际功能更加完备，这对于他们更好地适应在城市的生活和工作、顺利完成在城市的社会化是非常有益的。

附录一

农民工典型访谈录

为便于其他研究者了解农民工语言使用的客观情况，本书将一些具有典型性的访谈录音的内容记录了下来。其中，"调"指调查员，"农"指农民工。

（一）农民工语言使用与语言态度

个案 1　中年男性农民工的语言使用与语言态度

调查对象的基本信息：黄×，男，43 岁，初中文化，江西贵溪人，1997 年来义乌，在一家广告装潢公司打工，跟妻子、孩子一起住。他性格开朗，健谈。

调：在义乌有亲戚或同乡吗？

农：这里老乡多得不得了，遍地都是老乡。

调：平时跟本地人有哪些交往？像买东西、工作中、邻里交往什么的有的吗？

农：都有的。

调：还有别的什么交往吗？

农：别的？我们打工的和那些有钱的人有什么交往？就我们打的来来往往就是了。

调：希望留在城市生活吗？

农：我喜欢这里。

调：不想回老家去了吗？

农：回是想回去，就是不知道什么时候回去。将来养老还是要回去，我们在这里没有财产，在这里吃西北风呀？

调：小时候最先学会的是什么话？

农：家乡话，祖传的话。

调：上小学时老师讲课用什么话？

农：家乡话，那时候不讲普通话。他哪里教我普通话，普通话是我出来打工学会的。

调：现在都会用哪些话跟人交谈？

农：见了老乡讲家里话，见了老板讲普通话，见了外国人我就不用讲了，一句我也讲不出来的。

调：现在跟父母交谈讲什么话？

农：肯定是家乡话。母子之间讲普通话，人家不笑你的，是不是？人家说你出来打两天工，跟妈妈讲普通话了，要笑你的。

调：跟子女交谈用什么话？

农：家乡话，我小孩子会讲普通话，但也就是开开玩笑讲普通话，一般不讲普通话。还是讲家乡话好。讲普通话人家会笑你的。

调：跟你老婆也是讲家乡话吗？

农：哎，我老婆又不是外地的。两夫妻还讲普通话呀？

调：跟老乡交谈讲什么话？

农：家乡话。

调：不讲普通话吗？

农：不讲。跟老乡讲普通话，人家会讲你的。

调：跟不是老乡的同事交谈呢？

农：那都是普通话。

调：你现在说老家话时会不会冒出几句普通话来？

农：那不成笑话了？

调：什么时候学会普通话的？

农：打工以前也学过一点，打工以后越说越好。

调：你觉得你学习普通话的目的是什么？

农：现在在外面就靠普通话吃饭呢。

调：你觉得对你来说最重要的话是什么话？

农：最重要的我学不来，最重要的是英语，那是全世界通用的话，可惜我是学不到的。

调：其次重要的呢？

农：那是普通话。

调：你觉得打工以后对老家话的喜欢程度有变化吗？

农：我喜欢外面的普通话，不喜欢老家话。

调：一直都不喜欢老家话吗？

农：出来打工以后不喜欢了，在家里的时候肯定喜欢。

调：对普通话的喜欢程度有变化吗？

农：开始我不喜欢普通话，后来打工习惯了，现在买菜、吃饭都要讲普通话。

调：希望自己的子女将来会说什么话？

农：希望他什么话都学会说一点。

调：希望子女上什么语言授课的学校？

农：英语。

调：如果将来子女不会说老家话了，觉得可惜吗？

农：那不可能，祖传的话，不会忘掉的。

调：假如出现这样的情况呢？

农：那不可能，要慢慢教他的。

调：如果你说话跟城里其他人口音不一样，会不会觉得跟人家说话不好意思？

农：没有。

个案 2 　年轻女性农民工农民工的语言使用与语言态度

调查对象的基本信息：路××，女，18岁，初中文化，安徽阜阳利辛县人，2006年8月年首次出门打工，一直在一家火锅店做服务员，先在诸暨做了几个月，之后到椒江的分店做了几个月，2007年来到义乌的分店。

调：将来希望留在城市生活吗，还是挣上钱还回老家去？

农：我刚来到城市不久，对这里是充满热情和希望的，我当然希望自己工作得好一点，能够留在这里。

调：是希望留在义乌，还是希望留在其他城市？

农：我现在其实还是想积累经验，想多走几个城市，看一下。

调：对城市的印象怎么样？

农：工作累，环境也不如我们老家，还是在老家玩得开心一点，但这些都是我们长大以后要面对的，所以只有硬着头皮去接受。

调：在老家时，普通话用得多吗？

农：不多。

调：一般什么时候会用普通话，在家里用吗？

农：不用。

调：在学校呢？

农：不用。

调：谈学习的时候也不用吗？

农：不用。因为那边都是说的家乡话，如果我说普通话，会感觉跟他们距离更远了，而且他们也不习惯的。

调：跟父母交谈的时候一般说什么话？

农：说实话，我也想试着跟他们讲老家话，这样子更开心一点，没有距离，但是，家乡话可能待在外面太久了，一下子讲不习惯了，有点别嘴的。但我会顺着他们强迫自己讲家乡话。所以，跟他们在一起还是讲老家话多一些。

调：现在跟老乡交谈时一般说什么话？

农：他们如果讲老家话的话，我也跟着讲老家话，他们讲普通话，我就讲普通话，还是普通话多一些。对我来说是普通话多一些，但我们很多员工跟老乡是讲家乡话的。

调：在一些公共场合，像在市场买东西、去政府部门办事、去医院看病什么的，说什么话？

农：那是普通话。

调：跟陌生人或本地熟人交谈呢？

农：都是普通话。

调：如果跟老乡聊一些比较正式的话题，像国家大事、体育比赛之类，一般讲什么话？

农：普通话，因为老家话本来我就不太擅长。

调：打工以后，老家话有没有说得不如以前了？

农：有，可能会用词不太恰当吧。

调：口音有没有变化？

农：也有的。

调：现在回家讲老家话，会不会冒出普通话来？

农：那肯定会的，经常会冒。

调：觉得什么话对你来说最重要？

农：英语，我一直想学英语。还有韩语，比较好听吧，现在流行"韩流"嘛。

调：普通话和老家话哪个对你更重要？

农：普通话。

调：会不会觉得普通话是城市人的一种标志？

农：会有一点，但也不完全是。

调：会不会觉得讲普通话的人给人印象更有修养，更有礼貌？

农：这个会有的。

调：觉得讲好普通话更有前途吗？

农：没想那么多。

调：觉得学会义乌话对职场升迁有好处吗？

农：这个没想过，我们这个行业流动性很大，说不定今天在义乌，明天就到另一个城市了。我们这家店干一年是长的了，一般半年就流动了。

调：对这种打工生活满意吗？喜欢打工生活吗？

农：谈不上喜欢，这应该是我们要面对的吧。

调：喜欢过什么样的生活？

农：喜欢……两种生活，要么在城市里，脚踏实地地有个稳定的工作，干下去。要么在乡村过自己的农村生活。

调：现在让你嫁个农村小伙子，在农村生孩子，过日子，受得了吗？

农：呵呵，现在受不了了。但是现在农村生活也跟过去不一样了，他们也会想办法在县城还是哪里买房子。

调：希望自己的孩子将来在哪里生活？农村还是城市？

农：从教育的角度看，还是希望他在城市生活。

调：如果有一天你们的后代都不会说老家话了，老家话不存在了，你觉得可惜吗？

农：语言只是用来沟通的，只要能沟通的好，就没关系。

调：觉得这种打工生活有意思吗？

农：没有。

调：不如在家里面开心？

农：也不是，一切都在努力吧，朝自己想要的地方走。

调：你想要的东西是什么？

农：其实我现在对自己要求挺简单的，就是工作之余可以有时间做自己喜欢做的事情。

调：你喜欢做什么事情？

农：我觉得是先苦后甜吧，我自己本身条件就不足，更多的是应该多学习点东西，等自己的事业发展起来以后，才可以去想这些。

调：平时有什么娱乐活动？

农：偶尔会有朋友聚聚餐之类的，或者上街逛逛。

调：觉得自己打工后有变化吗？

农：变化是有的，以前说话做事不会顾及他人的面子，只顾自己发泄，现在说话会顾及很多的。

调：生活方式、习惯方面有没有变化？

农：有，比较明显的是，可能更注重自己的形象吧，比如几天不洗澡就不行，哈哈。

调：观念上有什么变化吗？

农：也有。小时候对自己要求无所谓，现在出来挺难的，觉得后悔当初不好好学习。

调：对这些变化满意吗？

农：不知道。有好的，也有不好的。刚开始，第一个月发工资，我会把一半的工资寄给家里，现在我会先满足自己的需要。

调：对自己的将来有什么期望？

农：期望很高，但是更多的时候想到这些问题会消极地去面对，有时候想的太好容易失望。

（二）农民工使用义乌方言成分的情况

個案3　年轻女性农民工使用义乌方言成分的情况

粗斜体部分为调查对象使用的义乌方言成分，个别地方超出了调查条目的范围，但均属于义乌方言中的结构成分。

调查对象的基本信息：刘××，女，25岁，山东滨城人，2002年7月来义乌打工。

调：你那里的地址是什么？

农：南方联那里，门牌号多少*啦*？就是那个派出所那里*呀*。

调：算了*啦*，门牌号就不要了*啦*。

农：那你就写那个店名就*好了*。刘×，我还以为你叫刘×× *的嘞*。

调：那你工作单位的名字写一下*好了*。

农：那个南方联对面是什么小区*啦*？

调：那个不用写没关系呀，你就你工作的地方写一下*好了*。

农：我那是那个哪里*啦*，那个……侯友公司啊。

调：那……年龄写一下。

农：现在的年龄吗？25岁了*呀*。

调：地址？

农：你什么时候来到本地的还要写*呀*？

调：你是什么时候到义乌*的*？

农：2002 年

调：几月份左右*哇*？

农：哦……7 月份。

调：第一次出来打工是在义乌吗？

农：不是，到临沂。

调：第一次出门打工是什么时候*啦*？

农：那是什么时候啊？98 年*哇*？

调：那你待了两年在那里*呀*？临沂？

农：*没*[mεi]。呆了半年。

调：然后又去哪里了*啦*？

农：噢呵，去过很多地方，又回来*啦*。去过温州，一个星期回来*啦*。

调：不是，是去打工。

农：那没去过别的地方，就在家里*啦*。

调：现在已婚，小孩子是住在一起*啦*？

农：唉。噢呵，这么多，谁来给你答*嘞*？

调：你跟我答*呀*。你现在跟家人住在一起哦？有老乡吗？

农：老乡也有*的*。

调：有跟义乌人通过买东西交往吗？

农：有*的*。

调：邻里交往呢？

农：有。

调：将来希望留在城市生活吗？是想留在义乌还是留在别的城市？

农：肯定留在义乌*的*。

调：经常看什么电视节目？普通话的？还是方言的？

农：普通话。

调：老家话的电视节目看不看？

农：看*的*。

调：义乌话的节目呢?

农：也看*的*。《同年哥》(《同年哥讲新闻》)

调：其他方言的节目看不看?

农：看*的*。那个《本塘第一关》，杭州台的。

调：别的方言的呢?

农：看，什么台都看*的*，这些方言栏目。

调：还有金华的*哇*?

农：嗯。

调：英语节目看不看?

农：那个不看。

调：不看*的*? 小时候最先学会的是什么话*啦*?

农：老家话嘛。

调：还有别的吗?

农：还有普通话*哇*。

调：没上学之前?

农：没上学之前? 没上学之前那*没*[mai]有*的*。

调：你上小学时老师用什么话给你们讲课*的*?

农：土话。

调：普通话不讲*的*? 给你们?

农：小学好像不讲，初中就讲了。

调：你小时候你爸爸妈妈和你讲话用什么话*的*?

农：土话。

调：普通话说不说*的呀*?

农：不说*的*。

调：那你现在能用哪些话跟别人说*的*? 除了老家话和普通话以外，有没有其他的?

农：*没*[mai]有。

调：那普通话你有带口音*的哦*？

农：那多少都要有一点*的嘛*。

调：你跟你爸爸妈妈说话最常说的是哪一种话？

农：老家话嘛。

调：普通话会不会说*的*？

农：不说*的*。

调：你跟你老乡说话用什么话？

农：有时候用普通话，有时候用土话。

调：哪个话用得最多呢？

农：土话。

调：那跟不是老乡的人呢？

农：普通话。

调：都是普通话*的*？

农：嗳。

调：初次见面的陌生人呢？

农：那也是普通话*哇*。

调：在市场买东西呢？

农：肯定是普通话*啦*。

调：去政府部门办事和去医院看病？

农：都是普通话嘛。

调：老家话是经常讲还是偶尔讲？

农：偶尔讲一点儿吧，碰不到老乡就不讲*的*。

调：普通话肯定是每天都讲*的*？

农：普通话每天都讲*的*。

调：义乌话会不会讲？

农：会讲一点点。

调：偶尔会讲一点儿？

农：嗳。

调：你现在讲老家话会不会有的音发不准了？

农：那不会*的*，发得准*的*。

调：普通话你能完全听懂*哇*？

农：普通话？听得懂。

调：普通话说得准吗？

农：基本上准吧。

调：义乌话能听懂？

农：有一半能听懂吧。

调：说呢？

农：只会说一点儿。

调：其他的话听不听得懂？

农：有的听得懂。

调：老家话是小时候跟家里人学会*的哦*？有没有在学校学到老家话？

农：那*没*[mai]。

调：你坐在那边*好了耶*，站着多累*呀*。你觉得你学普通话时遇到过什么问题？有没有周围的人都不说，所以你也不好意思说？

农：有*的*。

调：有没有因为受老家话影响不好改口音？

农：口音改不掉*的呀*。

调：也有这种情况*的哇*？

农：嗳。

调：会不会觉得说普通话不好意思？

农：碰到老乡的话，就不好意思说了*哇*。

调：有没有怕说不好？

农：那*没*[mai]。

调：你觉得老家话好听吗？现在有 1～5 分，"好听"你给它打几分？

　　农：这个我怎么打*啦*？

　　调：随便打*啦*。

　　农：打 3 分吧。

　　调：亲切呢？打几分？

　　农：亲切是打 5 分，我们哪儿人说话很好听*的*。

　　调：社会影响大不大？

　　农：*没*[mai]……有，反正我们话跟普通话差不多*的*，有点儿
接近。

　　调：你打几分？

　　农：随便打几分*好了*，你给我打*好了*。

　　调：我不能给你打，一定要你打*的*。

　　农：打 4 分。

　　调：有没有用呢？

　　农：这也……在我们那地方肯定有用，出来就没用了嘛。打
3 分。

　　调：你对义乌话的印象，也是一样打分*的*，你觉得义乌话好
不好听*的啦*？

　　农：不好听，呵呵。

　　调：没关系*的呀*。

　　农：打 3 分*好了*。

　　调：亲不亲切？

　　农：不亲切，好像吵架一样。

　　调：打几分*呀*？

　　农：啊呀，这个……，打几分*呀*？随便打*好了*，打 4 分*好了*。

　　调：社会影响呢？

　　农：啊呀，这个这个……，打 4 分*好了*，随便打*好了*，接着
打*好了*。

调：有用呢？

农：打 3 分*好了*。

调：普通话好不好听？

农：普通话肯定好听*呀*，打 4 分。

调：亲切呢？

农：亲切打 3 分。

调：社会影响呢？

农：打 5 分*好了*。

调：有用呢？

农：肯定有用*的*。

调：打几分？

农：打 5 分*好了*。

调：你学习普通话的目的是什么？有没有为了外出方便？

农：有*的*。

调：有没有因为个人兴趣学*的*？

农：有*的*。

调：学义乌话的目的呢？有没有为了升职快？

农：这个*没*[mai]有。

调：你希望你的普通话达到什么水平？是能交际就行吗？

农：就这个*好了*。

调：现在有很多电视、电影是用方言演的，你觉得怎么样？

农：我无所谓*的*。

调：你觉得哪种话对你来说最重要的？

农：普通话嘛。

调：除了普通话呢？

农：那就是义乌话了。

调：你对家乡话的喜欢打工前后有变化吗？

农：我对家乡话无所谓*的*。

调：对普通话呢？

农：对普通话，是打工以后开始喜欢的。

调：义乌话呢？

农：也是打工后才喜欢*的*。

调：你希望老家话有很大的发展还是在你们家乡那边发展？

农：在老家发展就*好了*。

调：义乌话呢？

农：义乌话也是在这边发展*的呀*。

调：你希望自己的孩子会说哪些话？

农：那肯定普通话嘛。

调：老家话呢？

农：要学*的*。

调：别的方言要不要学？

农：也要学*的*。

调：外语呢？

农：外语肯定要学*的*。英语。

调：要是你小孩子将来不会说老家话了，你会不会觉得很难过？还是能接受？

农：这个无所谓*的*。

调：要是你自己说话跟这个城市的别的人不太一样，你会不会希望跟别人一样？

农：那肯定希望*的*。

调：要是你说的家乡话跟老家人不太一样了，你会怕家乡人笑话吗？

农：不怕。

调：你有没有过因为语言不通影响求职的？

农：有过。

调：有过影响日常交际吗？

农：*没*[mai]有。

调：影响工作呢？

农：那*没*[mai]有。

调：你觉得义乌人说话有什么特点没有？

农：没有。

调：你不知道*的*？

农：这个怎么说*啦*？

附录二

农民工语言使用情况调查问卷^①

日期：2007 年___月___日___午
地址：_____市_____区/县_____街道/镇_____居 委 会
（大院）_____门牌号
被调查者姓名：_____
联系电话：_____其他联系方式：_____

A. 基本情况

A1 性别

　1. 女

　2. 男

A2. 您的年龄_____（周岁）

A3. 您的出生地（从省、市、自治区填写到街道、居委会或乡镇、村委会）_____

A4. 您什么时候来到本地的_____（填写年、月）

A5. 您第一次出来打工是在哪一年_____

A6. 您在来本地之前还在哪些地方打过工（请填写地点和时间

---

① 本书作者曾于 2006 年随王远新教授主持的国家"985 工程"项目《新疆城市化进程中的各民族语言使用、语言关系调查研究》课题组赴新疆调查，本调查问卷编制过程中参考了该课题的调查问卷，特此致谢。

段）_____

A7．您的受教育程度

1．从没有上过学

2．上过夜校或扫盲班

3．小学

4．初中

5．高中

A8．您现在做什么工作

1．建筑业工人

2．制造业工人

3．住宿餐饮娱乐业服务人员

4．社会服务业人员（①保安；②保姆；③保洁员；④其

他_____）

5．交通运输业受雇人员

6．零售业受雇人员

7．其他（请注明_____）

A9．您结婚了吗（18周岁以下的被调查者不问此题，在2上直

接圈选）

1．已婚

2．未婚

A10．您的配偶跟您是同乡吗（上题选2者不问此题）

1．是

2．不是（是_____人）

A11．您的子女现在跟您住在一起吗（上一题选2者不答此题）

1．是

2．否

A12．您现在跟谁住在一起

1．和家人、亲戚住在一起

2. 和同乡住在一起

3. 和不同省份的农民工住在一起

4. 自己单住

A13. 您在本市有亲戚或同乡吗（可多选）

1. 有亲戚

2. 有同乡

3. 没有

A14. 您和本地人交往的主要途径是（可多选）

1. 买东西

2. 到政府部门办事

3. 邻里交往

4. 其他_____

A15. 您将来希望留在城里生活吗

1. 不希望留在城市，挣上钱就回老家

2. 看情况，将来条件允许就留在城里，否则就回老家

3. 希望留在本城市，并愿意为此付出努力

4. 希望留在其他城市，并愿意为此付出努力

A16. 您经常看什么电视节目（可多选）

1. 普通话节目

2. 老家话节目（请注明_____）

3. 本地方言节目（请注明_____）

4. 其他方言节目（请注明_____）

5. 其他语言节目（请注明_____）

6. 从不看电视（①没有电视看；②没有时间看）

B. 语言使用情况

B1. 您小时候（上学前或 5 周岁前）最先学会哪种话（可多选）

　　1. 老家话（指出生地方言，请注明＿＿＿＿＿＿＿＿＿）

　　2. 其他汉语方言（请注明＿＿＿＿＿＿＿＿＿）

　　3. 普通话

　B2. 您在上小学的时候，老师主要用什么语言讲课（可多选，A6 选 1 者不答此题）

　　1. 全部用老家话

　　2. 全部用普通话

　　3. 有的用普通话，有的用老家话

　　4. 其他情况（请注明＿＿＿＿＿＿＿＿＿）

　B3. 小时候，您父母（或抚养人）跟您交谈时最常说哪种话（可多选）

　　1. 老家话

　　2. 其他汉语方言（请注明＿＿＿＿＿＿＿＿＿）

　　3. 普通话

　　4. 父亲说＿＿＿＿＿＿，母亲说＿＿＿＿＿＿

　　5. 无此情况（指记事前未见过父母或抚养人）

　B4. 您现在能用哪些话与别人交谈（可多选）

　　1. 老家话（请注明＿＿＿＿＿＿＿＿＿）

　　2. 本地方言（请注明＿＿＿＿＿＿＿＿＿）

　　3. 其他汉语方言（请注明＿＿＿＿＿＿＿＿＿）

　　4. 普通话

　B5. 现在您跟您父母（或抚养人）交谈时最常说哪种话（可多选）

　　1. 老家话（请注明＿＿＿＿＿＿＿＿＿）

　　2. 其他汉语方言（请注明＿＿＿＿＿＿＿＿＿）

　　3. 普通话

　　4. 跟父亲说＿＿＿＿＿＿，跟母亲说＿＿＿＿＿＿

　　5. 无此情况（指父母或抚养人已去世）

B6. 在家里，您的子女跟您交谈时最常说哪种话（可多选，A9
选 2 者不答此题）

　1. 老家话（请注明_____）

　2. 本地方言

　3. 其他汉语方言（请注明_____）

　4. 普通话

　5. 无此情况（指没有子女者）

B7. 您现在跟妻子（丈夫）交谈时说什么话？

　1. 老家话（请注明_____）

　2. 本地方言

　3. 其他汉语方言（请注明_____）

　4. 普通话

　5. 无此情况（指没有子女者）

B8. 您现在跟子女交谈时说什么话？

　1. 老家话（请注明_____）

　2. 本地方言

　3. 其他汉语方言（请注明_____）

　4. 普通话

　5. 无此情况（指没有子女者）

B9. 您现在跟老乡交谈时说什么话？

　1. 老家话（请注明_____）

　2. 本地方言

　3. 其他汉语方言（请注明_____）

　4. 普通话

　5. 无此情况（指没有子女者）

B10. 您现在跟非同乡的同事交谈时说什么话？

　1. 老家话（请注明_____）

　2. 本地方言

3．其他汉语方言（请注明＿＿＿＿＿＿＿＿＿＿＿）

4．普通话

5．无此情况（指没有子女者）

B11．您现在跟本地熟人时说什么话？

　　1．老家话（请注明＿＿＿＿＿＿＿＿＿＿＿）

　　2．本地方言

　　3．其他汉语方言（请注明＿＿＿＿＿＿＿＿＿＿＿）

　　4．普通话

　　5．无此情况（指没有子女者）

B12．您现在跟初次见面的陌生人交谈时说什么话？

　　1．老家话（请注明＿＿＿＿＿＿＿＿＿＿＿）

　　2．本地方言

　　3．其他汉语方言（请注明＿＿＿＿＿＿＿＿＿＿＿）

　　4．普通话

　　5．无此情况（指没有子女者）

B13．您现在在集贸市场买东西时说什么话？

　　1．老家话（请注明＿＿＿＿＿＿＿＿＿＿＿）

　　2．本地方言

　　3．其他汉语方言（请注明＿＿＿＿＿＿＿＿＿＿＿）

　　4．普通话

　　5．无此情况（指没有子女者）

B14．您现在去政府部门办事时说什么话？

　　1．老家话（请注明＿＿＿＿＿＿＿＿＿＿＿）

　　2．本地方言

　　3．其他汉语方言（请注明＿＿＿＿＿＿＿＿＿＿＿）

　　4．普通话

　　5．无此情况（指没有子女者）

B15．您现在去医院看病时说什么话？

1. 老家话（请注明＿＿＿＿＿＿＿＿＿＿）
2. 本地方言
3. 其他汉语方言（请注明＿＿＿＿＿＿＿＿＿＿）
4. 普通话
5. 无此情况（指没有子女者）

B16. 您现在跟亲人或朋友谈论国家大事或体育比赛时说什么话？
1. 老家话（请注明＿＿＿＿＿＿＿＿＿＿）
2. 本地方言
3. 其他汉语方言（请注明＿＿＿＿＿＿＿＿＿＿）
4. 普通话
5. 无此情况（指没有子女者）

B17. 您现在在单位谈工作时说什么话？
1. 老家话（请注明＿＿＿＿＿＿＿＿＿＿）
2. 本地方言
3. 其他汉语方言（请注明＿＿＿＿＿＿＿＿＿＿）
4. 普通话
5. 无此情况（指没有子女者）

B18. 您现在经常讲老家话吗？
1. 经常讲
2. 偶尔讲一点儿
3. 根本不讲

B19. 您现在经常讲普通话吗？
1. 经常讲
2. 偶尔讲一点儿
3. 根本不讲

B20. 您现在经常讲本地方言吗？
1. 经常讲

2．偶尔讲一点儿

3．根本不讲

B21．您的老家话程度

1．听

（1）完全能听懂

（2）基本能听懂

（3）能听懂一些日常用语

（4）基本听不懂

（5）完全听不懂

2．说

（1）能熟练交谈且发音准确

（2）能熟练交谈但个别音不准

（3）基本能交谈但方音较重

（4）会说一些日常用语

（5）基本不会说

（6）完全不会说

B22．您的普通话程度

1．听

（1）完全能听懂

（2）基本能听懂

（3）能听懂一些日常用语

（4）基本听不懂

（5）完全听不懂

2．说

（1）能熟练交谈且发音准确

（2）能熟练交谈但个别音不准

（3）基本能交谈但方音较重

（4）会说一些日常用语

（5）基本不会说

（6）完全不会说

B23．您的本地方言（义乌话）程度

1．听

（1）完全能听懂

（2）基本能听懂

（3）能听懂一些日常用语

（4）基本听不懂

（5）完全听不懂

2．说

（1）能熟练交谈且发音准确

（2）能熟练交谈但个别音不准

（3）基本能交谈但方音较重

（4）会说一些日常用语

（5）基本不会说

（6）完全不会说

B24．您的其他汉语方言程度

1．听

（1）完全能听懂

（2）基本能听懂

（3）能听懂一些日常用语

（4）基本听不懂

（5）完全听不懂

2．说

（1）能熟练交谈且发音准确

（2）能熟练交谈但个别音不准

（3）基本能交谈但方音较重

（4）会说一些日常用语

（5）基本不会说

（6）完全不会说

C. 语言学习途径、动机和语言态度

C1. 您是怎样学会家乡话的？（可多选）

 1. 家里人影响自然学会的

 2. 学校学习（请注明哪级学校＿＿＿＿＿＿）

 3. 看电视听广播

 4. 社会交往

 5. 工作关系

 6. 其他方式（请注明具体方式＿＿＿＿＿＿＿＿＿＿＿）

C2. 您是怎样学会普通话的？（可多选）

 1. 家里人影响自然学会的

 2. 学校学习（请注明哪级学校＿＿＿＿＿＿）

 3. 看电视听广播

 4. 社会交往

 5. 工作关系

 6. 其他方式（请注明具体方式＿＿＿＿＿＿＿＿＿＿＿）

C3. 您是怎样学会本地方言的？（可多选）

 1. 家里人影响自然学会的

 2. 学校学习（请注明哪级学校）

 3. 看电视听广播

 4. 社会交往

 5. 工作关系

 6. 其他方式（请注明具体方式＿＿＿＿＿＿＿＿＿＿＿）

C4. 您是怎样学会其他汉语方言的？（可多选）

 1. 家里人影响自然学会的

 2. 学校学习（请注明哪级学校＿＿＿＿＿＿）

　　3.看电视听广播

　　4.社会交往

　　5.工作关系

　　6.其他方式（请注明具体方式_____）

C5. 您觉得出来打工以来，您的老家话有变化吗（可多选）

　　1. 说得和以前一样，没什么变化

　　2. 有的音发不准了

　　3. 有的意思用老家话不会表达了

　　4. 说老家话时会混入了其他方言或普通话的成分

C6. 您是什么时候学会本地方言的（不会本地方言的不问此题）

　　1. 来这里不到半年

　　2. 来这里半年后

　　3. 来这里一年后

　　4. 来这里两年后

　　5. 其他_____

C7. 您是什么时候学会其他汉语方言（请注明_____）的

　　1. 出来打工（指首次打工）之前

　　2. 出来打工之后

C8. 您是什么时候学会普通话的

　　1. 出来打工（指首次打工）以前

　　2. 出来打工以后

C9. 您觉得打工以来，您的普通话有变化吗（可多选，不会普通话的不问此题）

　　1. 说得比以前多了

　　2. 发音比以前标准了

　　3. 和以前差不多，没什么变化

C10. 您觉得您普通话说得不太好的原因是什么（可多选，不会普通话的不问此题）

1. 周围的人都不说，说的机会少
2. 受方言影响，不好改口音
3. 说方言比说普通话更自然、更容易
4. 经常说普通话怕人笑话
5. 怕说得不好，不好意思说
6. 其他原因（请注明＿＿＿＿＿＿＿＿）

C11. 您对老家话印象怎么样？请您从以下几方面打分，1分为最低分，5分为最高分。

1. 好听　　　　　　1　　2　　3　　4　　5
2. 亲切　　　　　　1　　2　　3　　4　　5
3. 有社会影响　　　1　　2　　3　　4　　5
4. 有用　　　　　　1　　2　　3　　4　　5

C12. 您对本地方言（义乌话）印象怎么样？请您从以下几方面打分，1分为最低分，5分为最高分。

1. 好听　　　　　　1　　2　　3　　4　　5
2. 亲切　　　　　　1　　2　　3　　4　　5
3. 有社会影响　　　1　　2　　3　　4　　5
4. 有用　　　　　　1　　2　　3　　4　　5

C13. 您对普通话印象怎么样？请您从以下几方面打分，1分为最低分，5分为最高分。

1. 好听　　　　　　1　　2　　3　　4　　5
2. 亲切　　　　　　1　　2　　3　　4　　5
3. 有社会影响　　　1　　2　　3　　4　　5
4. 有用　　　　　　1　　2　　3　　4　　5

C14. 您学习普通话的目的是什么（可多选，不会普通话者不问此题）

1. 能够与更多的人沟通
2. 工作或外出需要

3. 学好普通话有前途

4. 学校要求

5. 个人兴趣

6. 其他目的（请说明_____）

C15. 您想学习本地方言吗？

1. 想

2. 不想

C16. 您学习本地方言的目的是什么（可多选，上题选2者不问此题）

1. 好找工作

2. 职场升迁快

3. 容易跟当地人沟通

4. 其他目的（请说明_____）

C17. 您希望您的普通话达到什么程度（不论会不会普通话均问此问题）

1. 能流利准确地使用

2. 能熟练地使用

3. 能进行一般的交际

4. 能听懂就行

5. 没有什么要求

C18. 您希望您的本地方言达到什么程度（不论会不会本地方言均问此问题）

1. 能流利准确地使用

2. 能熟练地使用

3. 能进行一般的交际

4. 能听懂就行

5. 没有什么要求

C19. 有些在全国范围播放的广播影视剧（方言广播、方言电视

台及地方戏除外）用的是汉语方言，您是否赞成

1. 赞成

2. 不赞成

3. 无所谓

4. 无法回答

C20. 您认为哪种话对您来说最重要（次重要的请在选项旁边划钩）

1. 老家话

2. 本地方言

3. 其他汉语方言（请注明_____）

4. 普通话

5. 其他语言（请注明_____）

C21. 您觉得打工前后您对老家话的喜欢程度有变化吗

1. 一直喜欢，没什么变化

2. 原来就喜欢，出来打工以后更加喜欢了

3. 出来打工后开始喜欢的

4. 一直不喜欢

5. 原来喜欢，出来打工后不喜欢了

6. 无所谓喜欢不喜欢

C22. 您觉得打工前后您对普通话的喜欢程度有变化吗

1. 一直喜欢，没什么变化

2. 原来就喜欢，出来打工以后更加喜欢了

3. 出来打工后开始喜欢的

4. 一直不喜欢

5. 原来喜欢，出来打工后不喜欢了

6. 无所谓喜欢不喜欢

C21. 您觉得打工前后您对本地方言（义乌话）的喜欢程度有变化吗

1. 一直喜欢，没什么变化

2. 原来就喜欢，出来打工以后更加喜欢了

3. 出来打工后开始喜欢的

4. 一直不喜欢

5. 原来喜欢，出来打工后不喜欢了

6. 无所谓喜欢不喜欢

C22. 您希望老家话有什么样的发展前景

1. 有很大的发展

2. 在一定范围内发展

3. 任其自然发展

4. 在不久的将来不再使用

5. 无法回答

C23. 您希望普通话有什么样的发展前景

1. 有很大的发展

2. 在一定范围内发展

3. 任其自然发展

4. 在不久的将来不再使用

5. 无法回答

C24. 您希望本地方言（义乌话）有什么样的发展前景

1. 有很大的发展

2. 在一定范围内发展

3. 任其自然发展

4. 在不久的将来不再使用

5. 无法回答

C25. 您希望自己的子女会说哪些话（可多选，已婚者无论有无子女均问此题）

1. 普通话

2. 老家话

3．本地方言

4．其他汉语方言（请注明＿＿＿＿＿＿＿）

5．外语（请注明＿＿＿＿＿＿）

6．无此情况（指未婚者）

C26．假如您家附近有用不同语言授课的小学，您希望自己的子女上哪种语言授课的学校（可多选，已婚者无论有无子女均问此题）

1．普通话

2．本地方言

3．老家话（请注明＿＿＿＿＿＿＿）

4．外语（请注明＿＿＿＿＿＿）

5．无此情况（指未婚者）

C27．如果您的子女将来不会说老家话了，您会觉得（可多选，已婚者无论有无子女均问此题）

1．能接受

2．很可惜

3．巴不得

4．无所谓

C28．如果您说的话跟城里其他人不太一样，您会觉得（可多选）

1．跟别人说话时有些不好意思

2．希望能跟他们说得差不多

3．更愿意表现这种区别

4．无所谓

C29．如果您说老家话和老家人不太一样了，您会觉得（可多选）

1．怕家乡人笑话

2．希望能说得跟老家人一样

3．无所谓

4．更愿意表现这种区别

C30.您在本地有没有遇到过因语言不通而影响日常交际或工作的情况（可多选）

    1．遇到过影响日常交际的情况

    2．遇到过影响求职的情况

    3．遇到过影响工作的情况

    4．都没有遇到过

C31．您觉得本地方言中哪些发音比较有特色

———————————————

C32．您觉得本地方言中哪些说法比较有特色

———————————————

D．称谓语使用情况

D1.您打工前在家乡时，向别人介绍自己的妻子时怎么称呼她？（可多选）

    1．我老婆　　2．我媳妇　　3．我屋里的　　4．我家那口子

    5．我对象　　6．我爱人　　7．其他：————

D2.您现在在这里，向别人介绍自己的妻子时怎么称呼她？（可多选）

    1．我老婆　　2．我媳妇　　3．我屋里的　　4．我家那口子

    5．我对象　　6．我爱人　　7．其他：————

D3.您打工前在家乡时，向别人介绍自己的丈夫时怎么称呼他？（可多选）

    1．我老公　　2．我爱人　　3．我丈夫　　4．我家那口子

    5．我对象　　6．其他————

D4.您现在在这里，向别人介绍自己的妻子时怎么称呼她？（可

多选）

　　1．我老公　2．我爱人　3．我丈夫　4．我家那口子

　　5．我对象　6．其他＿＿＿＿＿

　　D5．您打工前在家乡时，向陌生年轻女性问路时，怎么称呼她？（可多选）

　　1．同志　2．妹妹（或姐姐）　　3．小妹（或大姐）

　　4．妹子　5．无称呼（指用"你好""打扰一下"之类开场）

　　6．小姐　7．其他＿＿＿＿＿

　　D6．您现在在这里，向陌生年轻女性问路时，怎么称呼她？（可多选）

　　1．同志　2．妹妹（或姐姐）　　3．小妹（或大姐）

　　4．妹子　5．无称呼（指用"你好""打扰一下"之类开场）

　　6．小姐　7．其他＿＿＿＿＿

　　D7．您打工前在家乡时，向陌生中年女性问路时，怎么称呼她？（可多选）

　　1．大姐　2．大嫂　3．大婶　4．阿姨

　　5．同志　6．老板娘　7．无称呼（指用"你好""打扰一下"之类开场）　　8．其他＿＿＿＿＿

　　D8．您现在在这里，向陌生中年女性问路时，怎么称呼她？（可多选）

　　1．大姐　2．大嫂　3．大婶　4．阿姨

　　5．同志　6．老板娘　7．无称呼（指用"你好""打扰一下"之类开场）　　8．其他＿＿＿＿＿

　　D9．您打工前在家乡时，向陌生年轻男性问路时，怎么称呼他？（可多选）

　　1．同志　2．先生　3．师傅　4．兄弟　5．朋友

　　6．哥们　7．小伙子　8．无称呼（指用"你好""打扰一下"之类开场）　9．老板　　10．其他＿＿＿＿＿

D10.您现在在这里，向陌生年轻男性问路时，怎么称呼他？（可多选）

1．同志　　2．先生　　3．师傅　　4．兄弟　　5．朋友

6．哥们　　7．小伙子　　8．无称呼（指用"你好""打扰一下"之类开场）　　9．老板　　10．其他_____

D11.您打工前在家乡时，向陌生中年男性问路时，怎么称呼他？（可多选）

1．（大）哥　　2．（大）叔　　3．同志　　4．师傅

5．先生　　6．老板　　7．无称呼（指用"你好""打扰一下"之类开场）　　8．其他_____

D12.您现在在这里，向陌生中年男性问路时，怎么称呼他？（可多选）

1．（大）哥　　2．（大）叔　　3．同志　　4．师傅

5．先生　　6．老板　　7．无称呼（指用"你好""打扰一下"之类开场）　　8．其他_____

D13.您现在在这里，怎么样对着老板称呼他的妻子？（可多选）

1．你（您）老婆　　2．你（您）媳妇　　3．你（您）爱人

4．你（您）夫人　　5．你（您）家大姐　　6．阿姨

7．其他：_____　　　　8．不知道怎么称呼

附录三

农民工使用义乌方言成分情况调查问卷

日期：2007 年＿＿月＿＿日＿＿午
地址：＿＿＿＿市＿＿＿＿区/县＿＿＿＿＿街道/镇＿＿＿＿居 委 会
＿＿＿＿＿（大院）＿＿＿＿门牌号
被调查者姓名：＿＿＿＿＿＿＿＿
联系电话：＿＿＿＿＿＿＿＿其他联系方式：＿＿＿＿＿＿＿

A. 基本情况

A1. 性别：（1）女 （2）男

A2. 年龄：＿＿＿＿＿＿（周岁）

A3. 出生地：＿＿＿＿省＿＿＿＿＿市＿＿＿＿＿＿街道/镇＿＿＿＿＿乡。

A4. 您什么时候来到义乌打工的：＿＿＿＿年＿＿＿月。

A5. 除了打工以外，在义乌居住的其他原因及居住时间：因居住＿＿＿＿＿时间。

A6. 您的受教育程度
（1）没上过学 （2）上过夜校或扫盲班 （3）小学
（4）初中 （5）高中

A7. 您现在在哪个行业工作
（1）建筑业 （2）制造业

（3）住宿、餐饮、娱乐业　　　（4）社会服务业（①保安；②保姆；③保洁员）　　　（5）交通运输业　　　（6）零售业

（7）其他（请注明_____）

A8.您和义乌人交往多吗

（1）很多　　　（2）不太多　　　（3）基本不来往

A9.您和义乌人交往的主要途径是（上题选3者不问此题，可多选）

（1）去政府部门办事　　　（2）在商场、邮局、银行、医院等公共场所　　　（3）跟本地同事或老板交往

（4）跟本地顾客交往　　　（5）跟房东或本地邻居交往

（6）有本地朋友　　　（7）家人或亲戚中有本地人

（8）其他交往_____

A10.您收看义乌话电视节目《同年哥讲新闻》吗

（1）经常看　　　（2）偶尔看　　　（3）从来不看

A11.您现在能用哪些话跟别人交谈（可多选）

（1）家乡话　　　（2）普通话

（3）义乌话　　　（4）其他汉语方言（请注明_____）

A12.您的义乌话程度

（1）完全能听懂，且能熟练交谈

（2）完全能听懂，基本能交谈

（3）基本能听懂，基本能交谈

（4）基本能听懂，会说一些日常用语

（5）能听懂日常用语，会说一些日常用语

（6）能听懂日常用语，基本不会说

（7）基本听不懂，完全不会说

A13.您对义乌话的评价

（1）好听：　　　　1　2　3　4　5

　　　　(2) 亲切：　　　1　　2　　3　　4　　5
　　　　(3) 有社会影响：　1　　2　　3　　4　　5
　　　　(4) 有用：　　　1　　2　　3　　4　　5
　A14. 您希望您的义乌话达到什么程度（不论会不会义乌话均问此问题）
　　　　(1) 能流利准确地使用　　　　(2) 能熟练地使用
　　　　(3) 能进行一般的交际　　　　(4) 能听懂就行
　　　　(5) 没有什么要求

B. 义乌话成分使用情况

　B1. 两
　1. 下面的几种说法，您使用过哪种（可多选）
　　　(1) 请问，两区怎么走？/ 一、两、三、四、五…/ 一块两。
　　　(2) 请问，二区怎么走？/ 一、二、三、四、五…/ 一块二。
　2. 您经常使用第（1）个选项的说法吗（第1题选（1）者回答）
　　　(1) 是　　　　(2) 不是
　3. 您在什么情况下使用第（1）个选项的说法
　　　(1) 在这里打工时　　(2) 在家乡时　　(3) 一直使用
　4. 您知道义乌人说话时经常使用第（1）个选项的说法吗
　　　(1) 知道　　　　(2) 不知道
　5. 您学会使用第（1）个选项说法的时间和地点（第1题选（1）者回答）
　　　(1) 在家乡时　　　　(2) 外出打工以后
　　　(3) 在本地　　　　(4) 在其他地方（请注明_____）

　B2. 哇₁
　1. 下面的几种说法，您使用过哪种（可多选）
　　　〈表示询问〉

（1）你吃饭了哇？／ 对哇？／ 你去哇？ ／ 普通话你会说哇？／ 这个人你认识哇？

（2）你吃饭了吗？／ 对吗？／ 你去吗？ ／ 普通话你会说吗？／ 这个人你认识吗？

2. 您经常使用第（1）个选项的说法吗（第1题选（1）者回答）

    （1）是　　　　　　　　（2）不是

3. 您在什么情况下使用第（1）个选项的说法

    （1）在这里打工时　　（2）在家乡时　　　（3）一直使用

4. 您知道义乌人说话时经常使用第（1）个选项的说法吗

    （1）知道　　　　　　　　（2）不知道

5. 您学会使用第（1）个选项说法的时间和地点（第1题选（1）者回答）

    （1）在家乡时　　　　（2）外出打工以后

    （3）在本地　　　　　　（4）在其他地方（请注明_____）

B3. 哇$_2$

1. 下面的几种说法，您使用过哪种（可多选）

    <表示请求或命令>

    （1）你快点下去哇！／ 把门关上哇！／ 你过来哇！

    （2）你快点下去呀！／ 把门关上呀！／ 你过来呀！

    （3）你快点下去啊！／ 把门关上啊！／ 你过来啊！

    （4）你快点下去！／ 把门关上！／ 你过来！

2. 您经常使用第（1）个选项的说法吗（第1题选（1）者回答）

    （1）是　　　　　　　　（2）不是

3. 您在什么情况下使用第（1）个选项的说法

    （1）在这里打工时　　（2）在家乡时　　　（3）一直使用

4. 您知道义乌人说话时经常使用第（1）个选项的说法吗

    （1）知道　　　　　　（2）不知道

5. 您学会使用第（1）个选项说法的时间和地点（第 1 题选（1）者回答）

　　（1）在家乡时　　　　（2）外出打工以后
　　（3）在本地　　　　　（4）在其他地方（请注明＿＿＿＿）

B4.　嘞

1. 下面的几种说法，您使用过哪种（可多选）

　　〈表示强调，加强语气〉
　　（1）我来义乌很长时间了嘞。／你这个人怎么这样子嘞？／明天我放假嘞。
　　（2）我来义乌很长时间了。／你这个人怎么这样子？／明天我放假。

2. 您经常使用第（1）个选项的说法吗（第 1 题选（1）者回答）
　　（1）是　　　　　（2）不是

3. 您在什么情况下使用第（1）个选项的说法
　　（1）在这里打工时　　（2）在家乡时　　（3）一直使用

4. 您知道义乌人说话时经常使用第（1）个选项的说法吗
　　（1）知道　　　　　　（2）不知道

5. 您学会使用第（1）个选项说法的时间和地点（第 1 题选（1）者回答）

　　（1）在家乡时　　　　（2）外出打工以后
　　（3）在本地　　　　　（4）在其他地方（请注明＿＿＿＿）

B5.　的

1. 下面的几种说法，您使用过哪种（可多选）
　　（1）老天爷不相信眼泪的。／这两句话意思不一样的。／这本书我看过的。／这件事情我知道的。
　　（2）老天爷不相信眼泪。／这两句话意思不一样。／这本书我看过。／ 这件事情我知道。

2. 您经常使用第（1）个选项的说法吗（第1题选（1）者回答）

(1) 是 (2) 不是

3. 您在什么情况下使用第（1）个选项的说法

(1) 在这里打工时 (2) 在家乡时 (3) 一直使用

4. 您知道义乌人说话时经常使用第（1）个选项的说法吗

(1) 知道 (2) 不知道

5. 您学会使用第（1）个选项说法的时间和地点（第1题选（1）者回答）

(1) 在家乡时 (2) 外出打工以后

(3) 在本地 (4) 在其他地方（请注明_____）

B6. 好了

1. 下面的几种说法，您使用过哪种（可多选）

(1) 这个你去问他好了。／ 你随便写好了。／ 你告诉他好了。

(2) 这个你去问他吧。／ 你随便写吧。／ 你告诉他吧。

2. 您经常使用第（1）个选项的说法吗（第1题选（1）者回答）

(1) 是 (2) 不是

3. 您在什么情况下使用第（1）个选项的说法

(1) 在这里打工时 (2) 在家乡时 (3) 一直使用

4. 您知道义乌人说话时经常使用第（1）个选项的说法吗

(1) 知道 (2) 不知道

5. 您学会使用第（1）个选项说法的时间和地点（第1题选（1）者回答）

(1) 在家乡时 (2) 外出打工以后

(3) 在本地 (4) 在其他地方（请注明_____）

B7. "动·动·补"结构

1. 下面的几种说法，您使用过哪种（可多选）

（1）门关关好！/ 被子叠叠好！/ 碗洗洗干净！/ 凳子摆摆齐！

（2）把门关好！/ 把被子叠好！/ 把碗洗干净！/ 把凳子摆齐！

2. 您经常使用第（1）个选项的说法吗（第1题选（1）者回答）

　　（1）是　　　　　（2）不是

3. 您在什么情况下使用第（1）个选项的说法

　　（1）在这里打工时　　（2）在家乡时　　　（3）一直使用

4. 您知道义乌人说话时经常使用第（1）个选项的说法吗

　　（1）知道　　　　　（2）不知道

5. 您学会使用第（1）个选项说法的时间和地点（第1题选（1）者回答）

　　（1）在家乡时　　　（2）外出打工以后

　　（3）在本地　　　　（4）在其他地方（请注明_____）

B8. STV 结构

1. 下面的几种说法，您使用过哪种（可多选）

　　（1）你小孩子有吗？/ 你上海去过没有？/ 我北京没去过。

　　（2）你有小孩子吗？/ 你去过上海没有？/ 我没去过北京。

2. 您经常使用第（1）个选项的说法吗（第1题选（1）者回答）

　　（1）是　　　　　（2）不是

3. 您在什么情况下使用第（1）个选项的说法

　　（1）在这里打工时　　（2）在家乡时　　　（3）一直使用

4. 您知道义乌人说话时经常使用第（1）个选项的说法吗

　　（1）知道　　　　　（2）不知道

5. 您学会使用第（1）个选项说法的时间和地点（第1题选（1）者回答）

　　（1）在家乡时　　　（2）外出打工以后

　　（3）在本地　　　　（4）在其他地方（请注明＿＿＿＿）

B9. 老虎价

1. 您知道"老虎价"这个词吗？

　　（1）知道　　　　（2）不知道

2. 您使用过"老虎价"这个词吗（第1题选（1）者回答）

　　（1）使用过　　　　（2）没有使用过

3. 您学会使用"老虎价"这个词的时间和地点（第2题选（1）者回答）

　　（1）在家乡时　　　　（2）外出打工以后

　　（3）在本地　　　　（4）在其他地方（请注明＿＿＿＿）

B10. 老面皮

1. 您知道"老面皮"这个词吗？

　　（1）知道　　　　（2）不知道

2. 您使用过"老面皮"这个词吗（第1题选（1）者回答）

　　（1）使用过　　　　（2）没有使用过

3. 您学会使用"老面皮"这个词的时间和地点（第2题选（1）者回答）

　　（1）在家乡时　　　　（2）外出打工以后

　　（3）在本地　　　　（4）在其他地方（请注明＿＿＿＿）

B11. 背大刀

1. 您知道"背大刀"这个词吗？

　　（1）知道　　　　（2）不知道

2. 您使用过"背大刀"这个词吗（第1题选（1）者回答）

　　（1）使用过　　　　（2）没有使用过

3. 您学会使用"背大刀"这个词的时间和地点（第2题选（1）

者回答）

　　（1）在家乡时　　　（2）外出打工以后

　　（3）在本地　　　　（4）在其他地方（请注明＿＿＿＿）

B12.　食生米

1. 您知道"食生米"这个词吗？

　　（1）知道　　　　（2）不知道

2. 您使用过"食生米"这个词吗（第1题选（1）者回答）

　　（1）使用过　　　　（2）没有使用过

3. 您学会使用"食生米"这个词的时间和地点（第2题选（1）者回答）

　　（1）在家乡时　　　（2）外出打工以后

　　（3）在本地　　　　（4）在其他地方（请注明＿＿＿＿）

B13.　"没（有）"的读音

1. 读音

　　（1）你五岁以前来过义乌吗？（你见过省长吗？）

　　　　①mai　　　　②mei

　　（2）你去过国外打工吗？（你打工时说过英语吗？）

　　　　①mai　　　　②mei

　　（3）你坐过飞机吗？（你当过老板吗？）

　　　　①mai　　　　②mei

2. 您知道义乌人常把"没（mei）有"读成"没（mai）有"吗

　　（1）知道　　　　（2）不知道

3. 您学会"没（mai）有"读音的时间和地点（第1题选①者回答）

　　（1）在家乡时　　　（2）外出打工以后

　　（3）在本地　　　　（4）在其他地方（请注明＿＿＿＿）

C. 对使用义乌话说法的态度

　　C1. 您觉得在义乌以外的地方使用这些义乌话说法是合适的吗

　　（1）合适　　　　（2）不合适　　　（3）无所谓

　　C2. 您会在义乌以外的地方使用这些义乌话说法吗

　　（1）会　　　　（2）不会

参考文献

[法]路易－让·卡尔韦著，曹德明译：《我知道什么？社会语言学》，商务印书馆2001年版。

[美]S. M. Ervin-Tripp著，王菊泉译：《称呼的社会语言学规则》，载《国外语言学》1984年第4期。

[美]法兰克·布莱尔著，卢岱译：《双语调查精义》，民族出版社2006年版。

[美]罗杰·布朗、阿伯特·吉尔曼：《表示权势与同等关系的代词，载祝畹瑾编《社会语言学译文集》，北京大学出版社1985年版。

[美]佐伊基著，刘明霞、刘桓中、田善继、胡兆运等译：《社会语言学演讲录》，北京语言学院出版社1989年版。

[英]彼得·特鲁基尔著，谭志明、肖孝全译：《社会语言学：语言与社会导论》，陕西人民出版社1990年版。

[英]赫德森著，卢德平译：《社会语言学》，华夏出版社1989年版。

[英]诺曼·费尔克拉夫著，殷小蓉译：《话语与社会变迁》，华夏出版社2003年版。

《城市发展研究》编辑部：《当前城市化发展与对策》，载《城市发展研究》2003年第1期。

《人口研究》编辑部：《农民工：一个跨越城乡的新兴群体》，载《人口研究》2005年第4期。

鲍士杰：《浙江西北部的吴语边界》，载《方言》1984年第1

期。

鲍士杰：《浙江西北部吴语与官话的边界》，载《方言》1988年第1期。

鲍延毅：《一个正在复苏的词儿——"先生"》，载《语言教学与研究》1986年第2期。

北沙：《聚焦中国民工》，中国经济出版社2005年版。

曹雨生、谢广华：《语言使用情况的计量分析》，载《民族语文》1988年第6期。

曹志耘：《汉语方言：一体化还是多样性？》，载《语言教学与研究》2006年第1期。

曹志耘：《南部吴语语音研究》，商务印书馆2002年版。

曹志耘：《浙江省的汉语方言》，载《方言》2006年第3期。

曹志耘编纂：《金华方言词典》，江苏教育出版社1996年版。

曹子玮：《农民工的再建构社会网与网内资源流向》，载《社会学研究》2003年第3期。

陈保亚：《语言接触与语言联盟》，语文出版社1996年版。

陈恩泉主编：《双语双方言与现代中国》，北京语言文化大学出版社1999年版。

陈建民：《现代汉语称谓的缺环与泛化问题》，载《汉语学习》1990年第1期。

陈其光：《语言间的深层影响》，载《民族语文》2002年第1期。

陈松岑：《北京城区两代人人对上一辈非亲属使用亲属称谓的变化》，载《语文研究》1984年第2期。

陈松岑：《北京话"你""您"使用规律初探》，载《语文研究》1986年第3期。

陈松岑：《北京市城区两代人对上一辈非亲属使用亲属称谓的变化》，载《语文研究》1984年第2期。

陈松岑：《汉语招呼语的社会分布和发展趋势》，载《语文建设》1988 年第 4 期。

陈松岑：《礼貌语言初探》，商务印书馆 1989 年版。

陈松岑：《社会因素对语言使用的影响——兼论"闽粤方言热"》，载《语文建设》1991 年第 1 期。

陈松岑：《社会语言学导论》，北京大学出版社 1985 年版。

陈松岑：《新加坡华人的语言态度及其对语言能力和语言使用的影响》，载《语言教学与研究》1999 年第 1 期。

陈松岑：《影响售货员使用礼貌词语的社会因素》，载《北京大学学报》1985 年第 1 期。

陈松岑：《语言变异研究》，广东教育出版社 1999 年版。

陈晓春：《拿什么来称呼您，陌生人？》，载《修辞学习》2005年第 4 期。

陈亚川：《"地方普通话"的性质特征及其他》，载《世界汉语教学》1991 年第 1 期。

陈亚川：《闽南口音普通话说略》，载《语言教学与研究》1987年第 4 期。

陈焱、丁信善：《方言与标准语接触的互动模式》，载《语言理论研究》2007 年第 2 期。

陈原：《社会语言学》，商务印书馆 2004 年版。

陈章太：《关于普通话与方言的几个问题》，载《语言研究与应用》1990 年第 4 期。

陈章太：《四代同堂的语言生活》，载《语文建设》1990 年第3 期。

陈章太：《语言变异与社会及社会心理》，载《厦门大学学报》1988 年第 1 期。

陈章太：《语言规划研究》，商务印书馆 2005 年版。

崔山：《漫谈汉语特点——谈汉语亲属称谓的社会称呼法》，

载《汉语学习》1990 年第 1 期。

崔希亮：《现代汉语称谓系统与对外汉语教学》，载《语言教学与研究》1996 年第 2 期。

戴庆厦、邓佑玲：《城市化：中国少数民族语言使用功能的变化》，载《陕西师范大学学报》2001 年第 3 期。

戴庆厦、罗自群：《语言接触研究必须处理好的几个问题》，载《语言研究》2006 年第 4 期。

戴庆厦、田静：《语言的外部影响与内部机制》，载《民族语文》2007 年第 4 期。

戴庆厦、杨再彪、余金枝：《语言接触与语言演变——小陂流苗语为例》，载《语言科学》2005 年第 4 期。

戴庆厦主编：《社会语言学概论》，商务印书馆 2004 年版。

邓佑玲：《族际交流与民族语言及文化的变迁——以双凤村土家族语言的使用现状及其演变为例》，载《西南民族学院学报》2001 年第 8 期。

丁崇明：《男子配偶称呼语的历时演变、功能配置及竞争》，载《语言教学与研究》2005 年第 1 期。

杜凤莲、高文书：《中国城市流动人口：特征及其检验》，载《市场与人口分析》2004 年第 4 期。

樊小玲、胡范铸、林界军、马小玲：《"小姐"称呼语的语用特征地理分布及其走向》，载《语言文字应用》2004 年第 4 期。

方松熹：《浙江吴语词法特点》，载《舟山师专学报》（社会科学版）1998 年第 2 期。

方松熹：《义乌方言研究》，载《浙江海洋学院学报》1999 年第 2 期。

方松熹：《义乌方言研究》，浙江省新闻出版局 2000 年版。

方晓玲：《论城市流动人口的贫困文化》，载《青年研究》2004 年第 6 期。

符平：《青年农民工的城市适应：实践社会学研究的发现》，载《社会》2006 年第 2 期。

付义荣：《南京市语言使用情况调查及其思考》，载《南京航空航天大学学报》2004 年第 9 期。

傅国通、蔡勇飞、鲍士杰等：《吴语的分区（稿）》，载《方言》1986 年第 1 期。

高海燕：《我国农民工自我归类模式的理论研究——基于弱势群体的社会融合过程分析》，载《南方人口》2005 年第 2 期。

高一虹、苏新春、周雷：《回归前香港、北京、广州的语言态度》，载《外语教学与研究》1998 年第 2 期。

顾朝林等：《中国大中城市流动人口迁移规律研究》，载《地理学报》1999 年第 3 期。

顾颖、李建国：《普通话的地域变体与乡音情结》，载《西安外国语学院学报》2001 年第 3 期。

桂诗春、宁春岩：《语言学方法论》，外语教学与研究出版社1997 年版。

桂诗春：《语言使用的研究方法》，载《现代外语》1993 年第3 期。

桂诗春编：《应用语言学》，湖南教育出版社 1988 年版。

郭熙：《当前社会称谓缺位现象小议》，载《语文建设》1997 年第 9 期。

郭熙：《新一轮"推普"：特点、问题和对策》，载《语文建设》1998 年第 11 期。

郭兴华、储卉娟：《从乡村到都市融入与隔离——关于民工与城市居民社会距离的实证研究》，载《江海学刊》2004 年第 3 期。

国务院研究室课题组编：《中国农民工调研报告》，中国言实出版社 2006 年版。

何汇江：《城市贫困人口的群体认同与社会融合》，载《中州学刊》2003 年第 3 期。

和琳：《美女：流行称谓分析》，载《现代语文》2006 年第 2 期。

胡范铸、胡玉华：《"同志"称呼语的语义功能与语用条件析论》，载《华东师范大学学报》2000 年第 5 期。

胡培安：《说"阿姨"》，载《修辞学习》2004 年第 2 期。

黄春梅：《城市农民工与市民的摩擦性互动探析》，载《社会》2003 年第 5 期。

黄晓东：《浙江安吉县河南方言岛的内部接触与融合》，载《语言科学》2006 年第 3 期。

黄行：《汉藏民族语言声调的分合类型》，载《语言教学与研究》2005 年第 5 期。

黄行：《语言接触与语言区域性特征》，载《民族语文》2005 年第 3 期。

黄祖辉、张栋梁编：《为什么是义乌》，浙江人民出版社 2007 年版。

计冬桢、范学：《"同志"称谓语的"自由联想法"研究》，载《修辞学习》2005 年第 4 期。

简·爱切生著，徐家祯译：《语言的变化：进步还是退化？》，语文出版社 1997 年版。

剑艺、福为：《陌生人交际的礼貌称谓》，载《语文建设》1996 年第 6 期。

江洁宝：《"亲属称谓语外化"及其使用规则》，载《语言研究》2005 年第 10 期。

江蓝生：《语言国情调查的价值和意义》，载《语言科学》2006 年第 1 期。

江立华：《城市性与农民工的城市适应》，载《社会科学研究》2003 年第 5 期。

蒋荣：《试论义乌城市发展模式的三重突破》，载《中国发展》2006 年第 2 期。

金红卫：《语言变迁的文化透视》，载《山东社会科学》2001 年第 1 期。

柯兰君、李汉林主编：《都市里的村民——中国大城市的流动人口》，中央编译出版社 2001 年版。

李成军：《称谓语的意义功能及使用理论》，载《修辞学习》2005 年第 4 期。

李洁：《城市化进程中的农村语言变异研究——以山东省乐陵市李村为个案》，汕头大学硕士学位论文。

李洁：《城市化中农村亲属称谓的演变》，载《汕头大学学报》2003 年第 2 期。

李立文、余冲：《新生代农民工的社会适应问题研究》，载《中国青年研究》（专题特稿版）2006 年第 4 期。

李美霞：《语言变迁研究综述》，载《北京师范大学学报》（人文社会科学版）2002 年第 4 期。

李明欢：《20 世纪西方国际移民理论》，载《厦门大学学报》（哲学社会科学版）2000 年第 4 期。

李明欢编译：《社会人类学视野下的"迁移"与"家园"》，载《吉首大学学报》（社会科学版）2005 年第 3 期。

李明洁：《称呼语的社会阶层分析规则》，载《语文建设》1997 年第 3 期。

李明洁：《泛尊称选用在社会转型背景下的解释》，载《语言文字应用》1996 年第 4 期。

李培林：《社会冲突与阶级意识——当代中国社会矛盾研究》，载《社会》2005 年第 1 期。

李培林主编：《农民工：中国进城农民工的经济社会分析》，社会科学文献出版社 2003 年版。

李强：《中国大陆城市农民工的职业流动》，载《社会学研究》1999 年第 3 期。

李荣主编：《现代汉语方言大词典》，江苏教育出版社 2002 年版。

李如龙：《方言与文化的宏观研究》，载《暨南学报》（哲学社会科学版）1994 年第 4 期。

李如龙：《汉语方言学》，高等教育出版社 2001 年版。

李如龙：《论方言和普通话之间的过渡语》，载《福建师范大学学报》（哲学社会科学版）1988 年第 2。

李如龙主编：《汉语方言特征词研究》，厦门大学出版社 2001 年版。

李素琼、吴庄：《论称谓语选择的言语适应过程》，载《国外外语教学》2005 年第 3 期。

李伟国、张超：《暂住人口对城市环境的评价分析——以浙江省义乌市为例》，载《经济地理》2003 年第 3 期。

李彦春：《令留学生头疼的称呼》，载《北京师范大学学报》（人文社会科学版）2000 年第 6 期。

李宇明、萧国政、冯学峰编：《言语与言语学研究》，崇文书局 2005 年版。

李宇明：《我国的语言生活问题——在中国修辞学会第 12 届年会上的讲话》，载《渤海大学学报》（哲学社会科学版）2005 年第 1 期。

李宇明：《信息时代的中国语言问题》，载《语言文字应用》2003 年第 1 期。

李云兵：《论语言接触对苗瑶语语序类型的影响》，载《民族语文》2005 年第 3 期。

林伦伦：《粤东闽语区语言生活的变化及趋向》，载《广东技术师范学院学报》2005 年第 1 期。

林彭、张东霞:《社会关系网络视野中的农民工研究》,载《党政干部论坛》2004 年第 4 期。

林清书:《"地方普通话"在汉语中的位置》,载《龙岩师专学报》2001 年第 2 期。

刘楚群:《人际接纳与汉语称呼语》,载《华中师范大学学报》(人文社会科学版)2003 年第 3 期。

刘丹青:《吴语的句法类型特点》,载《方言》2001 年第 4 期。

刘坚主编:《二十世纪的中国语言学》,北京大学出版社 1998 年版。

刘夏阳:《中国普及普通话现状分析》,载《中国人民大学学报》1999 年第 6 期。

刘晓玲:《浅论称呼语"先生"、"小姐"的历史发展》,载《语言研究》2002 年特刊。

刘正光:《言语适应理论研究述评》,载《语言文字应用》2001 年第 2 期。

陆学艺主编:《当代中国社会流动》,社会科学文献出版社 2004 年版。

吕学静:《农民工就业的新突破——义乌市试点的调查》,载《中国党政干部论坛》2002 年第 9 期。

罗美珍:《论族群互动中的语言接触》,载《语言研究》2000 年第 3 期。

迈克尔·葛里高利、苏姗·卡洛尔著,徐家祯译:《语言和情景:语言的变体及其社会环境》,语文出版社 1988 年版。

孟自黄、金礼林编:《解读义乌方言》,上海科学普及出版社 2006 年版。

木玉:《浙江吴语句法特点》,载《舟山师专学报》(社会科学版)1996 年第 4 期。

潘攀:《论亲属称谓语的泛化》,载《语言文字应用》1998 年第 2 期。

潘之欣、张迈曾：《汉语亲属语扩展用法调查》，载《语言教学与研究》2001 年第 2 期。

彭嬿：《语言接触研究述评》，载《新疆大学学报》（哲学人文社会科学版）2007 年第 2 期。

齐沪扬、朱琴琴：《上海市徐汇区大中小学生称谓语使用情况调查》，载《语言文字应用》2001 年第 2 期。

齐沪扬：《就"方言普通话"答客问》，载《修辞学习》1999 年第 4 期。

齐沪扬：《语气词与语气系统》，安徽教育出版社 2002 年版。

钱乃荣：《北部吴语研究》，上海大学出版社 2003 年版。

全国 13 所高等院校《社会心理学》编写组编：《社会心理学》，南开大学出版社 2003 年版。

任远、邬民乐：《城市流动人口的社会融合：文献述评》，载《人口研究》2006 年第 5 期。

商务印书馆编辑部编：《21 世纪的中国语言学》，商务印书馆 2004 年版。

沈元祺：《吴方言词语对普通话学习的影响及其对策》，载《苏州教育学院学报》2000 年第 3 期。

施燕祖：《从语言变迁透析城市居民生活的巨变》，载《江苏统计》1999 年第 2 期。

苏金智：《国内外语言文字使用情况调查概述》，载《语言文字应用》1999 年第 4 期。

苏金智：《中国语言文字使用情况调查中的双语双方言问题》，载《语言文字应用》2002 年第 2 期。

苏金智：《中国语言文字使用情况调查准备工作的若干问题》，载《语言文字应用》1999 年第 1 期。

苏晓青、刘磊：《徐州方言向普通话靠拢趋势的考察——新老派语音差异及变化特点分析》，载《徐州师范大学学报》（哲学社会科学版）2002年第4期。

唐师瑶：《"小姐"与"大姐"》，载《修辞学习》2005年第4期。

递永顺：《称呼语及其使用》，载《语言教学与研究》1985年第2期。

王春光：《中国职业流动中的社会不平等问题研究》，载《中国人口科学》2003年第2期。

王德春、孙汝建、姚远：《社会心理语言学》，上海外语教育出版社1995年版。

王思斌主编：《社会学教程》，北京大学出版社2006年版。

王毅杰、童星：《流动农民社会支持网探析》，载《社会学研究》2004年第2期。

王远新：《广东博罗、增城畲族语言使用情况调查——保护濒危语言的重要途径》，载《中央民族大学学报》2004年第1期。

王远新：《论裕固族的语言态度》，载《语言与翻译》1999年第2期。

王远新：《通婚对肃南裕固族自治县各民族语言使用特点的影响》，载《满语研究》1998年第1期。

王远新：《我国少数民族语言态度的几个问题》，载《满语研究》1999年第1期。

王远新：《我国少数民族语言学界社会语言学研究中的几个问题》，载《中央民族大学学报》2005年第2期。

王远新：《影响甘肃各民族语言使用特点的几个因素》，载《中央民族大学学报》1998年第3期。

王远新：《影响新疆哈密地区各民族语言使用特点的主要因素》，载《语言与翻译》1998年第2期。

王远新：《影响云南禄劝县少数民族语言使用特点的几个因

素》，载《民族教育研究》1999 年第 2 期。

王远新：《语言理论与语言学方法论》，教育科学出版社 2006 年版。

王远新主编：《语言田野调查实录》，中央民族大学出版社 2007 年版。

王远新、刘玉屏：《论语言接触与语言的变化》，载薛才德主编《语言接触与语言比较》，学林出版社 2007 年版。

卫志强：《称呼的类型及其语用特点》，载《世界汉语教学》1994 年第 2 期。

魏津生：《中国城市流动人口的基本概念、状况和问题》，载《人口与计划生育》1999 年第 6 期。

魏少华：《商丘市工业区语言使用情况调查及对策》，载《商丘师范学院学报》2000 年第 6 期。

文秋芳：《从社会语言学看汉语称呼语的使用规则》，载《南京师大学报》（社会科学版）1987 年第 4 期。

吴安其：《语言接触对语言演变的影响》，载《民族语文》2004 年第 1 期。

吴福祥：《关于语言接触引发的演变》，载《民族语文》2007 年第 2 期。

吴慧颖：《建国以来拟亲属称呼的变化》，载《语文建设》1992 年第 12 期。

吴连生、骆伟里、王均熙等编：《吴方言词典》，汉语大词典出版社 1995 年版。

伍巍：《家庭语言交际格局的动态研究——两个家庭 20 年来语言生活的历时调查分析》，载《语言文字应用》2003 年第 2 期。

夏历、谢俊英：《农民工的语言状况》，载《长江学术》2007 年第 3 期。

夏历：《农民工言语社区探索研究》，载《语言文字应用》2007

年第 2 期。

萧国政、徐大明:《从社交常用语的使用看新加坡华族的语言选择及其趋势》,载《语言文字应用》2000 年第 8 期。

肖小霞、德频:《冲突与融合:城市生活方式的变迁》,载《学术论坛》2003 年第 3 期。

谢广华:《语言使用调查的一些问题》,载《民族语文》1987 年第 2 期。

谢俊英:《进城务工人员语言状况调查与分析》,载《语言规划理论与实践》,语文出版社 2006 年。

谢俊英:《中国语言文字使用情况调查中有关普通话的几个问题》,载《语言文字应用》1999 年第 3 期。

谢立中主编:《西方社会学名著提要》,江西人民出版社 2003 年版。

邢欣:《城市标示性社会用语的特点》,载《江汉大学学报》(人文科学版) 2006 年第 3 期。

徐大明、陶红印、谢天蔚:《当代社会语言学》,中国社会科学出版社 1997 年版。

徐大明:《新加坡华社双语调查——变项规则分析法在宏观社会语言学中的应用》,载《当代语言学》1999 年第 3 期。

徐大明主编:《语言变异与变化》,上海教育出版社 2006 年版。

徐宏亮:《称呼语的社交指示功能》,载《安徽广播电视大学学报》2002 年第 2 期。

徐剑锋:《城市化:义乌模式及其启示》,载《浙江社会科学》2002 年第 6 期。

徐剑锋:《中小城市的爆炸性发展——以浙江省义乌市为例》,载《城市发展研究》2003 年第 3 期。

徐蓉:《宁波城区大众语码转换之调查分析》,载胡明扬《社会语言学研究论集》,北京语言大学出版社 2002 年版。

徐世璇：《论语言的接触性衰变——以毕苏语的跟踪调查分析为例》，载《语言科学》2003 年第 5 期。

许宝华、宫田一郎主编：《汉语方言大词典》，中华书局 1999 年版。

许光烈：《广州市普通话现状思考》，载《学术研究》2003 年第 7 期。

许嘉璐：《语言文字及其应用研究》，广东教育出版社 1999 年版。

薛才德：《安南水磨房汉语语法的接触变异》，载《云南民族大学学报》（哲学社会科学版）2006 年第 5 期。

薛德才主编：《语言接触与语言比较》，学林出版社 2007 年版。

晏小平：《从"同志"看社会的变化》，载《语言科学》2004 年第 2 期。

晏小平：《非正式称呼的交际功能》，载《暨南学报》（哲学社会科学）2003 年第 1 期。

杨月蓉：《重庆市窗口行业普通话使用情况调查报告》，载《重庆师专学报》1999 年第 1 期。

姚秋莉：《关于称呼选择的调查与研究》，载《广州大学学报》（社会科学版）2004 年第 1 期。

姚亚平：《现代汉语称谓系统变化的两大基本趋势》，载《语言文字应用》1995 年第 3 期。

姚佑椿：《应该开展对"地方普通话"的研究》，载《语文建设》1989 年第 3 期。

游汝杰、邹嘉彦：《社会语言学教程》，复旦大学出版社 2004 年版。

游汝杰：《上海话在吴语分区上的地位—兼论上海话的混合方言性质》，载《方言》2006 年第 1 期。

于根元主编：《应用语言学理论纲要》，华语教学出版社 1999

年版。

余伟、郑钢：《跨文化心理学中的文化适应研究》，载《心理科学进展》2005 年第 6 期。

余志鸿：《语言接触与语言结构的变异》，载《民族语文》2000年第 4 期。

俞国良：《社会心理学》，北京师范大学出版社 2006 年版。

俞理明：《"小姐"正名》，载《语文建设》1997 年第 5 期。

喻世长：《应该重视语言互相影响的研究》，载《民族语文》1984 年第 2 期。

袁焱：《语言接触与语言演变：阿昌语个案调查研究》，民族出版社 2001 年版。

云惟利：《一种方言在两地三代间的变异》，厦门大学出版社2004 年版。

曾晓渝：《论水语里的近、现代汉语借词》，载《语言研究》2003 年第 2 期。

曾晓渝：《论壮傣侗水语古汉语借词的调类对应——兼论侗台语汉语的接触及其语源关系》，载《民族语文》2003 年第 1 期。

曾晓渝：《三江侗语中古汉语借词》，载《民族语文》2006 年第 4 期。

詹碧澄、楼键敏、凌伟民：《义乌市外来人口管理模式初探》，载《公安学刊》2002 年第 4 期。

詹伯慧：《广东语言文字应用调查的若干启示》，载《学术研究》2001 年第 8 期。

张建强：《"地方普通话"研究刍议》，载《广西社会科学》2005年第 7 期。

张玲、彭玉兰：《亲属称呼语的外化》，载《现代语文》2006 年第 3 期。

张素玲：《借子称谓语的使用形式和语用机制》，载《修辞学习》2005 年第 4 期。

张维耿：《漫话中国大陆五十年间称谓语的变化》，载《暨南大学华文学院学报》2003 年第 2 期。

张振江、陆镜光：《广州话与普通话、香港话的语词接触》，载《广西民族大学学报》（哲学社会科学版）2007 年第 4 期。

张振江：《普通话在广东：语用、语言能力与语言声望的背离及初步的解释》，载《中南民族学院学报》（人文社会科学版）2001年地 2 期。

赵亮：《试论"语言是社会的镜像"——称呼语的社会语言学分析》，载《西安外国语学院学报》2003 年第 4 期。

赵蓉晖编：《迈向 21 世纪的语言学：社会语言学》，上海外语教育出版社 2005 年版。

赵英玲：《论称呼语的社交指示功能》，载《东北师大学报》（哲学社会科学版）1997 年第 1 期。

赵元任：《现代吴语的研究》，科学出版社 1956 年版。

赵则玲：《"金华普通话"探微》，载《浙江师范大学学报》（社会科学版）1996 年第 5 期。

郑尔宁：《近二十年来现代汉语称谓语研究综述》，载《语文学刊》2005 年第 2 期。

中共义乌市委、义乌市人民政府：《以改革创新为动力加速推进城市化进程——浙江省义乌市加快城市化建设的实践与体会》，载《求是杂志》2002 年第 15 期。

中共义乌市委宣传部编：《义乌发展经验：省内主要媒体报道集锦》，中共义乌市委宣传部 2006 年版。

中共义乌市委宣传部编：《义乌发展经验：中央媒体报道集锦》，中共义乌市委宣传部 2006 年版。

中国语言文字使用情况调查领导小组办公室编：《中国语言文字使用情况调查资料》，语文出版社 2006 年版。

周晶:《人口移动对地域方言和社会方言的影响》,载《西安外国语学院学报》1999年第4期。

周静:《汉语亲属称谓系统的"五位"与"四原则"——喜新守旧的竞争与妥协在亲属称谓系统中的实现》,载《修辞学习》2005年第4期。

周庆生:《当代社会语言学鸟瞰:中国、西方、亚洲和前苏联》,载《满语研究》1995年第2期。

周庆生:《语言和谐思想刍议》,载《语言文字应用》2005年第3期。

周庆生:《语言流失和语言保持——以加拿大印第安诸语和中国阿尔泰诸语为例》,载《世界民族》2003年第3期。

周润年:《析金华"地方普通话"》,载《浙江师范大学学报》(社会科学版)1990年第3期。

周炜:《西藏的语言与生活》,中国藏学出版社2003年版。

周耀文:《论语言融合——兼评斯大林的语言融合观》,载《民族研究》1995年第6期。

周玉忠、王辉主编:《语言规划与语言政策:理论与国别研究》,中国社会科学出版社2004年版。

周振鹤、游汝杰:《方言与中国文化》,上海人民出版社2006年版。

朱传耿、顾朝林、张伟:《中国城市流动人口的特征分析》,载《人口学刊》2001年第2期。

朱传耿、顾朝林、张伟:《中国城市流动人口影响因素的定量研究》,载《人口学刊》2002年第2期。

朱传耿、马荣华、甄峰:《中国城市流动人口的空间结构》,载《人文地理》2002年第1期。

朱虹:《打工妹的城市社会化——一项关于农民工城市适应的经验研究》,载《当代中国社会研究》2004年第6期。

朱力：《从流动人口的精神文化生活看城市适应》，载《河海大学学报》（哲学社会科学版）2005 年第 3 期。

朱力：《论农民工阶层的城市适应》，载《江海学刊》2002 年第 6 期。

朱力：《准市民的身份定量》，载《南京大学学报》（哲学·人文科学·社会科学）2000 年第 6 期。

朱晓文：《称谓语的多角度研究》，载《修辞学习》2005 年第 4 期。

祝克懿：《口语称谓语的缺环现象考察》，载《修辞学习》2004 年第 1 期。

祝畹瑾：《"师傅"用法调查》，载《语文研究》1984 年第 1 期。

祝畹瑾：《"同志"在中国》，载胡文仲主编《文化与交际》，外语教学与研究出版社 1994 年版。

祝畹瑾：《称呼研究小议》，载刘焕辉、陈建民主编《言语交际与交际语言》，江西高校出版社 1993 年版。

祝畹瑾编：《社会语言学概论》，湖南教育出版社 1992 年版。

祝畹瑾编：《社会语言学译文集》，北京大学出版社 1985 年版。

邹嘉彦、游汝杰主编：《语言接触论集》，上海教育出版社 2004 年版。

邹玉华、马广斌、刘红、韩志湘：《关于汉语中使用字母词的语言态度的调查》，载《语言教学与研究》2005 年第 4 期。

邹玉华、马广斌、马叔骏：《字母词知晓度的调查报告》，载《语言文字应用》2006 年第 5 期。

后　记

我有个习惯，拿到一本书，总是先翻到最后，把后记细细地读一遍。从后记中，往往可以揣摩出作者是怎样的一个人，他(她)为什么写作了这样的一部作品，还能从中了解创作过程中的各种甜、酸、苦、辣。后记中常常蕴含着作者最真实的情感，一些真正想说的话，往往会放在后记里。每每阅读后记时，我常会在感慨学术研究之不易的同时，也深深为作者的辛勤和努力所激励。轮到自己，从一开始写作本书，我就盼着赶快捱到写后记的那一天，好痛痛快快地抒发一下自己的胸臆。然而，当这一天真正来临之际，由于想说的太多，反倒有了一种不知该说些什么的感觉。

记得 3 年前报考中央民族大学的博士研究生时，导师曾问过我一个问题：为什么选择社会语言学？我当时的回答是：我们国家民族众多，汉语方言复杂，又正处在社会生活急剧变化之时，社会语言学可以大有作为。此外，我希望自己的学术研究能够与社会现实结合起来，学以致用。选择农民工城市适应中的语言行为作为博士论文的选题，正是出于"触摸进行中的变迁"和"学以致用"的考虑。

农民工是现阶段中国社会中出现的一个对社会发展具有重要影响的新兴群体，对其语言行为进行研究的意义毋庸置疑，然而，怎样研究它，才能发现有价值的事实和规律，真正体现研究的意义？这是一个经常萦绕在我心中，并常令我难以安寝的问题。乔姆斯基提出以三个充分性——观察的充分性、描写的充分性和解释的充分性作为衡量语言研究水准的重要参考标准。尽管我在研究中尽量贯彻这三个标准，为此付出了一定的努力，并做出了一些尝试，但最终我的研究是否真的发现了有意义的事实和规律，是否达到了这些标准，我的心里还是很没有底。我甚至有一种感觉，在这即将搁笔之际，我对农民工语言行为的研究才真正开始。

不论我交上的"答卷"能否令人满意，此时此刻，我都不能不提起一个对我的学术研究有着重要影响的人物，他就是我的博士生导师王远新教授。我从先生那里得到的，不仅仅是语言学的理论、知识和语言田野调查的技巧，更重要的是对待学问的态度。

在跟随先生攻读博士学位之前，我虽然在汉语言文字学方面有了一点点积累，但对社会语言学却知之甚少。其理论的精髓是什么？方法论的核心是什么？如何利用社会语言学的理论和方法研究并解决现实的语言问题？等等，我对这些问题的认识都是在先生的指导下一点点弄明白的。非常难忘入学考试结束后，我跟先生通过电子邮件进行的那一次次的"问—答"对话。我把一个又一个问题"抛"给先生，其中有些问题甚至显得有些幼稚，不管我提出什么样的问题，也不管先生多么忙碌和疲倦，他都会及时回复，并不断在信中鼓励我深入思考。先生对我的一些粗浅看法的肯定以及他的自谦很令我感动，并给我以极大的鼓舞。进入中央民族大学以后，我有幸亲耳聆听先生的教诲，也有了更多的机会向先生请教。正是在先生的指引下，我从一个"门外汉"逐渐走上了社会语言学的研究之路。

先生对学问的要求非常严格，从宏观把握到微观分析，从语料的收集到数据的提取，从立意谋篇到文通字顺，每一个环节他都不会放松。不管我们在哪个方面出现了问题，只要被他发现，他一定会毫不客气地指出，并要求我们立即改正。"不要闭门造车"，"不要急功近利"，"知识面不要太窄"，"没有把握的话就不要说"，"不要把读者当白痴"……几年来，正是这些直截了当、显得有点儿"硬邦邦"的话语一直在敲打着我，提醒着我，使我的研究之路不至于走偏。我想，如果将来我可以在学术研究的道路上走得更远一些的话，先生传授给我的这种精益求精的治学精神必然是其中最主要的原因。

先生给我留下深刻印象的另外一种学术品格是既勇于追求真理又虚怀若谷。先生是一个真诚、直率的人，敢于发表独到见解，从不人云亦云。他不止一次告诉我们，不论是后学晚辈，还是前辈"大家"，只要在学术研究的某个方面存在问题，他都会站出来质疑，不怕得罪人。而同时，先生又是一个谦逊随和、虚怀若谷的人。很多次，他拿出自己不很成熟的想法，向我们这些学生征求意见，不管发表意见者是博士生还是硕士生，甚至是本科生，只要说的对，他都会采纳。

本书的创作中也浸润着先生的不少心血和智慧。从题目的拟定及对整个研究框架的把握，到调查方案的制订和问卷的设计，再到对材料的采用和分析，先生都给予了我悉心的指导。我至今对我和先生之间围绕农民工语言研究所进行的那一次次长谈记忆犹新，特别是每当我被一些百思不得其解的问题困扰之际，常常是先生随口而出的寥寥数语令我茅塞顿开，以至于我有时开玩笑说，先生又"救"了我一"命"。

再多的言语也难以表达我对导师的感激之情，我只有将此作为对自己的一种鞭策和激励，争取在未来的学术研究中取得更多、更大的进步，我想，这应该是对先生辛勤培育的最好回报。

我很庆幸能够进入中央民族大学学习社会语言学。这是一所国内不多见的有着深厚田野工作传统的高等学府，学校里的很多老师都有着丰富的田野调查经验，我的导师王远新教授就是其中比较突出的一位。在中央民族大学有一种在其他高校很难见到的现象：每年暑假，由各个专业的研究生组织的各种调查队分赴全国各地（主要是一些少数民族居住的地区），开展轰轰烈烈的田野调查工作。每到放暑假前，在研究生公寓里，大家议论最多的就是有关田野调查的话题，暑假不去做调查的研究生很少。这种注重田野工作的研究风气对于社会语言学研究来说是非常有利的。社会语言学强调在语言的社会环境里研究语言，以人们正在使用着的、鲜活的言语材料作为研究对象，这就离不开田野调查。在中央民族大学崇尚田野调查的学风熏陶下，经过导师的指导，加上与其他同学的切磋，我很快掌握了田野调查的方法和技巧，这为我完成研究工作打下了良好基础。

应该感谢的人还有很多。首先，我要感谢在田野调查中给过我热情帮助的义乌市有关部门的领导和工作人员，没有他们的支持，我不可能顺利完成调查任务。感谢市政府办公室建设科的张根平同志帮我们联系了几家建筑公司，使我们的调查员可以进入建筑工地做问卷。感谢市劳动局的陈建平同志帮我们联系了两家工厂，使我们的调查员可以进入车间调查。感谢金城房地产公司阙光国经理，不仅安排专人陪同我们在工地上做调查，还给调查员拿来了安全帽。感谢金城房地产公司华军工程师在我们几次赴工地调查期间始终热心地为我们提供所需的一切设备和信息资料。感谢傲哥服饰有限公司办公室的骆加云主任，通过他的协调我们的调查员才得以进入生产车间做调查。感谢真爱集团有限公司人事部朱志龙经理帮助我们协调问卷调查的有关事宜。感谢市志办金善富主任，他不仅给我介绍了义乌市的有关情况，免费为我复印《义乌县志》中的部分内容，还赠送我十几期《义乌方志》杂志。感谢市教育局基础教育科虞旭荣同志为我介绍义乌市语言使用的有关情况。感谢市统计局陈德邻同志不辞辛劳地为我翻查有关统计数据。感谢市公安局外来人口管理办公室的楼旭君主任为我提供与农民工有关的资料数据。感谢市委宣传部虞伟义主任给我提供有关义乌市社会经济发展的资料。感谢义乌市电视台商贸频道的盛文斌主任为我刻录义乌方言节目的光盘。在给我提供过帮助的所有义乌朋友中，我特别要感谢的是市志办的编辑赵晓青同志。她是研究义乌方言的学者，为人谦和、热情，她为我的调查研究提供了非常重要的帮助，甚至可以说，如果没有她的帮助，本书有关方言接触部分的写作就没有办法完成。由于我不懂义乌话，这给我对农民工接受义乌方言成分影响情况所进行的观察带来了很大不便，为了保证观察的准确、客观，我多次拜访、求教于赵晓青编辑，她总是热情地接待我，并与我一起讨论，给我各种建议。她不仅在我编制方言接触问卷过程中给我提出了宝贵意见，还利用休息时间帮我听辨调查录音，使我顺利完成了判定"农民工中义乌普通话使用者"的实验。在离开义乌返回北京写作本书期间，我还多次在电话中向她请教义乌方言的有关问题，她都耐心地予以解答。感谢这些素昧平生的朋友们的无私帮助！

其次，我要感谢为我充当调查员的绍兴文理学院的几位大学生，他们是周萍、刘兰兰、龚冬梅、何竹青和丁俊华。本书所采用的所有数据都是他们一句一句问出来的。为保证调查的效度，我们采取调查员与调查对象一对一进行访谈的调查方式，调查员需要把问卷上每个问题的每一个选项都报给调查对象，向其征询答案，必要的时候还得加以解释。他们每天有6-8个小时的时间需要不停地讲话，辛苦程度可想而知。几位同学的敬业精神保证了调查得以如期、高效地完成。

我还要感谢作为调查对象的那些农民工朋友们，他们自己的工作已很辛苦，却都能耐心地回答我们的提问，他们的朴实与厚道打消了缺乏调查经验的同学们的顾虑，使调查得以顺利进行。他们在艰苦条件下乐观面对生活的积极态度感染着调查组的每一个成员，与他们的交往带给我们充实和快乐。

感谢师妹宋宏、李媛冬和李凤帮我查找有关资料，感谢师妹罗蓉和李媛冬帮我将所有参考文献录入计算机。感谢一同在中央民族大学攻读语言学及应用语言学专业博士学位的很多同学们，他们听说我采用社会语言学方法研究农民工语言问题，都表现出浓厚的兴趣，经常询问我研究的进展，并表示期待看到我的研究成果，他们的关注和期待也给了我很大的激励，促使我努力做好这一研究。最后，我还要感谢家人对我的支持，亲情永远是我进取的最大动力。

　　最后我想说的是，由于我的研究功力不足，加之研究时间有限，本书中的浅陋、不足之处在所难免，还望师者同仁予以指正，帮我完善这项研究工作。

2008 年 3 月草成

2010 年 7 月修改

于中央民族大学